Franziska Tschinderle

ALBANIEN

Aus der Isolation
in eine europäische Zukunft

Franziska Tschinderle

ALBANIEN

Aus der Isolation
in eine europäische Zukunft

Czernin Verlag, Wien

Gedruckt mit Unterstützung der Stadt Wien, Kultur und des Landes Kärnten

Für Anja und Aida

Tschinderle, Franziska: Albanien. Aus der Isolation in eine europäische Zukunft / Franziska Tschinderle
Wien: Czernin Verlag 2022
ISBN: 978-3-7076-0762-8

Umschlagbild: Andrey Pozharskiy, Alamy Stock Foto
Autorinnenfoto: Christoph Liebentritt
Satz und Umschlaggestaltung: Mirjam Riepl
Druck: EuroPB
ISBN Print: 978-3-7076-0762-8
ISBN E-Book: 978-3-7076-0763-5

INHALT

Vorwort 9

1. **Der letzte Stalinist** 12
Er war einer der brutalsten und bizarrsten Kommunisten, die Europa je hervorgebracht hat. Ein ehemaliger Französischlehrer, der sein Land hermetisch von der Außenwelt abriegelte und mit Hunderttausenden Bunkern überzog. Wer war Albaniens Diktator Enver Hoxha?

2. **Ein drittes Mal Edi Rama** 27
Als Basketballspieler war er Teamplayer, als Künstler debattenfreudig. Jetzt, bei Antritt seiner dritten Amtszeit als Albaniens Ministerpräsident, muss sich Edi Rama der Frage stellen: Hat er als Politiker beides verlernt?

3. **Hotel Afghanistan** 44
Es ist das luxuriöseste Flüchtlingslager Europas: An der Adriaküste leben Hunderte Menschen aus Afghanistan in einem Hotel mit Swimmingpool und Sandstrand. Was erzählt dieser Ort über Albaniens Beziehung zu den USA?

4. Berishas Comeback 56
Sali Berisha war Albaniens erster demokratisch gewählter Präsident. Er hat sein Land aus der Diktatur und an den Rand eines Bürgerkriegs geführt. Jetzt plant er mit 77 Jahren sein Comeback. Er will eine Partei zurückerobern, die er vor 30 Jahren selbst gegründet hat.

5. Verlobt, nicht verheiratet 74
Albanien will der Europäischen Union beitreten. Aber will die Europäische Union das auch?

6. Mit dem Boot in die Berge 84
Albaniens Bergwelt ging stets ihren eigenen Weg. Die Bewohner sträubten sich gegen Invasionen und die Islamisierung. Sie lebten in Stämmen zusammen und blieben dabei weitgehend unter sich. Jetzt zieht die Region den Wandertourismus an – doch zu welchem Preis?

7. Eine Reise in den Süden 93
Der Tourismus gilt als Albaniens Wirtschaftszweig der Zukunft. Wer profitiert schon jetzt davon? Und wer nicht? Porträt eines Küstenabschnitts.

8. Wem gehört Tirana? 123
Gemessen an der Landesbevölkerung gilt Tirana als eine der am schnellsten wachsenden Städte der Welt. Was der Bürgermeister als Sprung in die Moderne feiert, kritisieren Stadtbewohner als Ausverkauf des öffentlichen Raumes.

9. Minenarbeiter gegen Milliardär ... 132
Samir Mane ist der reichste Mann Albaniens. Er besitzt Shoppingcenter, Luxushotels, Supermarktketten – und die größte Chrommine des Landes. Elton Debreshi hat dort für bessere Arbeitsbedingungen gekämpft und ist gescheitert. Warum?

10. Pilgern mit den Bektaschi ... 146
Einmal im Jahr findet auf dem Tomorr ein islamisches Schlachtfest statt. Ohne Kopftücher und Gebete, dafür mit reichlich Schnaps und patriotischen Volksliedern. Über das Verhältnis der Albaner zu ihren Religionen.

11. Mao Ce Dun ... 160
Wieso steht in Berat eine Fabrik, die nach dem chinesischen Führer Mao benannt ist? Die Antwort öffnet eines der sonderbarsten Kapitel in der jüngeren albanischen Geschichte.

12. Shpetim auf der Flucht ... 168
Die Geschichte eines Mannes, der versuchte, in einem Krankenwagen aus Albanien zu fliehen – und dafür 13 Jahre lang in einem Straflager eingesperrt war.

13. Das Ende von Lazarat ... 179
Lazarat galt als die größte Freiluft-Hanfplantage Europas. 2014 ging sie in Flammen auf. Was ist aus dem Bergdorf geworden?

14. Dunkles Gesetz 190
Am 12. Juni 2012 starb Marija als Opfer einer Blutrachefehde. Über den Kanun, ein jahrhundertealtes Gewohnheitsrecht, und einen scheinbar machtlosen Rechtsstaat.

15. Musine 205
Musine Kokalari gilt als Albaniens erste weibliche Schriftstellerin. Die Bücher der Sozialdemokratin waren lange verboten, sie selbst bis an ihr Lebensende interniert. Die Geschichte einer Frau, die stärker war als das Regime.

16. Muslim rettet Jude 219
14 Monate – so lange war Albanien von den Nazis besetzt. Wie kann es sein, dass ausgerechnet dort Hunderte Juden und Jüdinnen den Holocaust überlebten?

Weiterführende Literatur 228

Danksagung 230

VORWORT

Warum ausgerechnet *Albanien?*

Das ist der Satz, den ich während der Arbeit an diesem Buch am öftesten hörte. Warum sich drei Jahre lang mit einem Land beschäftigen, das kleiner ist als Baden-Württemberg? Warum eine Sprache lernen, die nur geschätzte acht bis zehn Millionen Menschen auf der Welt sprechen?

Seitdem ich als Südosteuropa-Korrespondentin in Tirana lebe, wird mir diese Frage noch häufiger gestellt. Eine erste Antwort lautet: Albanien war das Land, über das man in Europa bis vor 30 Jahren am wenigsten wusste. Es galt lange als einer der isoliertesten Staaten der Welt, eine Art Nordkorea auf dem Balkan, manche würden auch sagen: das Kuba an der Adria. Damals war die Küste mit Bunkern übersät und an der Grenze standen Zäune. Heute wird Albanien unter den Top-10-Reisezielen des *Lonely Planet* gelistet.

Ich kenne kein zweites Land in Europa, das sich in kurzer Zeit so radikal gewandelt hat. Unter den Kommunisten stand Auswandern unter Strafe – jetzt ist es zu einer Art Volkssport geworden. Die Hälfte der Bevölkerung hat Albanien in den letzten 30 Jahren verlassen. Umfragen zufolge gibt es nur wenige Länder auf der Welt, aus dem so viele Menschen migrieren möchten. Wer Albanisch spricht, findet oft an den entlegensten Orten der Welt jemanden, der das auch tut.

Die große Diaspora dieses kleinen Landes ist ein weiterer Grund für mein Interesse. Albaner und Albanerinnen leben heute auf der ganzen Welt verteilt: von Kanada bis nach Australien, von den USA bis nach Westeuropa und hier insbesondere in der Schweiz, Deutschland, Italien, Belgien und Großbritannien. Wer sich mit dieser grenzüberschreitenden Lebenswelt beschäftigt, der lernt nicht nur etwas über ein kleines Land in Südosteuropa, sondern über Europa im Ganzen.

Wenn wir also über die Frage diskutieren, ob Länder wie Albanien eines Tages der Europäischen Union beitreten werden, dann müsste eine ehrliche Antwort lauten: In Europa sind sie längst. Warum ist am Buchcover dann von einer »europäischen Zukunft« die Rede?

Die Zukunft bezieht sich auf die EU-Mitgliedschaft, die Albanien vor fast 20 Jahren in Aussicht gestellt wurde. Seitdem ist eine ganze Generation erwachsen geworden. Sie lebt heute in einem der proeuropäischsten Länder Europas, ohne Teil der Union zu sein. Für viele ist die Hinhaltetaktik frustrierend, aber noch lange kein Grund, sich von Brüssel abzuwenden. In Zeiten, in denen eine europafeindliche Politik Konjunktur hat, bin ich in Albanien einem beispiellosen EU-Optimismus begegnet. Diese Begeisterung ist zum Teil stärker spürbar als in manchen Mitgliedsländern.

Was also ist das für ein Land, das scheinbar so fern inmitten von Europa liegt? Was wissen wir darüber? Oder was glauben wir zu wissen? Nach dem Zusammenbruch hochriskanter Pyramidensysteme stand Albanien in den Neunzigerjahren für dreierlei: Armut, Abwanderung und Anarchie. Diese Bilder reichen heute nicht mehr aus, um der Realität gerecht zu werden.

Für dieses Buch habe ich drei Jahre lang aus und über Albanien recherchiert und mit ungefähr 200 Menschen gesprochen. Mit amtierenden und mit ehemaligen Ministerpräsidenten. Mit Schafhirten und Diplomaten, mit Umweltaktivistinnen und Firmenchefs. Mit Minenarbeitern und Feministinnen, ehemaligen Häftlingen und Polizisten, mit Menschen vom Land und aus der Stadt. Das Ziel? Reportagen zu schreiben, die draußen im echten Leben spielen: auf Fischerbooten und Berggipfeln, im Fußballstadion und auf Friedhöfen, in alten Geheimdienstarchiven und neuen Beach Bars. Ich buchte mir ein Zimmer in einem Flüchtlingscamp mit Swimmingpool, begleitete Albaniens Ministerpräsidenten Edi Rama im Wahlkampf und trank mit den Bodyguards von Ex-Präsident Sali Berisha Tee. Ich stieß auf die Geschichte von Albaniens erster Schriftstellerin Musine Kokalari und beschäftigte mich mit dem Diktator Enver Hoxha, der sie ins Gefängnis werfen ließ. Ich traf Menschen, die hinter Tiranas rasantem Bauboom ein Geldwäschesystem vermuteten, und stellte mir die Frage, warum Bulqiza, eine der rohstoffreichsten Städte auf dem Balkan, so bitterarm geblieben ist.

Eine erste Auflage dieser Reportagensammlung ist im September 2020 im *DuMont Reiseverlag* erschienen. Bei *Czernin* erscheint nun eine zweite, stark erweiterte Auflage.

Tirana, März 2022

KAPITEL 1

DER LETZTE STALINIST

Er war einer der brutalsten und bizarrsten Kommunisten, die Europa je hervorgebracht hat. Ein ehemaliger Französischlehrer, der sein Land hermetisch von der Außenwelt abriegelte und mit Hunderttausenden Bunkern überzog. Wer war Albaniens Diktator Enver Hoxha?

Auf der anderen Straßenseite steht heute eine *Kentucky-Fried-Chicken*-Filiale. Daneben: Banken, ein Sushi-Lokal, ein Hot-Dog-Stand, Clubs und Bars. In der Mitte thront, wie aus der Zeit gefallen, eine dreistöckige, apricotfarbene Villa mit getrimmtem Rasen, Palmen und zugezogenen Jalousien. Es ist die ehemalige Residenz von Enver Hoxha, der 40 Jahre lang Albaniens Diktator gewesen ist. Seit seinem Tod im Jahr 1985 steht das Haus leer, mitten im Zentrum von Tirana.

Enver Hoxha wirkte auf viele elegant und belesen, seine Politik hingegen war paranoid, brutal und eiskalt. Unter ihm verwandelte sich Albanien in das Nordkorea Europas, fast vollständig von der Außenwelt isoliert. Der Kommunist überzog das kleine Balkanland an der Adria mit einem Netz aus Hunderttausenden Bunkern (Angaben variieren zwischen 300.000 und 700.000), so groß war seine Angst, das feindliche Ausland könnte Albanien angreifen. Besonders die USA galten als das ultimative Böse. Heute, Jahrzehnte nach seinem Tod, hat sich vis-à-vis von seinem Haus eine US-amerikanische Fast-Food-Kette eingemietet. Die Parallelstraße ist von US-Flaggen gesäumt, ein nahegelegenes Institut nach Abraham Lincoln benannt. Clubs spielen Elektro, Geländewägen mit dunklen Scheiben ziehen ihre Runden um die Villa. Im Sozialismus waren westliche Musik und private Fahrzeuge strengstens verboten. Der *Blloku*, das Stadtviertel, in dem der Diktator lebte, durfte nur von Mitgliedern des Politbüros der Kommunistischen Partei betreten werden. Für den Rest der Bevölkerung war der *Blloku* tabu. Heute liegt ausgerechnet hier Tiranas Partymeile.

Rückblickend war Albanien nicht nur eine der brutalsten sozialistischen Diktaturen des 20. Jahrhunderts, sondern auch eine der bizarrsten: ein Staat, kleiner als Baden-Württemberg, der sich bis in die späten Achtzigerjahre damit rühmte, das einzige amtlich atheistische Land der Welt zu sein. Und noch in einer Zeit, als sich andere Länder im Ostblock mehr und mehr zu öffnen begannen, ging Hoxha blind seinen eigenen Weg. »Genau das, also die Selbstisolation in den 70er- und 80er-Jahren, ist das auffallendste Merkmal, das Albanien von anderen kommunistischen Staaten unterschieden hat«, sagt der albanische Historiker Idrit Idrizi, der an der Universität Wien lehrt. Bis zu Hoxhas Tod habe das Regime an der totalitären Kontrolle festgehalten. Albanien war das letzte Land in Europa, in dem Stalin-Statuen standen.

Wer sich heute mit Albanien beschäftigt, der kommt um Enver Hoxha nicht herum. Egal, wohin ich für dieses Buch gereist bin, und egal, mit wem ich sprach – Hoxhas Schatten begleitete mich. Es begann schon damit, wie die Menschen sich mir vorstellten. Sie sagten: »Ich komme aus einer Familie mit guter Biografie« *(biografi të mirë)*, oder: »Ich komme aus einer Familie mit schlechter Biografie« *(biografi të keq)*. Unter Hoxha teilte sich die Gesellschaft in Gut und Böse. »Schlecht«, das waren wohlhabende Großgrundbesitzer, Familien mit Kontakten ins Ausland, kritische Intellektuelle oder Geistliche. Solche Menschen ließ Hoxha nicht selten in Arbeitslagern oder in abgelegenen Dörfern internieren. »Guten« Familien ging es besser, aber auch für sie war Albanien ein Freiluftgefängnis, das sie nur in Ausnahmefällen verlassen durften. Fast ein halbes Jahrhundert lang, von 1944 bis 1991, war es, als hätte jemand eine Glasglocke über Albanien gestülpt. Was von außen nach innen drang und umgekehrt, wurde von Partei und Geheimdienst streng kontrolliert. Wie gelang es Enver Hoxha, eine solche Kontrolle auszuüben? Und was denken die Menschen heute über ihn?

Kapitel 1

Stadt aus Stein

Der Ort, an dem Enver Hoxha 1908 geboren wurde, liegt im Süden Albaniens, unweit der griechischen Grenze. Gjirokastra gehört zu den touristischen Highlights des Landes. Nicht wegen Hoxha, sondern aufgrund der denkmalgeschützten Gebäude, jahrhundertealten Häusern aus Stein, die an wehrhafte Trutzburgen erinnern. Von Weitem sieht es aus, als wäre Gjirokastra dem Berg entwachsen. Historisch gesehen stimmt das sogar. Ursprünglich befanden sich die Häuser der Stadt im Bauch der Burg, hoch oben am Felsen. Als es keinen Platz mehr gab, breiteten sie sich auf den Hängen aus. Die Steinhäuser stammen aus der Zeit, als Albanien Teil des Osmanischen Reiches war. Die fast 500 Jahre andauernde Herrschaft – sie begann im frühen 15. Jahrhundert und endete im Ersten Balkankrieg 1912 – ist der Grund, warum Albanien heute mehrheitlich muslimisch ist. Zumindest auf dem Papier, denn von den 60 Prozent Muslimen sind die Wenigsten streng gläubig (siehe Kapitel *Pilgern mit den Bektaschi,* S. 146).

Seit 2005 gehört die Altstadt von Gjirokastra zum UNESCO-Weltkulturerbe, eine Auszeichnung, die den Tourismus angekurbelt hat. Durchschnittlich tausend Menschen besuchen die Stadt pro Tag, erzählt mir der Bürgermeister, ein Augenarzt, der vor wenigen Jahren in die Politik gewechselt ist. Flamur Golemi, 43, ein Mann mit Cordsakko und polierten Lederschuhen, steht am Fenster seines Büros und blickt auf den großen Parkplatz hinunter, auf dem in der Hochsaison Doppeldeckerbusse parken. Als politischer Quereinsteiger hat Golemi den Jackpot geknackt. Es gibt wenige Städte in Albanien, die so viele Besucher anziehen wie seine. Aber der Bürgermeister steht auch vor einem Dilemma. »Es gibt Touristen«, erzählt er mir, »die nur wegen Hoxhas Geburtshaus kommen. Finanziell wäre es in unserem Interesse, daraus ein Museum zu machen. Aber ich will Hoxha nicht glorifizieren und all jene verhöhnen, die unter ihm gelitten haben.« Als Zwischenlösung hat die Stadt das Haus in ein ethnografisches Museum umgewandelt, in dem Trachten, Teppiche und Holztruhen ausgestellt sind. Über den Mann, der dort aufgewachsen ist, erfährt man nichts.

Das Kopfsteinpflaster von Gjirokastra ist von Tausenden Füßen so glattpoliert, dass man aufpassen muss, in den steilen Gassen nicht auszurutschen. Souvenirläden, Schuster und Kunsthandwerker reihen sich aneinander, die schwarzen Messingschilder am Eingang frisch lackiert, damit die Touristen einkehren. Restaurants werben mit gefüllten Weinblättern, Lammfleisch und Ziegenkäse. Vor einem Shop an der Ecke steht eine Tafel, an der bunte Magnete hängen. Einer zeigt das Konterfei Hoxhas, einem großgewachsenen Mann mit Krawatte und Hut, die Faust zum sozialistischen Gruß erhoben. In Albanien gibt es eine Debatte darüber, ob solche »Fanartikel« verboten werden sollten. Hoxha hat über 60 Gefängnisse und Arbeitslager errichten lassen, in denen im Laufe seiner Herrschaft zwischen 24.000 und 34.000 politische Häftlinge unter menschenunwürdigen Bedingungen interniert waren. Reist man heute durch Albanien, stößt man immer wieder auf Überreste dieser Lager. Einmal bezog ich ein Hotel neben einer Tankstelle im Süden des Landes. Am Morgen blickte ich aus dem Fenster auf ein freies Feld hinaus, auf dem die Ruinen von fünf Baracken standen. Davor lag ein stillgelegtes Fußballfeld, auf dem ein Hirte seine Schafe weidete. Der Ort heißt Tepelena, ein ehemaliges Lager, in dem unter Hoxha unzählige Kinder an Unterernährung und Krankheiten starben.

Auch im albanischen Bildungssystem ist die kommunistische Zeit immer noch ein Tabuthema. »Hoxha war nur ein kurzes Kapitel in der Schule«, erinnert sich einer meiner Freunde aus Tirana, »und wenn wir etwas über den Kommunismus gelernt haben, dann, dass Frauen arbeiten durften und Hoxha den Analphabetismus bekämpft hat.« Das stimmt auch. Bevor Hoxha an die Macht kam, konnte der überwiegende Teil der albanischen Bevölkerung weder lesen noch schreiben. Laut dem Historiker Michael Schmidt-Neke waren bei der Machtergreifung der Kommunisten 75 Prozent der Menschen Analphabeten. Zehn Jahre später waren es nur noch 28 Prozent. Frauen fanden Arbeit in den Fabriken und die Propaganda zeigte sie nicht nur als Mütter, sondern auch als kämpfende Partisaninnen oder Ingenieurinnen. Aber derselbe Hoxha hat auch 5500 bis 6000 politisch motivierte Hinrichtungen befohlen und 60.000 Menschen in abgelegene Dörfer verbannt, wo sie schwere Arbeit in der Landwirtschaft oder im Straßenbau verrichten mussten. Dazu kommt die Gewalt, die Hoxha den Mitgliedern seiner eigenen Partei angetan hat. Wie Stalin, sein großes Vorbild, säuberte er die *Partia e Punës e Shqipërisë* (PPSh), die Partei der Arbeit Albaniens, in regelmäßigen Abständen. Selbst ehemalige Klassenkameraden, Weggefährten und Cousins ließ er in Schauprozessen verurteilen, wegsperren oder exekutieren. Auf Fotos ließ er in Ungnade gefallene Minister oder Generäle wegretuschieren, als wären sie nie dagewesen. »Der Kommunismus in Albanien war wie ein Hund, der seine eigenen Welpen gefressen hat«, meinte Kaso Alliu, ein ehemaliger Häftling, einmal zu mir. Alliu, heute 73, war fünf Jahre lang in Spaç eingesperrt, einem der schlimmsten Arbeitslager des Landes (siehe Kapitel *Shpetim auf der Flucht*, S. 168), in dem Prügel und Folter an der Tagesordnung waren.

Shehus Schicksal

Eine beliebte Taktik Hoxhas war es, seine Feinde als Spione ausländischer Staaten zu diffamieren. So erging es auch Mehmet Shehu, 27 Jahre lang Albaniens Premierminister und Hoxhas letzter Weggefährte aus der Partisanenzeit. Shehu, die Nummer zwei im Überwachungsstaat, wohnte in derselben Straße wie der Diktator. Die beiden Genossen besuchten einander zu Hause und führten lange Gespräche. Laut Ismail Kadare, Albaniens bekanntestem zeitgenössischen Schriftsteller, soll es sogar einen geheimen Tunnel zwischen ihren Häusern gegeben haben. Doch als einer von Shehus Söhnen eine Frau aus einer antikommunistischen Familie heiratete, begann Hoxha, an der Loyalität seiner rechten Hand zu zweifeln. Er diffamierte Shehu öffentlich als Verräter und Spion, so lange, bis dieser dem Druck nicht mehr standhielt und im Dezember 1981 tot in seinem Bett aufgefunden wurde, eine Waffe in Griffweite. Bis heute ist nicht endgültig geklärt, ob der Premierminister Selbstmord begangen hat oder exekutiert wurde.

Nach Mehmet Shehus Tod ließ Hoxha dessen Frau und Söhne internieren, von denen sich der älteste, Vladimir, das Leben nahm. Sein jüngerer Bruder Bashkim Shehu, mittlerweile 66 Jahre alt, lebt heute als Schriftsteller in Barcelona. »So etwas wie Freundschaft war Enver Hoxha fremd«, erzählt er mir am Telefon. Als Bashkim ein kleiner Junge war, dachte er noch anders über den Mann, der, so ist er sich mittlerweile sicher, seinen Vater in den Selbstmord getrieben hat: »Hoxha wirkte auf mich wie eine nette Person«, sagt Bashkim, »und er mochte es, sich mit mir auf Französisch zu unterhalten.«

Auch wenn Hoxha alles, was aus dem Ausland kam, verdammte, Frankreich, das Land, in dem er als junger Mann studierte, war eine Ausnahme. Hoxha sprach fließend Französisch und las mit Vorliebe *Le Monde*. Gerne vertrieb sich der Diktator die Zeit in seiner privaten Bibliothek, die über 22.000 Bücher umfasste, darunter auch solche, die im Rest des Landes verboten waren – Biografien von Päpsten, Werke von Nietzsche und Kriminalromane von Agatha Christie. Hoxha schrieb auch selbst und veröffentlichte bis zum Ende seines Lebens über 60 Bücher, etwa seine Gespräche mit Stalin und Abhandlungen über die angloamerikanische Bedrohung. Es gab wenige Herrscher auf der Welt, die ähnlich viel publizierten wie dieser Mann, der ein durchschnittlicher Schüler gewesen sein soll und sein Studium der Naturwissenschaften in Montpellier abgebrochen hat. »Hoxha mag viel gelesen haben«, meint der Intellektuelle Remzi Lani, »aber ich bezweifle, dass er seine Bücher alle selbst geschrieben hat.«

Am Basar von Gjirokastra steht eine Moschee, deren schmales weißes Minarett über die steinernen Schieferdächer ragt. Es ist das einzige von insgesamt elf islamischen Gotteshäusern in Gjirokastra, das Hoxhas Zerstörungswut überlebt hat. Im Jahr 1967 verbot er alle Religionen und rief Albanien zum ersten atheistischen Staat der Welt aus. Priester und Imame wurden verfolgt und Albaner und Albanerinnen, die heimlich Weihnachten oder Bayram feierten, eingesperrt. Hoxha duldete keinen zweiten Gott neben sich selbst. Fortan galt der Marxismus-Leninismus als neue Religion.

Zwei Details in Hoxhas Biografie dürften ihm später peinlich gewesen sein, weil sie nicht zum Image eines Klassenkämpfers passen: Er ist der Sohn eines Imams und er stammt, anders als sein großes Idol Stalin, nicht aus ärmlichen Verhältnissen, sondern aus wohlhabendem Hause.

Hoxhas Geburtshaus steht am Ende einer schmalen Gasse abseits des Basars, ein weiß verputztes Steinhaus mit Türmen, braunen Dachgiebeln und einem blühenden Oleanderstrauch vor der Tür. Jemand hat einen roten Stern an die Steinmauer gesprüht, das Zeichen der Partisanen, die im Zweiten Weltkrieg gegen die faschistischen

Besatzer kämpften. Nach dem Krieg stiegen viele von ihnen zur neuen politischen Elite auf. Auch wenn es in Albanien heute keine einzige Hoxha-Statue mehr gibt – sie wurden allesamt gestürzt oder sind still und leise in Hinterhöfen verschwunden –, die Partisanendenkmäler sind geblieben. Selbst in den entlegensten kleinen Dörfchen bin ich ihnen begegnet, darunter auch welchen mit dem roten Stern an der Spitze.

Früher nahm der Hoxha-Personenkult absurde Züge an. Im Jahr 1988, drei Jahre nach Hoxhas Tod, wurde in Tirana eine Betonpyramide errichtet, in der sich ein Museum für den Diktator befand. Zu Lebzeiten mussten seine Porträts in jedem Büro und Klassenzimmer aufgehängt werden. Auf Paraden formten Menschenmassen seinen Namen und ein gewaltiges »ENVER« schwebte, zwischen Panzern und roten Fahnen, durch die Stadt. Arbeiter schrieben Hoxhas Namen auf Berge, so groß, dass man ihn aus weiter Ferne lesen konnte. Kinder überreichten dem Diktator Blumensträuße und dieser nahm sie als Dank auf den Arm. Hoxha inszenierte sich geschickt als Vater der Nation und gab vor, sich um jeden Albaner und jede Albanerin einzeln zu kümmern.

Zu seinem eigenen Vater hatte er allerdings ein schlechtes Verhältnis. Als dieser kurz nach seiner Geburt in die USA emigrierte, um in einer Baumwollfabrik zu arbeiten, wurde Hoxha von seinem Onkel großgezogen, der Enver, den einzigen Jungen im Haus, verhätschelte. Der Ersatzvater finanzierte ihm eine Ausbildung an einem französischen Lycée, damals eine der besten Schulen des Landes. Als Hoxha mit 19 Jahren auszog, schenkte ihm der Onkel einen maßgeschneiderten Anzug aus feinstem Stoff und weckte damit ein Mode-Faible, das Hoxha bis ins hohe Alter behielt. Dem albanischen Volk verbot er, »dekadente« Kleidung aus dem Westen zu tragen, er selbst bestellte sich bis zu seinem Tod Anzüge von einem Schneider in Paris, niemals schwarze, sondern in Beige und hellem Grau. Tito, der jugoslawische Präsident, trug eine mit Orden behängte weiße Uniform, Stalin, der sowjetische Diktator, eine bis oben hin zugeknöpfte Tunika. Hoxha hingegen präsentierte sich dem Volk als Gentleman – mit Anzug, Krawatte, Mantel und Schal.

Als ich vor Hoxhas Geburtshaus in Gjirokastra stehe, spricht mich ein Mittzwanziger an, der Souvenirs unter einem Sonnenschirm an einer Steinmauer verkauft. »Was kaufen die Touristen am liebsten?«, frage ich ihn. »Ganz klar Hoxha«, sagt er und zeigt mir seine Kollektion an Fotos. Enver Hoxha, der Partisan in Uniform. Enver Hoxha, breit lächelnd, umgeben von jubelnden Massen. Enver Hoxha, der Greis, mit seiner Familie im Wohnzimmer. Auf letzterem Foto war Hoxha bereits schwer krank und saß in einem Rollstuhl. In seiner letzten öffentlichen Rede im November 1984 war es den Kameras verboten, ihn aus der Nähe zu filmen. Man hätte sonst gesehen, dass Hoxha nur den Mund bewegte, während die Rede von Band abgespielt wurde: »Wir wollen den zukünftigen Generationen ein starkes, ein rotes Albanien vererben«, hörte ihn das Publikum sagen. »Rot wie das Feuer, das in den Herzen der Partisanen und Kommunisten lodert!«

Der Souvenirhändler findet nichts Schlechtes daran, Bilder eines Diktators zu verkaufen: »Das waren gute Zeiten«, meint er, »denn Hoxha hat den Menschen geholfen.« Der Student dürfte um dieselbe Zeit geboren sein wie ich, Anfang oder Mitte der Neunzigerjahre. Hoxha war da längst tot.

Privatfilme eines Bodyguards

Zurück in der Hauptstadt Tirana, verabrede ich mich mit Blendi Fevziu, 52 Jahre alt, Hoxhas Biograf und ein bekannter Fernsehmoderator in Albanien. Dreimal in der Woche moderiert er *Opinion*, die wichtigste Diskussionssendung des Landes. Als Fevziu 2011 sein Buch »Die eiserne Faust« veröffentlichte, gingen im Land die Wogen hoch. In den Buchhandlungen waren alle Exemplare schnell ausverkauft, das Verlagshaus musste mehrmals nachdrucken. Hoxhas Witwe (sie starb 2020 im Alter von 99 Jahren) verklagte Fevziu seinerzeit sogar, weil er es gewagt hatte, ihren Mann in schlechtem Licht dastehen zu lassen. »Er war ein guter Ehemann und ein herzlicher Vater«, sagte Nexhmije Hoxha damals öffentlich. Fevziu kann darüber nur den Kopf schütteln: »Ich habe kein Buch über einen Ehemann geschrieben«, sagt er, »sondern über den Führer eines Landes.« Hoxha-Nostalgiker verbrannten sein Buch auf offener Straße. Für Fevziu war das eine willkommene Werbung. »Die eiserne Faust« wurde mehr als 200.000 Mal verkauft – öfter als jedes andere Buch, das je in Albanien erschienen ist.

Im Rogner, einem Hotel, in dem ausländische Diplomaten nächtigen, wenn sie in Tirana sind, warte ich auf den bekannten TV-Moderator. Ein Mann mit Glatze, Sakko und roten Lederschuhen betritt die Lobby, die ein bekannter Treffpunkt für Interviews und Hintergrundgespräche ist. US-amerikanische Soldaten mit Camouflage-Uniformen gehen hier ein und aus, Berater des Ministerpräsidenten Edi Rama, Unternehmer, Botschafter und an manchen Tagen auch der Präsident Ilir Meta höchstpersönlich. Fevziu setzt sich in den Garten, ein gepflegter grüner Mix aus Palmen, Oleanderbüschen und Zitronenbäumen. In der Mitte plätschert ein Springbrunnen, weiter hinten ist ein Swimmingpool eingelassen.

»Zum Entsetzen meines Vaters, einem Antikommunisten, wollte ich Hoxha als kleiner Junge unbedingt in echt sehen«, beginnt Fevziu, »also ging ich zur 1.-Mai-Parade. Hoxha hat mich an einen netten Großvater erinnert.« Das erzählt derselbe Fevziu, der als Student am Sturz des Regimes beteiligt war. Der Moment, als 1991 Zehntausende Demonstranten die Hoxha-Statue in Tirana zertrümmerten, sei einer der wichtigsten in seinem Leben gewesen, so Fevziu.

Viele seiner Generation wollten erst einmal nichts mehr mit der dunklen Vergangenheit am Hut haben. Im Chaos der Wende ließ jemand Hoxhas Nachlass in 25 Kartons packen und stellte sie, unbemerkt von der Öffentlichkeit, im Staatsarchiv ab. Niemand interessierte sich für den Inhalt, bis Fevziu die Boxen öffnete. Im Inneren fand er 8-Millimeter-Filme einer alten DDR-Kamera, die all die Jahre niemand angerührt hatte, private Filme, aufgenommen von Hoxhas Bodyguard. Sie zeigen Hoxha mit Zigarette und Seemannsmütze auf einem Boot; Hoxha, wie er mit seinen Enkeln spazieren geht; Hoxha als Nikolaus verkleidet; Hoxha im Rollstuhl, fahl und alt, kurz vor seinem Tod. Die Filmaufnahmen geben exklusive Einblicke in das Leben im *Blloku*, jenes streng von der Außenwelt abgeriegelte Viertel, in dem Hoxha sein Leben verbracht hat. Im Jahr 1944 bezog er dort mit seiner Frau Nexhmije das leerstehende Haus eines italienischen Ingenieurs, der früher für den ersten König Albaniens, Zogu I., gearbeitet hatte.

Bevor die Kommunistische Partei an die Macht kam, war Albanien eine Monarchie. Von 1928 bis 1938 regierte Ahmet Zogu, ein Mann, der zur Zeit der Republik Innenminister und Ministerpräsident gewesen war und sich später selbst zum König krönte. Zogu ließ weder freie Presse noch Opposition zu, leitete jedoch eine Phase der Stabilität ein und sicherte Albanien, einem unterentwickelten Agrarland, Investitionen aus dem verbündeten Italien. Als Benito Mussolini Albanien besetzte, floh Zogu mit seiner Frau und dem erst zwei Tage alten Sohn ins Exil. Über Jahre hinweg plante der vom Thron gestoßene König seine Rückkehr. Ein Wunsch, der nie in Erfüllung gehen sollte.

Mithilfe der Briten, Jugoslawen und Amerikaner gelang es den Partisanen, die faschistischen Besatzer zu besiegen und, umgeben von jubelnden Massen, in Tirana einzumarschieren. Später setzten die Kommunisten einen Mythos in die Welt: Die heldenhaften Partisanen hätten das Land ganz ohne fremde Hilfe befreit. In alten Schwarz-Weiß-Filmen sieht man Hoxha, damals 46 Jahre alt, in Uniform und mit Partisanenmütze vor der Menge salutieren. Bald war er Premierminister, Verteidigungsminister, Außenminister und Militärbefehlshaber in einem, und außerdem Parteivorsitzender. Die *New York Times* schrieb damals vom »jüngsten Regierungschef in Europa« und vom »bösen Buben auf dem Balkan«. Der Journalist dieser Zeilen hielt dennoch bewundernd fest: »Bei einem Schönheitswettbewerb zwischen Regierungschefs hätte Hoxha hervorragende Chancen, den ersten Preis zu ergattern.«

Das rundliche, fast bubenhafte Gesichts Hoxhas wollte so gar nicht zu seinen radikalen Plänen passen. Kaum an der Macht, begann er Albanien zu einer sozialistischen Republik umzubauen. Privateigentum und Oppositionsparteien wurden verboten. Die Kommunisten wollten die Albaner zu neuen Menschen erziehen. Alles, was davon abwich – abstrakte Kunst, zeitgenössische Literatur, westliche Musik –, wurde verboten.

Anders der Alltag im *Blloku*. Die Parteikader hatten ein Leben, von dem die Menschen außerhalb des Viertels nur träumen konnten. Es gab Geschäfte, in denen die Familien Westwaren kaufen konnten, außerdem einen exklusiven Club mit Billardtisch, Salon und Kino. Der Parteielite standen Hauspersonal und Fernsehgeräte zur

Verfügung, ihre Kinder durften im Ausland studieren und die Sommerferien an der Küste verbringen.

Außerhalb des *Blloku* rutschte Albaniens Wirtschaft in eine schwere Krise. Die meisten kommunistischen Länder lockerten spätestens ab Ende der Siebzigerjahre ihre Wirtschaftspolitik. Hoxha hingegen verbot den Bauern weiterhin, privates Vieh zu besitzen und es auf Märkten zu verkaufen. Als sich Albanien vom Rest der Welt isolierte, fehlten Rohstoffe und Absatzmärkte. Die Albaner lebten von mageren Rationen und reihten sich in langen Schlangen vor immer leerer werdenden Geschäften ein. »Hoxha hat behauptet, dass in Albanien alle gleich sind, aber der *Blloku* war der beste Beweis dafür, dass das nicht stimmte«, sagt Bashkim Shehu, der seine Kindheit im Viertel der Elite verbracht hat.

Dr. Kalo und Hoxhas Herz

Hoxha war Diabetiker, herzkrank und rauchte 50 Zigaretten am Tag. Letzteres hatte er sich vor dem Krieg angewöhnt. Als die italienischen Faschisten Albanien besetzten, verlor Hoxha seinen Job als Französischlehrer. Er begann in einem Tabakgeschäft in Tirana zu arbeiten, damals ein geheimer Treffpunkt für kommunistische Widerstandskämpfer. Vielleicht hat sich Hoxha mit jeder Zigarette an diese gute alte Zeit zurückerinnert.

Für seine Ärzte war das Rauchen ein Grund zur Sorge. In den Fünfzigerjahren ließ Hoxha sich von sowjetischen Ärzten im Kreml behandeln. Als dort nach dem Tod Stalins 1953 Nikita Chruschtschow an die Macht kam – ein Mann, der die Verbrechen und den Personenkult seines Vorgängers verurteilte und deswegen bei Hoxha in Ungnade fiel –, verlor Albanien nach dem jugoslawischen auch seinen sowjetischen Bündnispartner. Der chinesische Führer Mao Zedong, Hoxhas neuer Alliierter in Asien (siehe Kapitel *Mao Ce Dun,* S. 160), bot zwar an, seine besten, in den USA ausgebildeten Ärzte zu schicken, um Hoxha zu untersuchen. Aber dieser war misstrauisch und verließ sich nur noch auf ein kleines Team albanischer Ärzte und Krankenpflegerinnen.

Im Sommer 1973 erlitt Hoxha einen Herzinfarkt. Es war Mitternacht, der Diktator befand sich in seinem Haus an der Küste, als ein albanischer Arzt an sein Bett trat. »Bis zu diesem Zeitpunkt glaubten alle, Hoxha habe ein starkes Herz. Ich war derjenige, der ihm sagen musste, dass das nicht stimmte«, erzählt dieser Arzt rückblickend.

Isuf Kalo war damals 31, heute ist er 77 Jahre alt und einer der letzten lebenden Ärzte Hoxhas. Als ich 2019 nach Tirana gezogen bin, hatte er gerade seine Memoiren veröffentlicht, ein dickes Buch, das in Albanien für Aufsehen sorgte – wie immer, wenn es um die Frage geht, wie man mit Hoxha und der Erinnerung an ihn umgehen soll. »In Albanien«, sagt Kalo, »gibt es zwei Arten von Menschen. Solche, die Hoxha für ein Monster halten, und solche, die ihn noch immer lieben.« Mit seinem Buch, so der Arzt, wolle er für keine dieser Gruppen sprechen: »Hoxha war für mich nie mehr als ein Patient.«

Kalo, der nach der Wende 13 Jahre lang für die Weltgesundheitsorganisation (WHO) gearbeitet hat, müsste längst im Ruhestand sein. Ich war erstaunt, dass er offenbar immer noch arbeitet. Sein Büro liegt im zweiten Stock der European University of Tirana, zwei Häuserblocks von einem Viertel entfernt, das bis heute »21 Dhjetori« (21. Dezember) heißt, benannt nach Stalins Geburtstag. Kalo, ein Mann mit altmodischer Brille, weißen Haaren und leicht zitternden Händen, spricht langsam, bedacht und heiser. In den Jahren nach Hoxhas Tod habe er Drohanrufe bekommen. Warum er den Diktator so lange am Leben gehalten habe? Warum er ihn nicht bewusst getötet habe? »Die Aufgabe eines Arztes ist es, seinen Patienten zu heilen«, gluckst der alte Mann, »und nicht, ihn umzubringen.« Kalo musste stets diskret auftreten, denn niemand, nicht einmal die eigenen Parteigenossen, durften wissen, dass Hoxha krank war. Über Politik gesprochen hätten sie während ihrer gemeinsamen Zeit nie.

»Hatten Sie Angst vor ihm?«, frage ich den alten Mann. Kalo schluckt kurz, dann sagt er: »Ich war immer vorsichtig und habe nur gesprochen, wenn er mich etwas gefragt hat.« Privat, so Kalo, sei Hoxha charmant gewesen. Manchmal habe ihn Hoxhas Frau gebeten, dem Diktator die Zeit zu vertreiben. »Dann schauten wir uns das rote und gelbe Laub im Garten an«, so Kalo, »der Herbst war seine Lieblingsjahreszeit.«

Nach Hoxhas Herzattacke begleitete Kalo ihn auf all seinen Reisen. Viele dürften es nicht mehr gewesen sein, denn in den letzten 25 Jahren seines Lebens verließ Hoxha Albanien nicht mehr.

Seine letzte Auslandsreise trat er im November 1960 nach Moskau an. Dort, auf einer Konferenz mit 81 kommunistischen Parteien aus aller Welt, kam es zur offenen Konfrontation mit den Sowjets, die, so der Vorwurf Tiranas, vom marxistischen Weg abgekommen seien. Hoxha beklagte öffentlich, dass sich sein Land von den »internationalen Freunden« verlassen fühle. Er fürchtete außerdem, die Russen könnten ihn umbringen lassen, reiste früher ab und vermied es, über sowjetischen Luftraum zu fliegen. Stattdessen nahm er den Zug nach Wien und weiter ins italienische Brindisi, wo er mit einer Fähre in die Heimat übersetzte. Anschließend ließ er moskautreue Politiker verhaften und trat aus dem Warschauer Pakt aus. Der Historiker Idrit Idrizi bezeichnet diesen Bruch als einen entscheidenden Wendepunkt in der Geschichte Albaniens. »Danach gab es für das Regime keine Gefahren mehr. Hoxha hatte das Land fest im Griff.«

Verordnete Staatstrauer

Doch auch ein Diktator lebt nicht ewig. Isuf Kalo, der Arzt, war dabei, als Hoxhas Herz am 8. April 1985 aufhörte zu schlagen. Es gelang ihm zunächst, den Diktator wiederzubeleben, Hoxha aber fiel daraufhin ins Koma und starb drei Tage später. Öffentlich trauerte Albanien tagelang. Auch jenen, die insgeheim Erleichterung empfanden, blieb keine andere Wahl als mitzumachen. Lange Kondolenzschlangen zogen sich durch die Innenstadt Tiranas, um dem zwischen Rosen aufgebahrten Diktator die letzte Ehre zu erweisen. Blerta Kraja, eine Freundin aus Tirana, erzählt mir, wie ihre Lehrerin weinend in die Klasse kam, auf das Foto an der Wand zeigte und sagte: »Unser Idol ist gestorben!« Dann musste Blerta, die damals sieben Jahre alt war, nach Hause gehen und fernsehen. Kameras übertrugen die Bilder von aufgelösten Menschen, die schluchzend vor dem Sarg zusammenbrachen.

Die Nachricht sprach sich in den entlegensten Winkeln des Landes herum. Auch in den Bergen von Valbona, einem Tal an der Grenze zu Montenegro. Dort treffe ich auf einer meiner Reisen einen alten Mann namens Adem Selimaj, der mit seiner Frau Feridë in einem Bauernhaus aus Stein lebt. »Das ganze Volk hat geweint«, sagt er zu mir, »keiner hat für uns so viel getan wie Hoxha.« Früher, erzählt Selimaj, gab es in seinem Tal nicht einmal Seife. »Mit Hoxha hatten wir plötzlich zwei Mal am Tag Busse, um in die nächste Stadt zu fahren.« Dann steht Adem Selimaj auf, geht in das alte Bauernhaus und holt eine mit einem Holzrahmen umfasste Schwarz-Weiß-Fotografie aus der Stube. Sie zeigt Hoxha im Jahr 1960 im Valbona-Tal – eine Zigarette in der Hand – umgeben von einer Traube Männern und Frauen. Selimaj ist froh, dass die Diktatur vorbei ist. Das Foto hat er dennoch nicht weggeworfen.

Nicht alle trauerten am 8. April 1985. »Ich fühlte große Freude«, sagt Sali Berisha, Albaniens erster demokratisch gewählter Präsident nach der Wende (siehe Kapitel *Berishas Comeback,* S. 56) Wie er vom Tod des Diktators erfahren habe? Berisha lehnt sich in seinem olivgrünen Sessel zurück und erzählt: »Eines Abends, es war schon spät, ging ich mit meiner Frau den Boulevard im Zentrum von Tirana entlang. Die Lichter im Zentralkomitee waren an. Und ich sagte zu meiner Frau, dass es höchstwahrscheinlich mit Hoxha vorbei ist.« So war es dann auch. Es war Sali Berisha, der Hoxhas Leichnam nach der Wende ausgraben und in ein gewöhnliches Grab umbetten ließ. Er bereut es bis heute nicht: »Hoxha lag auf dem Heldenfriedhof von Tirana begraben. Aber er war kein Märtyrer, sondern ein Schlächter.«

Im Jahr 1985 bekam Hoxha noch ein pompöses Staatsbegräbnis. Sein Leichnam erinnerte an eine Schaufensterpuppe, die kalkweißen Hände auf dem Schoß gefaltet, der Körper von einem Anzug bedeckt. Isuf Kalo hielt eine Rede auf dem Friedhof. »Erst da realisierten die Menschen, dass Hoxha nicht unsterblich war. Sie dachten, er lebt so lange, wie die Berge stehen«, erzählt er mir. Die Propaganda, die Hoxhas Person all die Jahre begleitet hatte, wirkte auch nach seinem Tod. In einem von *Radio Tirana* ausgestrahlten Beitrag hieß es nicht »Enver Hoxha ist tot«, sondern: »Der unsterbliche Führer ist nicht mehr am Leben« oder: »Das Herz des großen Führers hat aufgehört zu schlagen.« Hoxha, der Atheist, wurde wie Christus inszeniert, der wiederauferstehen könne. Sein Nachfolger Ramiz Alia, ein loyaler Parteisoldat, stand an seinem Grab und sagte: »Auf diesem Marmorstein sollte es kein Todesdatum geben! Enver Hoxha ist unsterblich!«

Der Staatssozialismus in Albanien brach nicht sofort in sich zusammen, sondern erst sechs Jahre später. Heute heißt es, Hoxha sei zweimal gestorben: physisch am 11. April 1985, als sein Herz aufhörte zu schlagen, und ideologisch am 20. Februar 1991, als Zehntausende Demonstranten seine Bronzestatue am zentralen Skanderbeg-Platz in Tirana zu Fall brachten. Zu diesem Zeitpunkt gehörte Albanien zu den letzten sozialistischen Ländern, die nach dem Fall der Berliner Mauer in Europa übriggeblieben waren. Im Dezember desselben Jahres löste sich die Sowjetunion auf. In Tirana brach ein neues Zeitalter an. Die Zäune fielen, die Arbeitslager öffneten sich. Der Weg aus der Isolation begann.

KAPITEL 2

EIN DRITTES MAL EDI RAMA

Als Basketballspieler war er Teamplayer, als Künstler debattenfreudig. Jetzt, bei Antritt seiner dritten Amtszeit als Albaniens Ministerpräsident, muss sich Edi Rama der Frage stellen: Hat er als Politiker beides verlernt?

Edi Rama sieht nicht so aus, als hätte er Lust auf dieses Interview. Der zwei Meter große Mann ist tief in seinem Sessel und sein Smartphone versunken, eine runde Brille auf der Nase, vor ihm ein unaufgeräumter Schreibtisch voller Filzstifte. Seit der Corona-Pandemie ist das mit den Begrüßungsritualen so eine Sache. Menschen haben sich an den peinlichen Moment gewöhnt, an dem man sich uneins ist, wie man einander Hallo sagen soll. Mit Händedruck? Mit Ghetto-Faust? Mit Ellbogen? Mit einer verkrampften Verbeugung? Bei Rama muss man sich darüber keine Gedanken machen. Er bleibt sitzen und steht gar nicht erst auf. Kein Smalltalk, keine Begrüßungsworte, einfach nur Schweigen.

Menschen, die mit Rama arbeiten, erzählen, dass Albaniens Ministerpräsident ein sehr launischer Mensch sei, abhängig von seiner Tagesstimmung. »Es war neun Uhr am Morgen und da kam dieser super aufgelegte Typ zur Tür rein«, sagt jemand, der Rama kürzlich für Gespräche getroffen hat, »wir waren überrascht, wie freundlich, aufmerksam und gut vorbereitet er war. Ich wusste ja, dass er auch ganz anders kann.« Rama hat gute und schlechte Tage. Heute, so scheint mir, ist ein schlechter Tag.

Vielleicht schweigt Rama so penetrant, damit ich Zeit habe, sein Büro auf mich wirken zu lassen. Es ist fünf Uhr nachmittags und die Jalousien sind vollständig heruntergezogen. Im Eck steht ein Kleiderständer voller bunter Krawatten, manche davon mit knalligen Motiven bedruckt. Die Wände sind – vom Boden bis zur Decke – mit Ramas Malereien bedeckt: Zeichnungen aus feinen Filzstiftstrichen, die an bunte Organe aus einem Biologielehrbuch erinnern. Im Vorraum hängt ein Basketballkorb, im Flur steht ein Käfig mit zwei grauen Papageien namens Pipu und Lulu. Wenn sie kreischen, klingt es, als würde im Haus der Feueralarm losgehen.

> ***Für einen Ministerpräsidenten haben Sie ein sehr unkonventionelles Büro.***
> Rama: *Ich bin nicht wie die anderen. Ich bin sehr groß. Ich bin der beste Künstler unter den Politikern. Ich sollte ein Büro haben, das anders aussieht, oder?*
> ***Sind Ihre Gäste geschockt, wenn sie hier reinkommen?***
> Rama: *Ich kann mich an den einen oder anderen erinnern, ja.*

Seit acht Jahren regiert Rama, ein ehemaliger Basketballspieler und Künstler, Albanien von diesen Räumlichkeiten aus. Im Holz des Schreibtisches ist immer noch das alte Staatswappen aus der Zeit der Diktatur eingelassen: ein Doppeladler mit Stern in der Mitte.

Demokraten vs. Sozialisten: Albaniens Parteien

Ramas Sozialistische Partei, die *Partia Socialiste e Shqipërisë* (PS), hat ein schweres Erbe zu tragen. Sie ging direkt aus Enver Hoxhas Einheitspartei hervor und benannte sich 1991 lediglich um. Damals, bei einem historischen Parteienkongress, wurde Hoxhas Kurs erstmals öffentlich kritisiert, einzelne Politbüro-Mitglieder ausgeschlossen sowie Hammer und Sichel aus dem Parteiemblem verbannt. Ramas Vater Kristaq, von Beruf Bildhauer, meißelte während der Diktatur Partisanenbüsten und Kriegerdenkmäler. Sein Sohn Edi hingegen begehrte gegen die Kommunisten auf und schloss sich als junger Kunstprofessor der Demokratiebewegung an. Später machte er doch noch bei den Sozialisten Karriere: zuerst als Kulturminister (1998), dann als Bürgermeister von Tirana (2000–2011) und seit 2013 als Ministerpräsident.

Albaniens Politik ist heute in zwei Farben geteilt: in Violett, die Farbe von Ramas Sozialisten, und in Blau, die Farbe der oppositionellen Demokraten, der *Partia Demokratike e Shqipërisë* (PD). Ihr Gründer, Sali Berisha, einst der große Hoffnungsträger der Wende, ist mittlerweile 77 Jahre alt und immer noch in der Politik tätig. Seit Albanien vor drei Jahrzehnten demokratisch wurde, stehen sich Sozialisten und Demokraten als verfeindete Parteienblöcke gegenüber. Sie haben (mit einer einzigen Ausnahme im Juni 1991) noch nie gemeinsam regiert und zeichnen sich durch einen Mangel an Dialog- und Kompromissbereitschaft aus.

Charakteristisch für die politische Kultur in Albanien sind gegenseitige Anschuldigungen sowie der Boykott von Wahlen und des Parlaments. Anders als in Westeuropa spielen Ideologien, also die Frage, ob man sich als »links«, »rechts«, »konservativ« oder »liberal« bezeichnet, eine nachrangige Rolle. Entscheidend sind Klientelnetzwerke und persönliche Vorteile, etwa das Versprechen, Jobs im öffentlichen Sektor zu schaffen. So ist Ramas Partei zwar Teil der Sozialistischen Internationale, betreibt aber eine unternehmerfreundliche und gewerkschaftsfeindliche Politik. Auch die Demokraten wurden ihrem Namen nicht immer gerecht. Während ihrer Regentschaft wurden im Jahr 2011 vier Demonstranten vor dem Regierungssitz erschossen. Die PS wird heute tendenziell von Sozialdemokraten, die PD von Christdemokraten in Europa unterstützt. Abseits von Etikett und Farbe sind die beiden Parteienblöcke ideologisch schwer zu trennen. Politische Beobachter vergleichen sie mit Coca-Cola und Pepsi.

In den letzten 30 Jahren hat in Albanien kein Elitenwechsel stattgefunden. Im Jahr 2004 ist mit der »Sozialistischen Bewegung für Integration« (LSI) zwar eine dritte Kraft entstanden, allerdings gilt diese als »Königsmacherin«, da sie einmal den Demokraten, einmal den Sozialisten zur Mehrheit verhilft. Seitdem die LSI von der Frau des amtierenden Präsidenten Ilir Meta geführt wird, steht dieser in der Kritik, sein Amt nicht neutral auszuüben.

Vor diesem Hintergrund lässt sich erklären, warum die Politikverdrossenheit in Albanien groß ist. Anders als im Kosovo, wo neue Kräfte die alten Eliten der Kriegskommandanten abgelöst haben, ziehen in Albanien mitunter immer noch dieselben Personengruppen die Fäden wie vor 25 Jahren. Seit der Wende hat sich kein Regierungschef länger gehalten als Edi Rama. »Solange ich noch das Feuer in mir spüre, mache ich weiter«, sagt er im Interview mit mir. Und: »Wenn ich müde werde, dann gehe ich.« Er klingt müde, während er das sagt.

Dabei hätte Rama allen Grund zur Freude. Als ich Albaniens Ministerpräsidenten im Herbst 2021 treffe, ist er auf dem Höhepunkt seiner Karriere angelangt. Ramas Gegenspieler, der Oppositionsführer Lulzim Basha, gilt derzeit als äußerst unbeliebt bei der Parteibasis. Ramas zweiter Rivale auf dem heimischen Parkett, der in die Jahre gekommene Sali Berisha, wurde von den USA wegen Korruptionsvorwürfen mit einer Einreisesperre belegt. Während die Opposition mit Flügelkämpfen beschäftigt war, reiste Rama nach Washington und machte mit der Verlautbarung, Tausende Geflüchtete aus Afghanistan aufzunehmen, Schlagzeilen (siehe Kapitel *Hotel Afghanistan,* S. 44).

Zuletzt gab es viel Gerede über Albaniens neues Kabinett, das zu 75 Prozent aus Frauen besteht – ein Weltrekord. Dabei ist Rama alles andere als ein Feminist. Er ist für seine sexistischen Witze bekannt und hat Aktivistinnen, die seine Regierung kritisierten, als »gackernde Hühner« bezeichnet. Jetzt profitiert ausgerechnet er vom Image eines progressiven Politikers. Die albanische Feministin Gresa Hasa bringt dafür kein Verständnis auf. In einem Artikel für das Onlineportal *Kosovo 2.0* schreibt sie: »Rama ist weder ein Sozialist noch ein Feminist. Er benutzt Frauen nur, wenn sie ihm in die Agenda passen.« Der Rama hinter den zugezogenen Jalousien dementiert das.

Denken Sie, dass Frauen die besseren Politikerinnen sind?
Rama: *Die Besetzung des Kabinetts mit so vielen Frauen war keine Strategie. Es ging darum, die richtigen Leute für die richtigen Posten zu finden. Und jetzt sitzen eben mehr Frauen als Männer dort.*

Pragmatische, knapp gehaltene Antworten: So ist Rama, wenn er Interviews gibt. Lassen sich damit Wahlkämpfe gewinnen?

April 2021: Auf Wahlkampftour

Dafür muss man in den April 2021 zurückblicken. Für *profil* und das Schweizer Magazin *Republik* begleite ich Ramas Wahlkampfteam gemeinsam mit dem Fotografen Ilir Tsouko für einige Tage aus nächster Nähe. Ilir und ich sehen dabei zu, wie Rama in Jogginghosen aus seinem gepanzerten Fahrzeug steigt und Reden mit Baseballkappe in Fußballstadien hält. Dafür bekommen wir einen schweigsamen Fahrer an die Seite gestellt. Sein Job ist es, immer eine halbe Stunde früher vor Ort zu sein als der Ministerpräsident. Der Chauffeur rast über holprige Bergstraßen, als wäre der Teufel hinter ihm her. Ilir und ich klammern uns am Türgriff fest und versuchen mit aller Kraft, uns nicht zu übergeben. Das gelingt uns am Ende – und auch Rama erreicht sein Ziel.

Am 27. April erklärt er vor seinen jubelnden Anhängern: »Wir haben den Rekord gebrochen.« Knapp 50 Prozent stimmen für die Sozialisten. Internationale Wahlbeobachter berichten allerdings von einer Reihe von Unregelmäßigkeiten, darunter nicht standardgemäße Beeinflussung des Verhaltens der Wählenden, einschließlich Stimmenkauf.

Es ist Dienstagabend, zwei Tage nach dem Urnengang. Rama steht an einem runden Rednerpult, hinter ihm die Reiterstatue des albanischen Nationalhelden Skanderbeg, vor ihm ein Platz voller Menschen. »Albanien hat gewählt, Albanien hat entschieden, Albanien hat gesiegt«, ruft er ins Mikrofon. Rama spricht über einen historischen Sieg, das Privileg, Albanien politisch zu führen, und über seine Mutter, die das nicht mehr miterleben könne. »Hoch lebe die Sozialistische Partei!«, ruft er, wirft die Hände in die Luft und legt anschließend seine rechte Hand auf sein Herz. Am selben Abend schreiben Zeitungen auf der ganzen Welt, dass Albanien zum dritten Mal in Folge eine linke Regierung gewählt hat. Hier beginnt ein zentrales Missverständnis über Edi Rama.

Auf dem Papier ist Rama Sozialdemokrat. In der Praxis lockt er ausländische Investoren mit dem Argument an, dass es in Albanien keine starken Gewerkschaften gebe. »Rama ist mit Sicherheit kein Sozialdemokrat«, sagt jemand, der die PS intern gut kennt, »er ist mehr der Typ Christian Lindner, also ein Marktliberaler, der an

Leistung glaubt und gesellschaftlich progressiv sein will.« Am Ende spiele die Ideologie aber keine Rolle: »Rama ist Machtpolitiker.« Im Wahlkampf tritt Rama mit maßgeschneiderten, weißen Sneakers auf, die das Logo seiner Partei, die rote Rose, zeigen. Über die Jahre wurde viel über sein Äußeres gesprochen und wenig über die Frage, wofür dieser Mann inhaltlich steht.

Mittwoch, der Tag nach der großen Siegesrede. Rama gibt mir sein erstes Interview nach der Wahl, diesmal per Videoanruf. Keine Euphorie, er zeigt sich müde und still, die Stimme brummt noch tiefer als sonst. Wieder einmal, so scheint mir, habe ich einen schlechten Tag erwischt. Während er spricht, kritzelt er Skizzen auf Papier. Auf die Frage, wie lange er für das Interview Zeit habe, sagt er: »Mal schauen, wie interessant es wird.« Im Wahlkampf hatte Rama einmal nach unliebsamen Fragen wortlos ein Fernsehstudio verlassen und dem Journalisten während des Gesprächs erklärt: »Ich bin nicht hergekommen, um mir Ihren Bullshit anzuhören.« In der Vergangenheit hat er Journalisten als »ignorant« oder als »Mülltonnen« bezeichnet. Der Öffentlichkeit in Albanien bereitet diese Rhetorik Sorge. Auch die EU-Kommission hebt in ihrem Fortschrittsbericht vom Oktober 2021 hervor, dass sich die Situation von »Hetzkampagnen« und »Einschüchterungsversuchen« gegenüber Journalisten in Albanien nicht verbessert, sondern im Zuge der Wahlen sogar verschlimmert habe.

Es gibt Menschen, die sagen, acht Jahre an der Macht – davon vier mit absoluter Mehrheit – hätten Edi Rama verändert. Andere relativieren: »Er ist einfach impulsiv und launisch.« Und: »Es gibt derzeit keinen Besseren als ihn.« Spricht man Rama auf seinen Sieg an, dann sagt er Sätze, die auch von einem Teamcoach einer Sportmannschaft stammen könnten: »Wir müssen gewinnen und für die Menschen arbeiten. Und wieder gewinnen und arbeiten und wieder gewinnen.« Das mache Champions aus. »Und die Sozialistische Partei ist ein Champion in diesem Land«, so Rama.

Albanien ist ein Land, in dem das Arbeitslosengeld nicht zum Leben reicht und es in öffentlichen Krankenhäusern an Fachpersonal und Ausrüstung mangelt. Die Schere zwischen Arm und Reich klafft immer weiter auseinander, nichts hat das so offengelegt, wie die Covid-19-Pandemie. Wer es sich leisten konnte, ließ sich in Privatspitälern in Ankara oder Istanbul behandeln. Die Schweizer

Botschaft in Tirana gibt an, dass insgesamt 565 Flüge aus medizinischen Gründen die Türkei ansteuerten. Wer nicht zu diesen Privilegierten gehörte, war nicht selten auf sich allein gestellt. In Tirana entstand ein Privatmarkt für Sauerstoffflaschen, weil die Kliniken überfüllt waren. Anstatt sozialer Sicherheit hat Rama den Menschen im Wahlkampf aber etwas anderes versprochen: Flughäfen, Brücken und Häfen. Wie kann es sein, dass er damit erfolgreich war?

»Kein Ort am Ende der Welt mehr!«

Eine Antwort auf die Frage habe ich in Fshat gefunden, einem Dorf im Nordosten des Landes, das aus dem Albanischen übersetzt einfach nur »Dorf« heißt. Eine Handvoll Häuser mit Apfelbäumen im Garten und metallenen Wassertanks auf dem Dach. Obwohl die Luftlinie nach Tirana nur etwa 30 Kilometer beträgt, dauert die Fahrt hierher vier Stunden. Im Wahlkampf hat Rama versprochen, das zu ändern.

Es ist ein Mittwochmorgen im April, nass und wolkig, noch elf Tage bis zur Wahl. Bodyguards sichern eine Brücke, die sich zwischen zwei Kalksteinfelsen über eine Schlucht spannt. Rama, die Hände in den Taschen seiner Jacke vergraben, beugt sich über das Geländer, sein Social-Media-Team neben sich. Kein Politiker auf dem Balkan hat in den sozialen Netzwerken eine solche Reichweite generiert: rund 361.000 Follower auf Twitter und 1,3 Millionen auf Facebook – das ist die Hälfte der Landesbevölkerung. Wobei: Die Diaspora ist groß, geschätzte 1,5 Millionen Albaner und Albanerinnen leben im Ausland. Und ein Teil seiner Follower soll lokalen Medien zufolge auch eine ganze Armada an Fake-Bots sein.

Im Wahlkampf reist der Ministerpräsident durch das Land, um echte Menschen zu treffen. Die Brücke, auf der er steht, ist eine der höchsten auf dem Balkan. Sie ist Teil eines 250 Millionen Euro teuren Infrastrukturprojektes, der Rruga e Arbërit, der Straße der Albaner. Neu gebaute Tunnel, Passstraßen und Brücken sollen Dibra, eine abgelegene und arme Region im Osten, mit Tirana verbinden und damit einen »jahrhundertealten Traum« in Erfüllung gehen lassen.

Die Fahrtzeit soll von vier Stunden auf 45 Minuten verkürzt werden. »Dibra ist dann kein Ort am Ende der Welt mehr«, verspricht Rama.

Hinter der Brücke beginnt ein dunkler Tunnel. Noch fehlen ihm die Beleuchtung und der Asphalt. Am Eingang steht eine rostige Schranke, die von einem Polizisten bewacht wird. Rama darf schon heute durch die halbfertige Röhre fahren. Im Wahlkampf ist Zeit ein knappes Gut. Wenn der Ministerpräsident anrollt, dann werden die Straßen gesperrt. Das Sandwich der Wahlkampf-Entourage: vorne die Polizei mit Blaulicht, hinten der Kastenwagen mit den Bodyguards. In ihrer Mitte fährt ein Luxusjeep der US-Marke Lincoln mit verdunkelten Scheiben. Im albanischen Sozialismus waren private Autos verboten. Heute gibt es davon mehr, als die oft holprigen Straßen vertragen. Asphalt und Spatenstiche sind in Albanien Indikatoren, an denen gemessen wird, ob ein Politiker besteht oder nicht. Hier in den Bergen gilt diese Regel ganz besonders.

Peshkopia, unter den Osmanen ein kleiner Marktflecken, ist das administrative Zentrum der Region Dibra. Im Fußballstadion stehen hundert Stühle für Ramas Wahlkampfrede bereit und draußen, an der Betonwand, hat jemand die britische Flagge an eine Wand gesprayt. Während im Rest Europas vor Zuwanderung gewarnt wird, ist es in Albanien umgekehrt: Die größte Gefahr ist, dass immer mehr Menschen auswandern, im Fall von Peshkopia nach England. Rama hat auf das Problem eine simple Antwort: »Jeder Emigrant, der bereit ist, zurückzukehren, um in das Haus der Großeltern zu investieren, soll 5000 Euro bekommen.« Ob das reicht? Nein, findet Vilson. Der 28-Jährige lehnt an der Tür eines Friseursalons, in dem Undercuts rasiert und Zigaretten geraucht werden, und sagt: »Es gibt Leute, die 22.000 Euro für den Weg nach London bezahlt haben. Warum sollten sie für 5000 Euro wieder zurückkommen?« Rama sei ein wenig wie die Popsängerin Rihanna, meint Vilson: »Sie singt auch immer work, work, work, work.« Aber genau davon gebe es hier zu wenig: »Ein Kellner in Peshkopia verdient fünf Euro am Tag. Das sind eine Packung Zigaretten und ein Kaffee.«

Die Straße hinunter steht der Stand von Blerim, einem 50-jährigen Mann mit Strickpullover, der unter einem gelben Sonnendach Äpfel, Orangen und Erdbeeren verkauft. Blerim hofft, dass die neue Straße Motorradfahrer nach Dibra spülen wird und dass sie an der Tankstelle auf der gegenüberliegenden Straßenseite Halt machen. Er outet sich als Rama-Fan: »Seit er an der Macht ist, habe ich nicht vier, sondern acht Stunden am Tag Wasser.«

Im Stadion treffe ich aber auch auf Zuhörer, die selbst nicht genau zu wissen scheinen, warum sie eigentlich hier sind: »Bei uns gewinnt immer der Größte«, scherzt einer. Die Menschen in Dibra sind stolz, zwei wichtige Männer hervorgebracht zu haben. Erstens den albanischen Nationalhelden Skanderbeg, der im Mittelalter gegen die Osmanen kämpfte. Zweitens Ahmet Zogu, Albaniens ersten und einzigen König.

Politik und Macht waren und sind in Albanien eine männliche Domäne. Das Land wurde noch nie von einer Frau, sondern stets von Männern beherrscht oder besetzt: König Zogu, Benito Mussolini, Adolf Hitler und dann, 40 Jahre lang, von Enver Hoxha. Es ist nicht überraschend, dass der Künstler Edi Rama – nach autoritären Regimes aller Art – in den Nullerjahren als erfrischend, zugänglich und modern galt. Als Kulturminister trug er 1998 gelbe Hosen und eröffnete Kinos. Als Bürgermeister von Tirana ließ er die grauen Ziegelsteinblöcke bunt anmalen, illegal errichtete Gebäude abreißen und trat in einem Video der albanischen Rap-Gruppe *West Side Family* auf. Die einen sagen, seine Idee, Tiranas triste Bauten in knalligen Farben anzumalen, veränderte das Lebensgefühl in der Stadt. Andere kritisieren das als reine Kosmetik, die am Ende wenig an den ärmlichen Lebensbedingungen hinter dem Verputz änderte.

Im Jahr 2004 wurde Rama, der bis heute von seinem Künstlerimage profitiert, als Weltbürgermeister ausgezeichnet. Als Ministerpräsident kündigte er 2013 an, in Dialog mit der Zivilgesellschaft zu treten, wandelte sein Büro in eine Galerie um und ließ sich im Hinterhof einen Basketballplatz bauen. Das ist der Rama, wie man ihn außerhalb Albaniens sieht: schillernd, anders, extravagant. Doch Ramas Image als Reformer ergeht es wie den Ziegelsteinbauten im ganzen Land: Es hat Risse bekommen. »Rama hat sich von einem Enfant terrible und einem Außenseiter zur Norm entwickelt, nämlich einem starken Mann, wie es auf dem Balkan leider so viele gibt«, beobachtet Florian Bieber, Südosteuropa-Experte an der Universität Graz. Und ein enger Weggefährte von Rama sagt: »Es gibt keine Partei mehr. Da ist nur noch Rama und seine One-Man-Show.«

Kapitel 2

»Europa ist unsere Religion«

Als Jugendlicher war Rama professioneller Basketballspieler. Später entschied er sich, mit dem Sport aufzuhören. »Ich war nie ein Michael Jordan«, sagt er heute ganz pragmatisch über diese Entscheidung. Als Politiker tourt Rama immer noch von Stadion zu Stadion.

Die Arena in Peshkopia platzt bei seinem Besuch aus allen Nähten. Um einen besseren Blick zu erhaschen, klettern Jugendliche auf die Flachdächer der umliegenden Häuserblocks. Rama weiß, was Burschen und Mädchen aus der Gegend auf Mauern schmieren. Sechs blaue Buchstaben, die zum Schlachtruf der oppositionellen Demokraten geworden sind: »Rama ik!« (Rama, geh!) Anstatt den Slogan zu ignorieren, geht dieser darauf ein: »Auch all jene, die ‚Rama ik!' rufen, werden durch meinen Tunnel fahren.« Dann dreht er sich zu den Jugendlichen auf den Dächern um: »Ihr wollt, dass ich gehe. Aber wohin denn?« Dazu dröhnt »Radioactive« von der Band Imagine Dragons aus den Boxen.

> *»Welcome to the new age, to the new age. Welcome to the new age, to the new age, Whoa-oh-oh-oh, oh.«*

Während seiner Rede projiziert Rama das im Lied besungene neue Zeitalter auf eine Leinwand hinter sich: Apartmentblocks aus Glas und Stahl, Fotovoltaikanlagen, Flughäfen und Fußgängerzonen. Rama ruft: »Wir werden neue Tore nach Albanien eröffnen – in der Luft und zu Wasser.« Und: »Unsere Flugzeuge werden über die Ozeane fliegen.« All das ist weit weg von Peshkopia. Das Wellblech der Fußballtribüne ist ausgebeult, von den umliegenden Häusern bröckelt der Verputz. Aber Rama hält sich nicht lange mit Lokalpolitik auf. Er erzählt vom Hafen in Durrës an der Adriaküste, in den ein Unternehmer aus Dubai zwei Milliarden Euro investieren will. »Dieser Hafen wird viele Menschen anziehen, die viel Geld ausgeben«, verspricht Rama.

Shkodra, eine Stadt in Nordwestalbanien, kann von solchen Investitionen nur träumen. Hier sind die Straßen besser als in Dibra, doch die Stadt ist ein hartes Pflaster für Edi Rama. Sie gilt als Hochburg von Lulzim Basha, Chef der Demokraten. Das hat auch mit ihrer Geschichte zu tun. Während der Diktatur wurde Shkodra, bis heute das Zentrum katholischer Albaner und Albanerinnen, besonders hart bestraft. Priester wurden wegen einer Bibel inhaftiert, Kirchen wurden zu Sporthallen umfunktioniert. Rama selbst ist Katholik, seine Frau Muslimin und die Kinder aus vorheriger Ehe christlich-orthodox. »Ich glaube an einen Gott, der unsichtbar ist«, sagt Rama. Im Jahr 2018 zog er eine andere Metapher heran und erklärte: »Europa ist die Religion der Albaner.« Umfragen geben ihm recht. Kein Land auf dem Westbalkan ist proeuropäischer eingestellt. Die Eröffnung der Beitrittsgespräche bleibt dennoch aus (siehe Kapitel *Verlobt, nicht verheiratet,* S. 74).

Von Rama, einem selbsterklärten Proeuropäer, sind in jüngster Zeit immer öfter EU-kritische Töne zu hören. »Die EU hat sich in eine Föderation aus nationalen Egoismen verwandelt«, sagt er im Gespräch mit mir. Spricht Rama über das europäische Projekt, dann tendiert er dazu, vorsichtige Metaphern zu benutzen. Die EU durchwandere eine »Wüste«, sagt er. Die Migrationskrise von 2015 habe eine »Narbe« in ihr Antlitz geschlagen. Rama betont dennoch, dass er an das europäische Projekt glaube: »Es ist eine frustrierende Beziehung. Beide Seiten beteuern, dass sie sich lieben, aber eine Ehe ist in weiter Ferne.«

Auf eine Zukunft in der Europäischen Union können sich in Albanien alle Parteien einigen. Worüber man sich streitet, ist die Vergangenheit. Davon erzählt Bardh Spahia. Der Chirurg kandidiert in Shkodra für die Demokraten, sein Büro liegt über einem Beautysalon. Er trägt dunklen Anzug zu weißer FFP2-Maske und sagt: »Nach der Wende haben wir den Sozialisten vergeben, aber sie haben sich nie entschuldigt.« Sie – damit meint er ehemalige Parteikader und Staatsanwälte des Regimes. Bis heute würden sie in Ramas Partei geduldet, meint Spahia. Und so gilt auch jetzt noch die Faustregel: Wer während der Diktatur verfolgt wurde und im Norden lebt, wählt PD.

Kapitel 2

Basketball und Diktatur

An diesem Abend im April mitten im Wahlkampf ist Rama nach Shkodra gekommen, um die Faustregel zu brechen. »Ich, ein Kommunist?«, ruft er in ein Mikrofon und bricht in schallendes Gelächter aus. »Habt ihr den Verstand verloren?« Dann spricht er über zwei Dinge, die seine Biografie geprägt haben: die Diktatur und Dinamo Tirana. Die Diktatur, das war das Regime. Dinamo, das war Ramas Basketballverein.

So etwas wie Reisefreiheit gab es während der Diktatur nicht. »Man konnte nicht einfach so in den Urlaub fahren oder seine Tante in Wien besuchen«, sagt der Historiker Idrit Idrizi, »man brauchte eine Bestätigung des Innenministeriums dafür.« Nicht zuletzt deswegen wurde Rama Sportler. »Ich habe Basketball gespielt, weil ich das Land verlassen wollte, um in ein Museum oder eine Kunstgalerie zu gehen«, erinnert er sich zurück. Und Ilir Trebicka, der ehemalige Kapitän seiner Mannschaft, sagt: »Nach jedem Auslandsspiel mussten wir unsere Reisepässe wieder zurückgeben.«

Trebicka ist heute 69 Jahre alt. Mit dem aktuellen Ministerpräsidenten teilte er sich das Zimmer bei Auslandsspielen, darunter Mitte der Achtziger im westdeutschen Paderborn. »Wir haben das Spiel verloren«, erinnert sich Trebicka, »aber wir waren in einem Restaurant essen. Der Kellner brachte Brot an den Tisch, und immer, wenn er zurückkam, war der Korb leer.« Es war die Zeit der Lebensmittelrationen in Albanien. Sozialdemokraten in Europa erzählen heute von einem gänzlich anderen Rama. »Zum Abendessen ist er mit Limousine, weißem Jogginganzug und Goldkettchen vorgefahren und hat anschließend den besten Wein bestellt«, sagt ein Abgeordneter aus dem EU-Parlament.

In den 1990er-Jahren lebte Rama noch auf schmalem Fuß. Damals ging er als Künstler nach Paris und teilte sich eine Wohnung mit dem einige Jahre jüngeren Anri Sala. Der ehemalige Mitbewohner sagt: »Materielle Dinge waren Rama nie wichtig.« Sala, 47, lebt mittlerweile in Berlin und stellt in Galerien auf der ganzen Welt aus. Er kennt Rama seit seiner Kindheit und nennt ihn heute Mentor. Im Gespräch mit mir erinnert sich Sala, wie Professor Rama an der Akademie der bildenden Künste ein Ölgemälde zeigte: den »Schrei« von Edvard Munch. Expressionistische Kunst war in Albanien verboten, ebenso

Rockmusik oder Bücher von Nietzsche oder Agatha Christie. »Es war ein politischer Akt, dieses Bild zu zeigen«, sagt Sala heute.

Woher stammen die Daten?

Eines von Ramas eigenen Bildern hängt heute dort, wo man es nicht erwarten würde: im Arbeitszimmer des Schriftstellers Fatos Lubonja, einem lautstarken Kritiker des Ministerpräsidenten. »Wissen Sie, wir waren einmal enge Freunde«, sagt Lubonja. Wann er ihn kennengelernt habe? »1991, kurz nachdem ich aus dem Gefängnis entlassen wurde.« Lubonja war einer von Tausenden politischen Häftlingen, die während der Hoxha-Diktatur in Kupferminen schuften mussten. 17 Jahre verbrachte er im Gefängnis und in verschiedenen Lagern. Der Grund: Als 23-Jähriger hatte er einen kritischen Tagebucheintrag über den Diktator verfasst.

Im Jahr 1991, als das Regime zusammenbrach, kam Lubonja frei und traf auf einen radikalen Intellektuellen. »Lass uns was Neues machen, etwas wirklich Antikommunistisches«, soll Rama damals gesagt haben. Es war die Zeit des großen Umbruchs: Statuen wurden zertrümmert, Parteien gegründet, Botschaften und Öltanker gestürmt. Rama organisierte Debatten in Kinosälen und schrieb Artikel für Lubonjas Kulturzeitschrift. Heute findet Lubonja: Liberale und Linke in Europa würden sich von Ramas Künstlerimage blenden lassen. In Wahrheit setze dessen Partei auf volle Kontrolle. Als Beispiel nennt er eine Datenbank, die im Wahlkampf vom albanischen Onlineportal *Lapsi.al* enthüllt wurde und sich im Besitz der Sozialistischen Partei befinden soll. Darin sind die Namen, Telefonnummern und Adressen von 910.000 Wählerinnen vermerkt, außerdem Kommentare über ihre politische Ausrichtung und ihren Arbeitgeber. Lubonja scrollt durch sein iPhone und liest einige dieser Kommentare vor, die in der Presse als Screenshots zirkulieren.

»Sein Facebook-Profil lässt vermuten, dass er PS wählt.
Sein Haus ist nicht legalisiert.
Hat Sklerose.
Seine Mutter ist in der Gemeinde beschäftigt.«

Kritik kam auch von *Transparency International.* Die Nichtregierungsorganisation sprach von einem »alarmierenden Trend«, personenbezogene Daten »zur Beeinflussung der Wahlergebnisse« zu nutzen. Rama spricht von einem Missverständnis. Die Daten stammten aus Gesprächen zwischen Parteiaktivistinnen und Wählern, behauptet er. Es gehe darum, von Tür zu Tür zu gehen und über die Bedürfnisse und Wünsche der Basis Bescheid zu wissen. Datenbanken über Wählerinnen anzulegen sei der eine Skandal, sagt Lubonja. Der zweite beginne auf seinem Balkon. Er erhebt sich von seinem Sofa und tritt hinaus. Von dort kann er dabei zusehen, wie rund um den zentralen Skanderbeg-Platz immer höhere Bürotürme in die Luft wachsen. Das alte Tirana weiche immer mehr den Immobilieninvestoren.

Eine Kneipe namens »Weihnachten«

Auch Ramas ehemalige Lieblingskneipe könnte abgerissen werden. Das Kellerlokal steht nahe an der Stelle, wo früher das Nationaltheater in die Höhe ragte. Trotz jahrelangen Bürgerprotesten wurde es im Jahr 2020 abgerissen (siehe Kapitel *Wem gehört Tirana?*, S. 123). Jetzt fragt sich Maja, eine Frau Anfang 60 mit kurzen, schwarzen Haaren: Wie lange steht meine Bar noch?

An einem Freitagabend, zwei Tage vor der Wahl, Sperrstunde: Die Wirtin schließt die Tür ab, schenkt mir Rakia ein und beginnt zu erzählen. »Das hier ist keine Bar«, stellt sie gleich am Anfang klar, »sondern eine Institution.« Die Kneipe heißt »Noel«, weil sie an einem 25. Dezember eröffnete. Über der Bar hängen rote Christbaumkugeln und an der Wand, die mit Hunderten Zeitungsblättern vollgeklebt ist, hängt ein vergilbtes Schreiben von Edi Rama aus dem Jahr 1995. Da steht: »Nur etwas Kleines fehlt mir in Paris: das ‚Noel' und ihr.«

Das Noel steht fast so lange wie die Demokratie in Albanien. Die Bar ist auch Zeitzeugin der politischen Spaltung im Land. »Die Demokraten saßen hier und die Sozialisten dort«, erinnert sich Maja. »Wir haben sie aufwachsen sehen«, sagt sie, als handle es sich um ihre Kinder. Heute sind die Kinder erwachsen und streiten immer noch. PD-Anführer Lulzim Basha wirft Rama Wahlfälschung, Korruption und Nähe zur organisierten Kriminalität vor.

48 Stunden vor der Wahl ruft Basha ein letztes Mal seine Anhänger in Tirana zusammen. Ich stehe auf einer Mauer an der Südseite des Mutter-Theresa-Platzes und höre ihm dabei zu. »Der Sonntag wird der heilige Tag der Albaner sein!«, ruft Basha. Und: »Das ist nicht das Tirana von Edi Rama! Es ist eure Stadt!« Dann schallt die Hymne der Opposition aus den Boxen: »Unstoppable« von der australischen Popsängerin Sia. Ein Feuerwerk kracht, blaue Luftballons steigen in den Himmel. Blau und Lila – zwei Farben, die das Land spalten.

Kommt es zu einer Rotation zwischen den Großparteien, wird nicht nur die Regierung ausgewechselt – sondern gleich der gesamte Beamtenapparat, Schuldirektorinnen und Positionen in Gemeinden, Polizei und der Verwaltung. Das sei problematisch, sagt Ditmir Bushati, Albaniens ehemaliger Außenminister. Seiner Sozialistischen Partei sei es weder gelungen, die soziale Ungleichheit im Land zu kitten noch die politische Spaltung. »Wer auf Wahlkampfveranstaltungen geht, will entweder den Job behalten oder einen bekommen«, kritisiert Bushati. Es war Rama, der Bushati – Harvard-Abgänger, Jurist und EU-Experte – 2005 in die Partei holte und später zum Minister beförderte. Nachdem Bushati öffentlich Kritik geäußert hatte, setzte ihn der Parteivorsitzende nicht mehr auf die Wahlliste. Stattdessen klingelte das Handy bei Edona Bilali.

Plötzlich Ministerin

Edona Bilali berät Start-ups bei Projektanträgen, ist kein Parteimitglied und pendelt zwischen ihrer Heimatstadt Shkodra und Linz in Österreich, wo sie ihr Doktoratsstudium absolviert. »Im Sommer hätte ich meine Dissertation präsentieren sollen«, erzählt die 31-Jährige. Dann, am 8. März, rief Edi Rama an.

Eineinhalb Monate später sitzt Bilali im zweiten Stock der PS-Zentrale in Shkodra und ist sichtlich angespannt. Es ist Sonntag, der 25. April, in sechs Stunden schließen die Wahllokale. Vor Bilali liegt ein Stapel Flyer. Darauf ihr Gesicht und ihr Wahlversprechen: ein besseres Klima für Unternehmer, Investitionen in Tourismus und Landwirtschaft, Frauenförderung. Was Bilali an jenem Sonntag nicht weiß? Das nächste Mal, wenn ich sie zum Interview treffe, wird sie unerwartet zur Ministerin aufgestiegen sein. Sie wird einen Pressesprecher und einen eigenen Fahrer haben und an der Seite der albanischen Außenministerin in die USA reisen. All das ahnt Bilali im April noch nicht. Oder sagen wir so: Wenn sie damals von ihren Aufstiegschancen wusste, dann hat sie es hervorragend vor mir verheimlicht. Stattdessen erzählt sie davon, Abgeordnete werden zu wollen, und stellt sich die Frage, was sie im Parlament verändern könnte. Ihre Antwort: die Konflikte mit der PD überbrücken. Schließlich stammt sie aus Shkodra, einer Hochburg der Opposition. Sie erzählt von ihrem Wunsch, dass sich nach Auszählung der Stimmen alle Kandidaten friedlich die Hände reichen. Bilali sagt das vier Tage, nachdem in Elbasan, einer Stadt in Mittelalbanien, ein Wahlhelfer der Sozialisten von einem Anhänger der Demokraten erschossen wurde. Der Grund: vermutete Wahlfälschung.

Auch Altin, ein 30-Jähriger mit Tommy-Hilfiger-Brusttasche, spricht von Stimmenkauf. Oder besser gesagt: flüstert. Er steht im Gang einer Dorfschule, zehn Kilometer nördlich von Shkodra. Sie ist nach einem Guerilla-Kämpfer benannt, der im Ersten Weltkrieg Widerstand gegen die Serben leistete. Heute befinden sich die Dörfer rund um die Schule im Widerstand gegen den albanischen Ministerpräsidenten. Die Kabine, in der man seine Stimme abgibt, ist aus Karton und mit der immer gleichen Zahl bekritzelt: 9.9.9.9. Der Parteinummer der PD. Altin ist der Ortsvorsteher mehrerer Dörfer mit rund 12.000 Einwohnerinnen. »Jeden Tag«, sagt er, »verschwinden zwölf von ihnen nach Deutschland.« Wenn Rama gewinnt, dann will auch er sich auf den Weg machen: »Das schwöre ich.«

Drei Tage später ist Altin immer noch da. Seine Partei hat die Wahlniederlage hingenommen, die befürchteten Krawalle sind ausgeblieben. »Ich will der Ministerpräsident von allen Albanern sein«, hat Rama bei seiner Rede gesagt. Am nächsten Tag sitzt er in seinem

Büro, den Zeichenblock auf dem Schoß, und gibt mir sein erstes Interview nach dem Sieg.

Es heißt, Ihre Partei entwickle sich immer mehr zur »One-Man-Show«.
Rama: *Parteien sind dafür da, um zu gewinnen. Warum braucht man sie sonst?*

KAPITEL 3

HOTEL AFGHANISTAN

Es ist das luxuriöseste Flüchtlingslager Europas: An der Adriaküste leben Hunderte Menschen aus Afghanistan in einem Hotel mit Swimmingpool und Sandstrand. Was erzählt dieser Ort über Albaniens Beziehung zu den USA?

Sara Qaderi hat mit 24 Jahren zum ersten Mal das Meer gesehen. Seither geht sie jeden Tag am Strand spazieren, eine Studentin mit bunt lackierten Fingernägeln und einem losen Schleier über den dunklen Haaren. Qaderi stammt aus Afghanistan und hat bis vor wenigen Wochen noch nie etwas von dem kleinen Land an der Adria gehört, in dem sie gelandet ist. »Ich habe Albanien erst am Flughafen gegoogelt und herausgefunden, dass es in Europa liegt und nahe an Italien«, sagt Qaderi und blickt auf die von Palmen und Oleanderbüschen flankierte Strandpromenade.

> *»Ich habe jeden Tag Alpträume vom Flughafen Kabul. Ich sehe die Gesichter der Taliban vor mir. Den anderen im Hotel geht es ähnlich. Sie träumen, dass sie es nicht rechtzeitig in die Maschine schaffen.«*

September 2021. In Shëngjin, einem Badeort an Albaniens Nordküste, geht der Sommer zu Ende. Der Großteil der Urlauber, viele davon aus dem benachbarten Kosovo und der albanischen Diaspora in der Schweiz, reisen ab. Im Winter ist die Stadt mit rund 3000 Einwohnern wie ausgestorben und die Restaurants und Cafés sind geschlossen. Shëngjin, einst ein kleines Fischerdorf, liegt eingeklemmt zwischen Lagunen, Dünen und einem steil zur Küste abfallenden Karstmassiv. Der kleine Industriehafen, in dem heute vor allem Fischerboote einlaufen, wirkt wie aus der Zeit gefallen. Die Zukunft der Stadt liegt im Tourismus. In der sichelförmigen Bucht boomt das Geschäft mit Ferienwohnungen, Pizzerien, Vergnügungsparks und Hotels, von denen es in Shëngjin 130 gibt. Die mit Abstand größte Anlage nennt sich Rafaelo Resort: drei Swimmingpools, ein Souvenirladen, ein Supermarkt und ein Strandzugang mit Sonnenschirmen. Hier liegt das wohl eigenwilligste Flüchtlingslager Europas.

Ich lerne Sara Qaderi in einer Bar kennen, die auf Holzpfählen gebaut im Wasser steht und ohrenbetäubend laut Technomusik spielt, obwohl keine Gäste mehr da sind. Die Sonne geht gerade unter, Qaderi macht Selfies mit ihren Freundinnen. In Afghanistan müssten sie ihren Körper mit einer Burka verschleiern und dürften ohne männliche Begleitung das Haus nicht verlassen. Jetzt leben sie an einem Strand, wo Frauen im Bikini Volleyball spielen und Bier trinken. In Kabul hat Qaderi Agrarwissenschaften studiert, ausgestattet mit einem Stipendium einer Universität in Michigan. Sie war im zweiten Semester, als die islamistischen Taliban im August 2021 die Macht übernahmen. Jetzt lebt sie mit ihren fünf Schwestern in Zimmer 403 des Rafaelo Resorts und wartet auf ein Transitvisum in die USA. Wie lange noch? Das weiß sie selbst nicht.

Drei Monate?

Ein halbes Jahr?

Zwei Jahre?

Von Monat zu Monat kommen mehr Menschen im Hotel an. Im September sind es 785, im Oktober 1400, im November 1500. Das ist die Hälfte der Stadtbevölkerung von Shëngjin und es sollen noch mehr werden. Die Ankömmlinge teilen sich eine Rezeption, ein WLAN-Passwort und dasselbe Schicksal: Sie mussten vor den Taliban fliehen, weil sie in der afghanischen Armee gedient, als Journalisten gearbeitet oder, wie Sara, mit US-amerikanischen Geldgebern kooperiert haben.

»Die Zeit in Albanien fühlt sich an wie der längste Urlaub meines Lebens«, sagt eine junge Mutter, die im Hotel lebt. Von ihrem Balkon blickt man auf das tiefblaue Poolwasser, in dem fröhliche Kinder plantschen. Im Kiosk um die Ecke freunden sich drei Afghanen trotz Sprachbarriere mit einem albanischen Ladenbesitzer an. Ich setze mich einige Zeit zu ihnen in den Laden und beobachte die folgende Szene. Einer der Männer, ein ehemaliger Pilot der afghanischen Armee, sitzt mit Badeschlapfen auf einem Stuhl und knackt flache Kürbiskerne mit seinen Zähnen. Seine Armbanduhr, die noch immer in der Zeitzone Afghanistans tickt, hat er nie umgestellt. Als ich ihn nach der Situation in Kabul frage, öffnet er eine App auf seinem Smartphone, die mit Überwachungskameras in seinem alten Haus verbunden ist. In Albanien sitzend, kann er dabei zusehen, wie mit Kalaschnikows bewaffnete Taliban sein Haus in Afghanistan auf den Kopf stellen.

Solche Schicksale ziehen Journalisten und Journalistinnen aus aller Welt an. In den ersten Wochen quartierten sich viele Kamerateams und Reporter im kleinen Shëngjin ein – von der *BBC* bis zum *Spiegel* und *Le Monde*. Die *New York Times* schrieb vom »luxuriösesten Flüchtlingslager der Welt«. Das Interesse ist auch deswegen so groß, weil sich der Ort fundamental von den Camps in Deutschland, Italien oder Katar unterscheidet, wo Geflüchtete in Zeltstädten oder auf US-amerikanischen Militärbasen untergebracht sind. Über eine solche Infrastruktur verfügt Albanien, eines der ärmsten Länder in Europa, nicht. Vor zwei Jahren sind sogar eine Reihe von Hotels und Wohnhäuser eingestürzt, als ein schweres Erdbeben das Land erschütterte. Warum nimmt Albanien dennoch so viele Menschen auf?

Albaniens Willkommenspolitik

Diese Frage führt mich im September 2021 zum ersten Mal in das Rafaelo Resort. Gemeinsam mit dem Fotografen Ilir Tsouko arbeite ich an einer Reportage für das *ZEIT-Magazin*. Wir wechseln uns in Schichten ab, um regelmäßig vor Ort sein zu können. So lernen wir die Studentin Sara kennen und Ahmet, einen Professor, der am Flughafen Kabul beinahe seine Tochter verloren hätte. Wir beobachten, wie der afghanische Fußball-Frauenverband in das Hotel einzieht, und treffen einen YouTube-Komiker, der evakuiert werden musste, weil er sich über die Taliban lustig gemacht hat. All diese Menschen sind in jenem Sommer zu Flüchtlingen geworden.

Ilir Tsouko weiß, wie sich das anfühlt. In den Neunzigerjahren wanderte seine Familie von Albanien nach Griechenland aus, später ging Ilir für einige Jahre nach Deutschland. Heute ist er Fotograf und lebt zwischen diesen drei Ländern gleichzeitig. Seitdem begleiten ihn das Thema Flucht und der Diskurs, der darüber in Europa geführt wird. »Es wird nicht ohne hässliche Bilder gehen«, meinte der damalige österreichische Außenminister Sebastian Kurz 2016 auf die Frage, wie Europas Grenzschutz auszusehen habe. Mittlerweile gibt es mehr hässliche Bilder, als man verarbeiten kann. Zeltstädte, die im Schlamm versinken. Menschen, die an der polnischen Grenze im Wald erfrieren oder im Ärmelkanal zwischen England und Frankreich ertrinken. Kroatische Grenzsoldaten, die auf Jugendliche einprügeln. Dass Flucht auch menschenwürdig sein kann, haben viele mittlerweile vergessen.

Im August 2021 erklärt sich Albanien bereit, 4000 Evakuierten aus Afghanistan temporär Schutz zu bieten. Das bedeutet: Die Menschen bleiben nicht für immer, sondern nur so lange, bis der administrative Prozess, der mit einem Visum in den USA einhergeht, abgewickelt ist. Die Flüchtlinge kamen auch nicht alle in einer Nacht, sondern über Monate verteilt. Bis zu Druckschluss dieses Buches kamen 2400 Menschen, also mehr als die Hälfte, an. Zu Beginn waren sie in einem Studentenheim in Tirana untergebracht, später in mehreren Hotels entlang der Küste, von denen das Rafaelo Resort zu den größten gehört. Kein Land in Europa hat – gemessen an der Bevölkerungszahl – mehr Menschen Schutz geboten. Zum Vergleich: In Ramstein, einem US-Militärstützpunkt in Deutschland, waren 33.000 Menschen untergebracht, allerdings nur wenige Wochen bis Ende Oktober. Die Schweiz, ein vielfach reicheres Land als Albanien, gewährte nur 230 Menschen ein humanitäres Visum. Der Schweizer Staatssekretär für Migration Mario Gattiker sagte im Gespräch mit der *Neuen Zürcher Zeitung*: »Die Schweiz muss aufpassen, dass sie in der Afghanistan-Krise keine falschen Signale aussendet.« Der deutsche Innenminister Horst Seehofer beteuerte: »Ich halte es nicht für sehr klug, wenn wir jetzt über Zahlen reden, weil Zahlen natürlich etwas auslösen.«

In der Zwischenzeit war in Albanien ein interessantes Phänomen zu beobachten. Ministerpräsident Edi Rama tat genau das, was Regierungschefs im Rest Europas um jeden Preis zu vermeiden versuchten: Er lud Tausende Familien in sein Land ein, verteilte Plüschtier-Pokémons an die Kinder und inszenierte sich als eine Art Justin Trudeau des Balkans. »Vor 30 Jahren waren wir die Afghanen«, so Rama in einem Interview mit dem Fernsehsender *CNN*, eine Anspielung auf den Massenexodus, den Albanien nach dem Zusammenbruch des Kommunismus erlebte.

Außenministerin Olta Xhaçka begrüßte ankommende Flüchtlinge persönlich am Flughafen. Am Freitag, den 27. August stand sie kurz vor Mitternacht in Sara Qaderis Maschine, einer Boeing von »Albanian Airways«, und sagte: »Willkommen in Albanien, ihr seid unsere Gäste.« In etwa zur selben Zeit verkündete Österreichs damaliger Kanzler Sebastian Kurz, keinen einzigen Flüchtling aus Afghanistan aufzunehmen, auch nicht besonders gefährdete. Solche Sätze bekommen eine völlig neue Dimension, wenn man einige Zeit im Rafaelo Resort verbringt. Ich habe dort gesehen, wie die politische Entscheidung eines kleinen Landes Hunderten Biografien eine neue Wendung gegeben hat. Das gilt auch für Sara Qaderi, die mit ihren Schwestern der Taliban-Herrschaft entkommen ist.

»Ich fühle mich wie ein freier Mensch«

Im Rafaelo Resort hört man Geschichten über Mädchen, die nach wenigen Tagen ihren Schleier abgenommen haben. In Albanien, einem mehrheitlich muslimischen Land, trägt ihn schließlich auch keine. Andere haben jetzt die Möglichkeit, joggen zu gehen oder schwimmen zu lernen. Fragt man Sara, was Freiheit für sie bedeutet, dann antwortet sie: »Dass ich am Abend spazieren gehen kann, ohne belästigt zu werden.« In Kabul, erzählt sie, war das auch vor der Taliban-Machtergreifung nicht möglich. In Shëngjin ist es zur Gewohnheit geworden. »Wenn ich spazieren gehe, dann fühle ich mich wie ein freier Mensch«, sagt Sara, während sie in Zimmer 403 sitzt und mir ihre Geschichte erzählt. Auch ihre Freundin Mushtari,

26, ist bei dem Gespräch anwesend. In Kabul waren sie Studienkolleginnen, jetzt sind sie Zimmernachbarinnen.

Auch die anderen Evakuierten aus ihrem Flieger arbeiteten in der Wissenschaft, der Großteil von ihnen für ein Forschungsprojekt namens *Grain* (»Weizen«), das von der US-Entwicklungsbehörde »USAID« ins Leben gerufen worden war. Rund 70 sogenannte Ortskräfte waren für *Grain* im Einsatz – Experten, Doktoranden, Studentinnen. Nach der Machtübernahme der Taliban brach in der Gruppe die blanke Angst aus. Banner und Dokumente mit ausländischen Logos verschwanden. Jeder und jede wurde dazu aufgerufen, so schnell wie möglich nach Hause zu gehen.

Als die Taliban am 15. August die Macht in Kabul übernehmen, ist Sara gerade auf dem Campus der Universität. Ihre Freundin Mushtari verteilt Kompostsäcke in der Projektregion. Jetzt sitzen sie in einer großen Ferienwohnung mit Balkon, und langweilen sich. Unterdessen mehren sich Meldungen, dass in Afghanistan eine verheerende Dürre ausgebrochen ist, die schlimmste Hungersnot seit der Weltwirtschaftskrise von 2008. Das Land kann nicht genug Nahrungsmittel produzieren und die Lebensgrundlage von Millionen Menschen ist akut bedroht. »Afghanistan braucht Expertinnen wie uns, die sich mit Landwirtschaft und Innovation auskennen«, sagt Sara Qaderi. Aber viele dieser Experten sind mittlerweile außer Landes geflohen. Sie sitzen jetzt in der Lobby des Rafaelo Resort, tragen Badeschlappen an den Füßen und beklagen, dass sie ihre Festplatte mit dem Datenmaterial verloren haben. Andere, vor allem Frauen, haben neue Freiheiten dazugewonnen.

Sara: *Die Taliban wollen, dass Mädchen zu Hause bleiben und heiraten.*
Mushtari: *Sie nennen das Dschihad.*
Sara: *Es ist verboten, einen Kosmetiksalon zu besuchen, weil das auf Männer attraktiv wirken könnte. Die Taliban glauben, dass Männer die Kontrolle verlieren, wenn sie Frauen so sehen.*
Mushtari: *Frauen dürfen keinen Sport machen oder Musik hören. Sie dürfen nicht tanzen.*

Am Abend nach diesem Gespräch sehe ich Sara mit ihren Schwestern in Richtung Strandpromenade gehen, die Arme eingehakt, ins Gespräch vertieft und kichernd. Ein einzelner Straßenmusiker spielt auf seiner Klarinette, die Melodie vermischt sich mit den Wellen. »Ich mag das«, sagt Sara. Sie setzt sich in eines der Restaurants an der Strandpromenade und öffnet ein E-Mail auf ihrem Smartphone: die Bestätigung der US-Behörden, dass sie und ihre Familie evakuiert werden.

Um ein Haar hätten sie es nicht außer Landes geschafft, erzählt sie. Ende August schließt sich das Zeitfenster für Evakuierungsflüge aus Afghanistan. Sara und ihre Familie harren 24 Stunden in einem überfüllten Mercedes-Bus aus, bis die Taliban sie am Morgen des 26. August das Tor zum Flughafen passieren lassen. Am Nachmittag desselben Tages, um 17 Uhr, lassen Selbstmordattentäter der Dschihadistenmiliz Islamischer Staat unweit von dort ihre Sprengstoffwesten detonieren. Sara Qaderi überlebt. Am Abend des 27. August steht sie, gemeinsam mit 60 weiteren Menschen, in der Schlange vor dem Sicherheitscheck. Die Passagiere dürfen nichts mitnehmen, nicht einmal einen kleinen Rucksack. Nur die Geldbörse, Dokumente und die Kleider am Leib sind erlaubt. Als US-Soldaten Sara und den Rest der Gruppe zur Charter-Maschine begleiten, geht die Sonne unter. »Alle waren todmüde«, erinnert sich einer der Passagiere, mit dem ich gesprochen habe, »aber ich weiß noch, wie glücklich die Gesichter um mich herum ausgesehen haben.« In derselben Nacht landet der Flieger in Tirana.

Warum Albanien Amerika-Fan ist

Hinter der Willkommenspolitik der albanischen Regierung steckt auch politisches Kalkül. Albanien, seit 2009 in der NATO, gilt als einer der treuesten Alliierten der USA. Ist das der Grund, warum Rama so viele Flüchtlinge aufgenommen hat? Dieser beteuert, dass ihn niemand dazu gezwungen habe, und sagt: »Es ist traurig, dass das, was Albanien tut, einzigartig ist. Es sollte die Norm in jedem Land sein.« Damit hält ausgerechnet der EU-Anwärter Albanien den Mitgliedsländern, die sich seit Jahren auf keinen gemeinsamen Kurs in der Migrationsfrage einigen können, den Spiegel vor.

Das ist keine neue Entwicklung. Im Jahr 2018 durchkreuzte Rama EU-Pläne, in Albanien Auffanglager für Asylwerber zu errichten. In einem Interview mit der *Bild-Zeitung* sagte er, er sei dagegen, Menschen irgendwo abzuladen »wie Giftmüll, den niemand will«. Auch zu den USA sagte Rama nicht immer Ja und Amen. Kurz nach seinem Amtsantritt 2013 lehnte er die Zerstörung von syrischen Chemiewaffen auf albanischem Staatsgebiet ab. Der Widerstand für ein solches Projekt war in der Bevölkerung groß. Menschen protestierten mit Schildern, auf denen »Yes, we can say no!« zu lesen stand. In anderen Fragen kam Albanien den USA aber bereitwillig entgegen. So etwa bei der Ansiedelung von 3000 iranischen Volksmudschahedin, einer Oppositionsbewegung, die ihr Land mithilfe der USA verlassen hat und seitdem in Albanien im Exil lebt.

Jetzt, nachdem sich die USA überstürzt aus Afghanistan zurückziehen mussten, ist Albanien wieder zur Stelle. Seine Willkommenspolitik könnte sich durchaus bezahlt machen. Die Menschen im Rafaelo Resort sind schon jetzt ein diplomatischer Türöffner. Im November 2021 war im Hotel eine hochrangige Delegation von Kongressabgeordneten zu Besuch, darunter auch Elissa Slotkin, eine ehemalige CIA-Mitarbeiterin und Beraterin von Präsident Barack Obama. Im Dezember besuchte Rama, begleitet von Außenministerin Olta Xhaçka, die Michigan University, die Sara Qaderi das Masterstudium finanziert hat. Washington hat Albanien angeblich Entwicklungsprojekte in Aussicht gestellt.

Dass Tirana sich außenpolitisch hinter Washington stellt, ist an und für sich keine Neuigkeit. Das albanische Volk gilt als das amerikafreundlichste auf der Welt. Im Kosovo steht eines der größten US-Militärcamps in Europa, an Albaniens Küste parken Schiffe der US-Flotte. Als George W. Bush 2001 den *war on terror* ausrief, bot sich Albanien bereitwillig als Alliierter an und entsandte Soldaten in den Nahen Osten. In anderen mehrheitlich muslimischen Ländern ist Bush verhasst, in Albanien steht bis heute eine Statue von ihm. Es war George W. Bush, der im Oktober 2001 den Afghanistankrieg begann. Die Taliban hatten sich geweigert, Osama bin Laden, den Drahtzieher der Anschläge vom 9. September, auszuliefern. Sara

Qaderi war damals vier Jahre alt. Mittlerweile ist sie erwachsen geworden und der Westen ist in Afghanistan gescheitert.

Am 15. August 2021 fällt die Hauptstadt Kabul an die Taliban. Bärtige Männer mit Kalaschnikows fahren auf Pick-ups durch die Stadt, der Präsident flieht außer Landes. Tausende Menschen brechen zum Flughafen Kabul auf, das letzte Nadelöhr, um das Land zu verlassen. Einige sind so verzweifelt, dass sie sich an startende US-Militärmaschinen festklammern. Videos zeigen, wie sie aus schwindelerregender Höhe in den Tod stürzen. Der *Spiegel* schrieb einen Kommentar über diese Szene: »Am Ende dieser 20 Jahre, die mit dem Einsturz der Türme in New York begannen und nun mit dem Fall Kabuls enden, stehen Bilder, die sich auf schreckliche Weise gleichen: Sie zeigen Menschen, die vom Himmel stürzen.«

Im albanischen Shëngjin stehen die Twin Towers noch. Ein lokaler Unternehmer hat sein Hotel nach ihnen benannt. Es steht neben einer Bäckerei, in der ein Dollarschein als Glücksbringer an der Wand hängt. Vor einem Chicken-Wings-Restaurant flattern US-Flaggen, ein Burger-Lokal hat das Logo von McDonald's kopiert. Am Strand steht eine Büste von US-Präsident Woodrow Wilson und im Rafaelo Resort eine drei Meter große Freiheitsstatue aus Gips. Wenn es dunkel wird, erstrahlt ihre Fackel in unterschiedlichen Farben. »Als ich die Statue zum ersten Mal gesehen habe, dachte ich, dass ich bereits in Amerika bin«, sagt Sara Qaderi.

Im kleinen Shëngjin bündelt sich die US-Begeisterung der Albaner wie in einem Brennglas. Im Jahr 1924 wurde das kleine Fischerdörfchen in »Wilson« umbenannt, als Dankeschön dafür, dass der US-Präsident Albanien nach dem Ersten Weltkrieg in seinen Unabhängigkeitsbestrebungen unterstützte. Im Sozialismus, als Hoxha Amerikaner pauschal als »Imperialisten« und »Kapitalisten« verteufelte, war man gut beraten, seine Begeisterung für US-Präsidenten zu unterdrücken. Erst in den Neunzigerjahren durfte Shëngjin wieder seinem Stadtpatron huldigen. Heute ist die Strandpromenade, an der Sara Qaderi so gerne spazieren geht, nach Woodrow Wilson benannt.

»Für uns Albaner sind die USA wie unsere zweite Heimat«, sagt Pjerin Ndreu, 55, ein ehemaliger Polizist und seit zwei Jahren sozialistischer Bürgermeister der Gemeinde. Er sitzt auf der Dachterrasse des Rafaelo Resort, einen Goldring am Finger, die zwei obersten

Hemdknöpfe offen, und rührt in seinem Espresso. »Die USA haben uns Albanern oft geholfen und beschützt, zum Beispiel im Kosovokrieg«, fügt er hinzu. Als der Kosovo 2008 unabhängig wurde, öffnete auch das Rafaelo Resort seine Pforten. Heute kommt mehr als die Hälfte der Urlaubsgäste aus dem kleinen, mehrheitlich von Albanern bewohnten Nachbarland. »Sie sollten eine Sache wissen«, lenkt Ndreu auf das Thema zurück, »Albanien ist ein armes Land, aber wir sind gut darin, anderen zu helfen.«

Gab es keinen Neid? Albaniens Durchschnittseinkommen liegt bei 400 Euro im Monat. Um sich vier Wochen lang im Rafaelo Resort einzumieten, müsste eine Familie das Dreifache verdienen. »Natürlich hat es Vorurteile gegeben«, gibt der Bürgermeister zu, »aber die Befürchtungen haben sich nicht bewahrheitet. Die Menschen sind gut ausgebildet und machen keine Probleme.« Sein Land leide nicht unter Zuwanderung, sondern unter Abwanderung.

Albanische Asylwerber in der EU

Die Statistiken geben dem Bürgermeister recht. In den letzten zehn Jahren haben über 200.000 seiner Landsleute Asyl in europäischen Staaten beantragt – jeder 14. Bürger. Das Europäische Unterstützungsbüro für Asylfragen (EASO) hat dazu eine Tabelle erstellt. Daraus geht hervor, dass zwischen 2011 und 2021 insgesamt 203.165 Menschen aus Albanien Asyl in EU-Mitgliedsländern (die Schweiz mitberechnet) beantragt haben. Ein Jahr sticht in der Tabelle besonders hervor: 2015. Damals war Albanien der viertgrößte Antragsteller in der Union – hinter Syrien, Afghanistan und dem Irak. Der Großteil, insgesamt 53.000 Menschen, ging nach Deutschland. Ähnlich viele Asylanträge kamen aus dem Kosovo, dem zweiten mehrheitlich von Albanern bewohnten Land Europas. Addiert man die Asylzahlen beider Länder, kommt man allein für das Jahr auf 120.000 Asylanträge. Diese hohen Zahlen flauten allerdings wieder ab. Im Jahr 2020 verzeichnete die EU nur noch 5000 Asylanträge aus Albanien. Der überwiegende Großteil der Fälle wird negativ entschieden, weil Albanien als sicheres Herkunftsland gilt. Die Anerkennungsrate schwankt zwischen zwei und fünf Prozent.

»Viele Menschen in meinem Land wissen aus eigener Erfahrung, wie sich Flucht anfühlt«, sagt der Bürgermeister auf der Terrasse des Rafaelo Resorts. Er meint damit nicht nur die letzten zehn Jahre, sondern vor allem die Neunzigerjahre. Damals nahmen die Menschen nicht den Bus, sondern das Boot.

Shëngjin, im März 1991. Im Hafen der Stadt sitzen 2000 Menschen auf seeuntüchtigen, kleinen Fischerbooten fest. Nach dem Zusammenbruch des Kommunismus strömen im ganzen Land Menschen an die Küste, um nach Italien überzusetzen. Polizei und Küstengarde versuchen sie mit Gewalt davon abzuhalten, die Regierung in Rom spricht von einer »illegalen Massenflucht«, die nicht geduldet werde. Acht Jahre später, im Frühjahr 1999, erstreckt sich eine Zeltstadt am Strand von Shëngjin. Über eintausend Flüchtlinge aus dem Kosovo warten auf die Rückkehr in ihr von Krieg zerstörtes Land. Die französische Nachrichtenagentur *AFP* berichtet: »Zum ersten Mal in ihrem Leben sehen sie das Meer. Doch keine Urlaubsfahrt hat sie hierhergebracht, sondern der Krieg um das Kosovo.« Es ist erstaunlich, wie stark die alten Artikel aus dem Archiv der Berichterstattung im Jahr 2021 ähneln. Sara ist nicht die Erste, die in Shëngjin zum ersten Mal das Meer gesehen hat. Aber anders als die Familien aus dem Kosovo kann sie nicht mehr in ihr Land zurück. Sie weiß nicht einmal, wo sie im nächsten Jahr leben wird. Entscheidend wird am Ende sein, wie schnell die USA Transitvisa ausstellen und Sicherheitsscreenings durchführen. Viele Menschen im Hotel sind beunruhigt, weil sich der Prozess in die Länge zieht.

»Wir haben Angst, dass wir vergessen werden«, sagt Ahmed, ein Passagier, der mit derselben Maschine wie Sara Qaderi evakuiert wurde. Er sitzt in einem Fauteuil im Hotelcafé und blickt durch die Scheibe nach draußen zur Freiheitsstatue hinüber. Das Wasser im Pool ist ausgepumpt, am Beckenboden sammelt sich eine dreckige Lache aus Plastikflaschen und Laub. In Afghanistan hat Ahmed für die Weltbank und als Regierungsberater gearbeitet. Jetzt trägt er einen grauen Pullover aus der Kleiderspende und fragt sich, wie es wohl sein wird, den Winter in einem Strandresort zu verbringen: »Im Sommer haben wir allen Journalisten erzählt, wie schön es hier ist. Mittlerweile wollen wir einfach nur ein ganz normales Leben.« Ihm fehlt sein Job, seinen Kindern die Schule und die Universität.

Sara Qaderi vertreibt sich die Zeit mit Englischunterricht. An einem Samstagvormittag Ende Oktober nimmt sie in der ersten Reihe der Klasse Platz, die dunkelorangen Fingernägel frisch lackiert. In dem kleinen Raum sitzen unverschleierte Frauen neben Männern. Manche tragen Flip-Flops an den Füßen und haben Namensschilder gebastelt. Sie kleben sich gegenseitig grüne Post-its auf die Stirn und spielen »Wer bin ich?«. An der Universität Kabul herrscht mittlerweile strikte Geschlechtertrennung im Sinne der Scharia. Eine Frau muss eine Burka mit Gesichtsgitter tragen und der Lehrer hinter einem Vorhang stehen. Saras Lehrer ist ein junger Kanadier, der mit seiner Frau auf unbestimmte Zeit nach Shëngjin gezogen ist, um Englisch zu unterrichten. In der heutigen Lektion geht es um die Frage, was der Klasse bei der Jobsuche wichtig ist. Zur Auswahl stehen: hohes Einkommen, persönliche Entfaltung, soziales Engagement, Aufstiegsmöglichkeiten, Sicherheit und so weiter. Der Lehrer erklärt, was Sicherheit im Job bedeutet, zum Beispiel, wenn einen der Arbeitgeber nicht grundlos kündigen kann. Sara hebt die Hand.

»Für mich bedeutet Sicherheit, wenn in der Nähe meines Büros keine Bombe explodiert.«

KAPITEL 4

BERISHAS COMEBACK

Sali Berisha war Albaniens erster demokratisch gewählter Präsident. Er hat sein Land aus der Diktatur und an den Rand eines Bürgerkriegs geführt. Jetzt plant er mit 77 Jahren sein Comeback. Er will eine Partei zurückerobern, die er vor 30 Jahren selbst gegründet hat.

Ein schmaler Hauseingang zwischen zwei Bars in Tirana. Männer mit Nadelstreifenanzügen, Sonnenbrillen und rasierten Hinterköpfen blicken auf ihre Armbanduhren. Früher waren sie Soldaten beim Militär, jetzt arbeiten sie als Bodyguards für einen Mann, den sie »Doktor« nennen. Für Sali Berisha, Albaniens bekanntesten Oppositionellen, gelten strenge Sicherheitsstandards, dennoch scheint jeder in Tirana seine Adresse zu kennen. Die Straße ist nach einem Partisanen benannt, aber der Name hat sich nie durchgesetzt. Die Albanerinnen nennen sie »die Straße von Sali«.

Sali Berisha war Albaniens erster demokratisch gewählter Präsident nach dem Zweiten Weltkrieg. Nach dem Fall des Kommunismus hat dieser Mann die Massen begeistert, was angesichts seiner Biografie verwunderlich ist. Er war kein politischer Häftling, sondern ein gut situierter Arzt und Parteisekretär. Berisha ist das beste Beispiel dafür, dass es in Albanien nie einen Elitenwechsel gegeben hat. Der bekannteste Antikommunist des Landes war bis 1991 Mitglied in der Kommunistischen Partei.

»Ich muss zurückkommen!«

Warum sollte man sich 30 Jahre nach der Wende noch immer mit Berisha beschäftigen? Dafür gibt es mehrere Gründe. Erstens: Albaniens Politiklandschaft war stets und ist bis heute eine Männerdomäne (siehe Kapitel *Ein drittes Mal Edi Rama,* S. 27). Zwar gibt es im Jahr 2021 kein mir bekanntes Land auf der Welt, das mehr Ministerinnen beschäftigt (75 Prozent im Kabinett), aber es sind stets Männer, die Wahlkämpfe dominieren und sich routiniert vorwerfen, korrupt zu sein und Stimmen zu kaufen.

Der Mangel an politischem Nachwuchs erklärt, warum Sali Berisha, mittlerweile 77 Jahre alt, immer noch politisch aktiv ist. Womit wir beim zweiten Grund wären. Sali Berisha ist – auch wenn er mittlerweile eine Apple-Watch trägt und WhatsApp benutzt – eine zutiefst historische Figur, die man in Albanien schwer ignorieren kann. Er war Präsident (1992–1997), Ministerpräsident (2005–2013) und dazwischen Vorsitzender der Demokratischen Partei Albaniens (PD). Nach einer Wahlniederlage gegen Edi Rama im Jahr 2013 ernannte seine Partei einen neuen Vorsitzenden: Lulzim Basha, ein Jurist, der in den Niederlanden studiert und unter Berisha Karriere gemacht hatte, unter anderem als Verkehrs-, Außen- und Innenminister. Trotz Rochade heißt es, dass Berisha in der PD weiterhin die Fäden gezogen hat. Bis zum Mai 2021, als ihn ausgerechnet die USA, der historische Verbündete seiner Partei, zu Fall brachte. In einem öffentlichen Schreiben erhob Außenminister Antony Blinken Korruptionsvorwürfe gegen Berisha und erklärte ihn zur *persona non grata.* Parteiobmann Lulzim Basha stand unter Druck. Sollte er weiter zu jenem Mann stehen, dem er seine politische Karriere zu verdanken hat? Oder sollte er sich auf die Seite Washingtons schlagen? Basha entschied sich für Letzteres und warf Berisha aus der Parlamentsfraktion. »Die Partnerschaft der PD mit den USA ist unantastbar«, gab er als Erklärung dafür an. Seitdem tobt ein Machtkampf in Albaniens größter Oppositionspartei. Berisha und Basha behaupten gleichermaßen, der legitime Vorsitzende zu sein. Womit wir beim letzten Grund wären, warum man um Sali Berisha derzeit nicht herumkommt: Er plant seine Rückkehr, wenn nötig, mit Gewalt.

»Ich muss zurückkommen«, sagt Berisha, streift seine Krawatte glatt und richtet sich in seinem olivgrünen Ledersessel auf. Es ist Montagmittag, der 27. September 2021. Vor Berisha steht ein Tablett mit weißer Spitzendecke und einer Kanne Kräutertee. Manchmal, wenn er Worten Bedeutung schenken will, macht er mit seinen Fingern die Raute, als wäre er Angela Merkel. Ich kenne Journalisten, die Berisha seit den Neunzigerjahren beobachten und als »Urbild eines Patriarchen« bezeichnen. Dementsprechend ruppig hatte ich ihn mir vorgestellt. Vielleicht liegt es an seinem hohen Alter, vielleicht an der politischen Zwicklage, in die er geraten ist: Berisha vermittelt einem, als hätte er alle Zeit der Welt, unterbricht keine Sätze und bleibt auch bei unliebsamen Fragen äußerst freundlich. Weil seine WhatsApp-Nachrichten mit einem »Haben Sie einen schönen Tag, Sali Berisha« unterzeichnet sind, war ich mir bis zuletzt sicher, dass ich die Nummer seiner Sekretärin bekommen habe, um einen Termin auszumachen. Dem war offenbar nicht so. Berisha hat jetzt auch für solche Sachen Zeit.

In diesem ersten von zwei Gesprächen, die ich mit ihm für dieses Buch geführt habe, begegnet mir ein zutiefst gekränkter, aber entschlossener alter Mann. Er redet davon, dass er seine Würde wiederherstellen und seine Partei zu alter Größe führen will. Mit Basha, dem Parteichef, hat er öffentlich gebrochen. »Basha ist ein treuloser Verräter«, poltert Berisha. Der Parteibasis gefällt diese Show. Die Blauen haben seit 2013 vier Wahlen verloren. »Junge Mittzwanziger in Albanien kennen nichts anders mehr als PD-Niederlagen. Sie hören die heroischen Erzählungen von Sali Berisha und wünschen sich einen starken Führer zurück«, meint ein internationaler Beobachter aus Tirana zu mir. Zwar gewann die Partei zuletzt 13 Mandate dazu, konnte aber eine dritte Amtszeit von Edi Rama nicht verhindern. Der Wahlkampfsong, mit dem Lulzim Basha im Frühling durch das Land tourte, klingt wehleidig nach: Die Hymne »Unstoppable« der australischen Popsängerin Sia. Darin heißt es:

»I'm unstoppable. I'm a Porsche with no brakes. I'm invincible. Yeah, I win every single game.«

Für dieses Buch habe ich Basha mehrmals um ein Interview gefragt, aber immer eine Absage erhalten. So blieb mir nichts anderes übrig, als den Parteiobmann aus der Ferne zu beobachten und zuzuhören, was andere über ihn sagen. Der Eindruck: Basha wirkt nach der Wahl nicht wie ein Porsche, sondern wie ein Auto, das man von der Autobahn abschleppen muss. »Basha ist im freien Fall«, bestätigt ein Parteifunktionär. Auch die wenigen Frauen in der Partei melden sich zu Wort. Eine davon ist Besmira Manaj, Professorin der Politikwissenschaften und eine von rund 7000 Delegierten im *Këshilli Kombëtar*, dem parteiinternen Nationalrat. Wer in diesem Gremium keinen Rückhalt mehr hat, der muss gehen. »Mehr als die Hälfte der Delegierten stehen auf der Seite von Berisha«, schätzt Manaj. Und: »Basha hat sich hermetisch vom Rest der Partei isoliert. Er ist nicht mehr im Austausch mit den einfachen Menschen.« Der Einzige, so Manaj, der jetzt noch inspirieren könne, sei Sali Berisha.

Schwarzer Mercedes, weiße Tauben

Berisha hat in Albanien immer noch Popstarstatus. An einem Freitagabend schiebt sich sein schwarzer Mercedes durch die Rushhour von Tirana, vorbei an den Baukränen, die neue Wohnhäuser am Rande der Stadt hochziehen. Im Auto von Berishas Bodyguard läuft Adele, dann Hip-Hop, dann die Nachrichten. Der Bodyguard, ein Mann mit Glatze, trommelt ungeduldig auf seinem Lenkrad herum und fragt dann, ob er sich eine Zigarette anzünden dürfe. In zehn Minuten muss »der Doktor« in Kavaja sein, einer Stadt, die fast 30 Kilometer entfernt liegt. »Früher, als er Ministerpräsident war, hatten wir Blaulicht auf dem Dach«, sagt der Bodyguard nostalgisch. Jetzt steht Sali Berisha im Stau, wie jeder andere auch. Auf der Autobahn geht es zügiger voran und auf Höhe der Küste schließen sich dem Konvoi plötzlich hupende Autos mit blauen Fahnen an. Hält der Mercedes an einer Tankstelle, dann ist er innerhalb von Sekunden von einer Männertraube umgeben, die ununterbrochen Berishas Namen ruft. Sie jubeln, während Berisha seine Finger zum Victory-Zeichen spreizt – seit 30 Jahren sein Markenzeichen.

Kavaja, zur Zeit der Diktatur eine Industriestadt, liegt fünf Kilometer von der Küste entfernt. Der Boulevard ist von Palmen gesäumt, im Zentrum steht eine Moschee neben einer Kirche. Die Stadt mit rund 20.000 Einwohnern wird von einem Bürgermeister der Sozialistischen Partei regiert, einem Cousin des ehemaligen Ministerpräsidenten Fatos Nano. Dabei gilt Kavaja als Hochburg der Demokraten. Es war eine der ersten Städte, in der regimekritische Unruhen stattfanden und in der sich Berisha als Kandidat aufstellen ließ. 97 Prozent gaben ihm im Jahr 1992 ihre Stimme. Wie kann es sein, dass die PD hier nicht im Rathaus sitzt? Das liegt an einer Entscheidung, die Berisha heute als »extrem dumm« bezeichnet, die er aber selbst mitgetragen hat. Im Jahr 2019 boykottierte die PD die Lokalwahlen, zog sich aus dem Parlament zurück und warf den Sozialisten Stimmenkauf und Wahlbetrug vor.

Diese Taktik ist in der albanischen Innenpolitik nicht neu. Als die Sozialisten 2009 eine Wahlniederlage einfuhren, warf Edi Rama dem Sieger Sali Berisha vor, Stimmen gestohlen zu haben, und als die PD vier Jahre darauf wiedergewählt wurde, rief er seine Anhänger dazu auf, vor dem Regierungssitz zu zelten. Für beide Parteienblöcke gilt bis heute: lieber öffentlich eskalieren, anstatt die eigene Wahlniederlage einzugestehen. Doch die Blauen riefen 2019 nicht nur zu Protesten auf, sondern boykottierten auch die Lokalwahlen, rückblickend der vermutlich größte Fehler, den die Partei je gemacht hat. Seitdem sind sämtliche Kommunen und Bürgermeistersessel in der Hand der Sozialisten. Das macht Edi Rama zum mächtigsten Politiker seit der Wende und birgt dementsprechend viel Frustpotenzial im blauen Lager.

Aber heute, Freitag, um 18 Uhr rollt Berishas schwarzer Mercedes in das Zentrum von Kavaja und am Straßenrand stehen vereinzelt Menschen Spalier. Manche starren neugierig auf die dunklen Scheiben, andere stechen die Finger, zum Victory-Zeichen erhoben, in die Luft. Am Platz vor der Moschee zünden Stadtbewohner ein Feuerwerk und lassen weiße Tauben in den Himmel fliegen. Im Theater der Stadt brodelt es wie in einem Fußballstadion. Rauchen ist erlaubt, Maskentragen kein Muss. Der Saal ist so voll, dass zwischenzeitig alle vier Eingänge blockiert sind. Wer es nicht hineingeschafft hat, der sitzt im Café nebenan, wo die Rede live im Fernsehen übertragen wird. Drinnen tönen die immer gleichen Sprechchöre: »Basha ik!« (Basha, geh!), »Rama ik!« (Rama, geh!) und »Berisha«. Politik in Albanien ist wie ein Fußballspiel, bei dem es nur zwei Möglichkeiten gibt: Bist du für unseren Mann? Oder gegen ihn?

Neben Berisha auf der Bühne sitzt eine junge, blonde Frau mit rotem Blazer. Bis vor drei Wochen, erzählt sie mir, war sie Journalistin beim TV-Sender *Syri*. Jetzt ruft sie als Berishas Pressesprecherin die Menge zur Ruhe, wenn wieder einmal die Emotionen überkochen. Ihr Chef spricht über eine Stunde lang, genauer gesagt: Er brüllt sich heiser. Den Zeigefinger hat er mahnend erhoben, die Mundwinkel nach unten gezogen, die Stirn gerunzelt. »Die Preise steigen und ihr verdient heute 30 Prozent weniger als noch 2013«, ruft er, »Edi Rama vergibt Baukonzessionen an die Mafia, während die jungen Menschen in Scharen das Land verlassen.« Und: »Albanien braucht eine starke Opposition, um das Land von der Anarchie zu befreien.« Die Menge kontert mit: »Sieg! Sieg! Sieg!«

Berisha und die USA: eine Hassliebe

Beobachter sagen über Berisha, dass er – anders als Lulzim Basha – die Sprache der Dörfler beherrsche. In seinem Büro gibt er sich anders als auf der Straße, wo die Stimmung oft überkocht. Er spricht langsam und bedacht, als wolle er einen Brief diktieren. Er sitzt wieder im olivgrünen Ledersessel, neben ihm eine kleine Bronzestatue des Nationalhelden Skanderbeg, an der Wand Ölmalereien. Wer verstehen will, was den Politiker Sali Berisha geprägt hat, der muss ihn das nicht fragen, sondern nur den Blick nach rechts richten. Dort, hinter einem schweren Schreibtisch mit Apple-Computer, steht ein Bücherregal, in dem fein säuberlich die Biografien aller US-amerikanischen Präsidenten seit Ronald Reagan einsortiert sind.

Es ist Ende September. Berishas 77. Geburtstag steht bevor und sein internationales Ansehen hat schweren Schaden genommen. In der *Süddeutschen Zeitung* stand: »Die USA belegen den früheren albanischen Regierungschef Sali Berisha und seine Angehörigen wegen Korruptionsvorwürfen mit Einreisesperren.« Diesen Schlagzeilen war ein Pressestatement des Außenministers Antony Blinken vorausgegangen, das in Albanien wie eine Bombe eingeschlagen hat. Die USA werfen Berisha unter anderem vor, als Ministerpräsident öffentliche Gelder veruntreut und Klientelwirtschaft betrieben zu haben. Jetzt will er sich gerichtlich gegen die Vorwürfe wehren.

Herr Berisha, Sie verklagen Antony Blinken vor einem Gericht in Paris?
Berisha: *Ganz richtig. Für meine Würde.*
Hätten Sie jemals gedacht, dass Sie so einen Schritt tun müssen?
Berisha: *Niemals in meinem Leben. Ich hatte stets die besten Beziehungen zu US-Präsidenten.*
Da hinten im Eck steht sogar eine NATO-Flagge. Die USA scheinen Ihnen viel zu bedeuten.
Berisha: *Es ist das Land, das ich am meisten bewundere.*

Es ist ein eigenartiger Moment. Berisha, ein Mann, der seinen Aufstieg in weiten Teilen den USA zu verdanken hat, verklagt deren Außenminister. Außerdem erzählt er jedem, der es hören möchte, dieselbe krude Verschwörungstheorie: Der US-Mäzen und Milliardär George Soros stecke hinter den »haltlosen« Vorwürfen. »Es gibt viele Milliardäre auf der Welt, aber keiner ist so mächtig wie George Soros. Er korrumpiert Politiker«, will mir Berisha einreden. Vor seinen Anhängern ruft er: »Ich garantiere euch, sie [Anm. die USA] haben keine Beweise und keine Dokumente. Zero. Zero. Zero.« Die Anhänger jubeln und glauben ihm das.

Aber ist dem auch so? Parteiinsider erzählen eine andere Geschichte. Einer davon ist Adri Nurellari, 42, Berishas ehemaliger Berater. Er hält die Vorwürfe für berechtigt und sagt: »Jeder weiß, dass Berishas Familienmitglieder korrupt sind.« Nurellari, gebürtig aus dem Kosovo, sitzt in einem Café in Pristina und spricht in seine Skype-Kamera, hinter ihm hängt Weihnachtsdekoration an der Wand, es ist Dezember 2021. »Ich war ein junger Universitätsprofessor, als ich Berisha 2004 im Wahlkampf unterstützt habe. 2005 wurde ich Teil des Beraterstabs im Kabinett. Kurz darauf, im Mai 2006, habe ich gekündigt.« Nurellari, der später Berater von Kosovos Präsidenten Hashim Thaçi wurde, macht kein Geheimnis daraus, warum: »Ich habe gesehen, was in der Regierung vor sich geht und dass Berisha seine Wahlversprechen nicht umgesetzt hat.« Dann erzählt er von Berishas Kindern, die nach dem Auslandsstudium nach Albanien zurückkehrten und die Position des Vaters für eigene Zwecke missbraucht hätten. Oder von »Menschen mit Beziehungen zur Partei«, die in Staatsposten aufgestiegen sind. »Mein Eindruck war, dass Berisha nicht den Willen hatte, einen echten, demokratischen Staat aufzubauen«, sagt er. Heute nennt er seinen ehemaligen Chef einen »selbstsüchtigen Despoten«. Was er ihm jetzt raten würde? Nurellari wartet keine fünf Sekunden mit seiner Antwort: »Berisha sollte der Politik endlich den Rücken kehren.«

Nicht nur Nurellari, auch ein weiterer Parteiinsider ist sich mittlerweile sicher: Hätte Berisha die Politik aufgegeben, dann hätten die USA die Einreisesperre nicht erlassen. Auf der anderen Seite: Ist das nicht Erpressung? Wie demokratisch ist es, wenn die größte Wirtschaftsmacht der Welt in einem armen Balkanland Postenschacher spielt? Yuri Kim, die US-Botschafterin in Tirana, hat bereits angekündigt, mit einer PD, die von Berisha angeführt wird, nicht zusammenarbeiten zu wollen. Gabriel Escobar, US-Gesandter für den Westbalkan, meinte in einem Interview: »Es liegt nicht an den USA, eure politische Führung zu bestimmen. Aber ich will die Menschen ermutigen, sehr sorgfältig darüber nachzudenken, welche Führungskräfte sie wählen.« Escobar verweigert ein Treffen mit Berisha, eine glasklare Ansage, die in Tirana jeder verstanden hat. Die USA wollen, dass Berisha geht, und zwar endgültig. Aber das ist offenbar keine Option für ihn. Stattdessen schart er jedes Wochenende seine Anhänger um sich, nicht nur in der Stadt Kavaja, sondern auch anderorts in Albanien. Es bleibt nicht nur bei weißen Tauben und Feuerwerk. Im Dezember ging ein Video auf Twitter viral, das zeigt, wie Demonstranten nach einer Rede von Berisha serbische Fahnen verbrennen.

Hinter seinem Rücken nennen ihn manche einen »politischen Selbstmordattentäter«, der am Ende seiner Karriere noch einmal voll aufdreht. Warum tut sich Berisha das an? »Vielleicht ist es der Wunsch, noch ein letztes Mal gegen Edi Rama anzutreten«, meint der anonyme Parteiinsider, »vielleicht die Immunität, die Abgeordnete auch im Falle einer Anklage genießen.« Geht es Berisha am Ende nur um sich selbst? Als ich ihm diese Frage stelle, schüttelt er den Kopf und hebt wieder einmal seinen Zeigefinger. »Es geht mir einzig und allein um die Partei«, behauptet er. Der Parteichef Basha habe keinen Rückhalt mehr. Er sei nicht dazu berechtigt, im Alleingang Personen aus dem Parlament zu schmeißen. »Das ist kein Pluralismus, sondern nur Fassade«, sagt Berisha und dann fügt er einen Satz an, der wie aus der Zeit gefallen scheint: »Ich werde für Pluralismus kämpfen, wie in den Neunzigerjahren.«

Berishas Aufstieg

Albaniens Wendejahre, also die Periode zwischen 1990 und 1992, waren Berishas große Zeit. Sie sind der Ursprung eines Mythos, der ihn bis heute nährt. Sein Image als unbeugsamer Antikommunist, der Albanien die Demokratie gebracht hat. Aber stimmt das auch?

Berisha stammt aus einer muslimischen Bauernfamilie in Tropoja, einer armen Region im gebirgigen Norden des Landes. Sie liegt nahe an der Grenze zum Kosovo und weit weg vom Machtzentrum in Tirana. Als Kind soll Berisha in den Bergen Schafe gehütet haben. »Die Infrastruktur war schlecht, meine Eltern Bauern und sehr konservativ. Meine Familie wurde nicht verfolgt, weil sie im Zweiten Weltkrieg Partisanen Unterschlupf gewährt hat«, erzählt er mir. Nach 1944 rekrutierte das Regime vor allem Personal aus dem Süden, der ehemaligen Hochburg der Partisanen und dem neuen Machtzentrum von Hoxha. Der gebirgige Norden, der lange Widerstand geleistet und viele katholische Intellektuelle hervorgebracht hatte, stand jahrzehntelang unter Generalverdacht. Viele verfolgte Familien wählen deswegen bis heute traditionell die PD.

Berisha hingegen ist ein Günstling des Regimes. Mit 14 Jahren bekommt er ein Stipendium, um seine Ausbildung in Tirana zu absolvieren. Als Jugendlicher ist er von Sigmund Freud fasziniert und studiert Medizin an der Universität Tirana, wo er schließlich Assistenzprofessor wird und sich als Kardiologe einen Namen macht. Einen Teil seiner Weiterbildung absolviert er in Paris, ein Privileg, das im Albanien der Siebzigerjahre nur wenigen zuteilwurde. Mit 24 Jahren tritt Berisha der Einheitspartei bei und wird Parteisekretär der medizinischen Fakultät. Bis heute bestreitet er vehement, Arzt des Diktators gewesen zu sein. »Hoxha? Niemals!«, sagt er dazu im

Interview mit mir, »Hoxha hat mich nie gefragt, ob ich ihn behandeln kann.« Über seine Nähe zum Rest der politischen Kaste macht er kein Geheimnis. Berisha war Hysni Kapos Arzt, der Nummer drei in der politischen Hierarchie, und Ramiz Alia, Hoxhas Nachfolger, kannte er persönlich. Andere Oppositionelle mussten während der Diktatur in Chromminen schuften. Berisha hatte das Privileg, den Präsidenten zum Vieraugengespräch in der Bibliothek seiner Villa zu treffen. Warum will einer wie er plötzlich das System stürzen? Stellt man Berisha diese Frage, dann holt er lange aus. Er sei weder Täter noch Opfer gewesen, sondern habe zur Gruppe der schweigenden Mehrheit gehört: »Am meisten Verantwortung trugen die Intellektuellen, zu denen ich mich selbst zähle. Wir haben das Regime stillschweigend akzeptiert. Dieser Konformismus war der Grund, warum die Diktatur so lange überlebt hat.«

»Wir wollen Albanien wie ganz Europa!«

Spätestens im Herbst 1990 ist es mit dem von Berisha beklagten Konformismus vorbei. Tiranas Studierende protestieren. Die Berliner Mauer ist gefallen, aber Albanien hat noch immer eine Universität, die nach Enver Hoxha benannt ist. Nach außen hin demonstriert das Regime Härte, im Inneren brodelt es gewaltig. Die ersten Stalin-Statuen verschwinden aus der Öffentlichkeit, die Gewerkschaft mit ihren 850.000 Mitgliedern fordert mehr Unabhängigkeit von der Einheitspartei. Dazu kommen die Nachwirkungen des Sommers. Im Juli waren Tausende Menschen über die Zäune von westlichen Botschaften geklettert und auf Booten außer Landes geflüchtet (siehe *Der Sturm auf die Botschaften,* S. 99).

Die Fluchtbewegung war leicht abzuwürgen. Die Studentenproteste hingegen bringen das Regime gewaltig unter Druck. Die jungen Menschen fordern genießbares Essen in der Kantine, funktionierende Heizungen und ein Ende der Stromausfälle. Fred Abrahams, ein US-amerikanischer Mitarbeiter der Menschenrechtsorganisation *Human Rights Watch (HRW),* hat diesen Protest für sein Buch »Modern Albania« akribisch rekonstruiert. In einer Szene beschreibt er, wie jedes Mal, wenn das Licht am Campus ausgeht, Sprechchöre ertönen, der Berühmteste von ihnen lautete: »Wir wollen Albanien wie ganz Europa!« Längst geht es nicht mehr nur um Glühbirnen und Kantinenessen, sondern um etwas Fundamentales, das es in Albanien bis dahin noch nie gegeben hatte: eine Demokratie.

Auch Afrim Krasniqi, damals ein 20-jähriger Student, mischte sich unter die Menge. Heute ist er Dekan des Instituts für Geschichte an jener Universität, die Berisha den Weg in die Politik geebnet hat. Krasniqi, ein Mann mit stechend blauen Augen, stammt aus Tropoja, war aber – anders als Berisha – nie ein Günstling der Partei. Anfang der Neunzigerjahre verfolgte er mit Spannung die Ereignisse in Rumänien, Ungarn und Polen. »Als Student glaubte ich, dass in Albanien dasselbe bevorsteht, also eine echte Revolution«, erzählt er mir in seinem Büro. Dann fügt er verbittert hinzu: »Aber das, was hier passiert ist, war keine Revolution, sondern bloß ein Auswechseln der Elite.«

An der Wand in Krasniqis Büro hängt ein Geschenk von Sali Berisha: eine gerahmte Urkunde aus den Neunzigerjahren, in der er den Mitgliedern der Studentenbewegung dankt. Aber Krasniqi sagt heute: »Meine Generation steht Berisha heute eher kritisch gegenüber. Er hat uns damals unseren Traum gestohlen.« Um zu verstehen, was er meint, muss man noch einmal in den Dezember 1990 zurückblicken. Wovon träumen die Studenten? Und warum mischt sich ein 20 Jahre älterer Kardiologe unter sie?

Verhandlungen statt Revolution

Anführer der Studierenden ist ein junger Mann, der wie Berisha aus Tropoja stammt: der 27-jährige Philosophiestudent Azem Hajdari. Berisha, der gerade von einer Konferenz der Weltgesundheitsorganisation in Italien zurückgekehrt ist, stattet ihm einen Besuch auf dem Campus ab. »Die Polizei hat die Studenten geschlagen«, erinnert er sich heute, »und ich besuchte die Verletzten im Schlafsaal.« Berisha verbündet sich mit den jungen Männern und Frauen, angeblich, um einen blutigen Aufstand im Land zu verhindern. »Ich wollte niemals in die Politik gehen«, rekapituliert er heute. Es kam anders.

In diesen entscheidenden Dezembermonaten im Jahr 1990 fungiert Berisha als Scharnier zwischen dem Regime und den Aufständischen, eine Art Unterhändler, der sich mit beiden Seiten gutstellt. Es ist dieser geschickte Seiltanzakt, der Berisha am Ende zum Aufstieg verhilft. In Zeitungsartikeln fordert er Reformen, hütet sich aber davor, den Präsidenten Ramiz Alia infrage zu stellen, geschweige denn Hoxhas Erbe anzugreifen. Während die Studenten protestieren, sitzt der Arzt in der Residenz des Staatsführers: »Ich habe ihm gesagt, dass die Studierenden den Skanderbeg-Platz stürmen, wenn ihre Freunde nicht aus dem Gefängnis freigelassen werden«, erinnert er sich heute. Gleichzeitig trifft er sich mit Anführer Hajdari, um über politische Forderungen zu sprechen. »Ich habe ihm gesagt, dass es eine zentrale Forderung geben muss, und die lautet: Pluralismus.« Die Studierenden hören auf Berisha, setzen den Punkt ganz oben auf die Liste und konfrontieren damit den Präsidenten.

Am 11. Dezember 1990 sitzen sich beide Seiten als Delegationen im Präsidentenpalast gegenüber. Vorne spricht der Präsident, davor, auf drei Stuhlreihen verteilt, sitzen die Studierenden und hören zu. Dieser unscheinbare Moment sollte noch entscheidend werden. Denn an jenem Abend verkündet Alia völlig überraschend, dass unabhängige, politische Organisationen fortan zugelassen sind. Die Anwesenden schauen einander ungläubig an: Ist das der Anfang vom Ende der Diktatur? Heute weiß man: ja. Und nicht nur: Es ist auch der Anfang von Berishas Karriere.

Nach dem 11. Dezember musste alles sehr schnell gehen. »Am nächsten Tag schauten wir uns die Programme unterschiedlicher Parteien in Europa an«, erinnert sich Berisha. Am Vormittag um 10:30 Uhr kontaktieren sie die Nachrichtenagentur Reuters in Wien. Die Welt soll erfahren, dass Albaniens erste Oppositionspartei seit 45 Jahren entstanden ist. Zeitungen berichten von 50.000 Menschen, die sich auf dem Universitätsgelände versammeln. »Ich wollte der Partei damals auf Wiedersehen sagen«, erinnert sich Berisha heute, »und ich wollte meinen Weg außerhalb der Politik weitergehen.« Es kommt wieder anders. Zwei Monate später, am 13. Februar 1991, wird Berisha Parteichef – und bleibt es 22 Jahre lang.

Kapitel 4

»Heute bricht der Tag der Demokratie an«

Schon bald tourt Berisha im beigen Trenchcoat durch das Land, ein Outfit, das der Beobachter Fred Abrahams Jahre später als »Uniform der neuen politischen Klasse« bezeichnen sollte. Noch ist seine Rhetorik angepasst. Berisha vermeidet es, die kommunistische Arbeiterpartei und den Hoxha-Kult infrage zu stellen. Das tun andere. Am 20. Februar 1991 stürzt eine wütende Menge die schwere Bronzestatue des ehemaligen Diktators am Skanderbeg-Platz. Ramiz Alia wirft Berisha vor, die Massen angestiftet zu haben. Dieser sagt rückblickend, er habe damals nur am Rand gestanden und zugesehen. Sogar beim wichtigsten Spektakel der Wende, dem Mauerfall Albaniens, steht Berisha im Abseits. Er wartet den richtigen Moment ab.

Einen Monat nach dem Sturz der Statue, im März 1991, finden Albaniens erste pluralistische Wahlen statt. »Was immer geschieht, unsere Partei wird gewinnen«, prophezeit Berisha – eine eklatante Fehleinschätzung. Rückblickend gibt er zu: »Wir hatten damals nur ein einziges Auto, einen Fiat, und die Wahlen haben wir haushoch verloren.« Zwei Drittel der Menschen stimmen für die Kommunisten, vor allem in den ländlichen Gebieten. Dafür gewinnt die Opposition sämtliche Städte (mit Ausnahme von Gjirokastra, Fieri und Berat). In Shkodra kommt es zu Aufständen von enttäuschten PD-Anhängern. Spezialeinheiten der Polizei rücken aus und töten fünf Menschen, darunter einen lokalen Vertreter von Berishas Partei. Zehntausende Menschen nehmen an einem Trauerzug teil. Sprechchöre wie »Mörder!« und »Wir wollen keinen Kommunismus!« sind zu hören. Vor dem Hintergrund dieser Entwicklungen beginnt sich die Rhetorik von Berisha zu verschärfen. Er wirft den Kommunisten »Mafia-Methoden« vor und spricht von einer »Welle der Repression«. In Zeitungsartikeln schreibt der Doktor: »Albanien ist ernsthaft krank und wir müssen es von seinen Schmerzen befreien.«

Die Situation aber spitzt sich zu. Bei den sogenannten »Brotunruhen« kommt es im Dezember 1991 zur Plünderung von Geschäften und Fabriken. Ministerpräsident Ylli Bufi warnt, dass die Lebensmittelreserven nur noch für sechs Tage ausreichen. Nachdem sich Tausende Menschen in Richtung Küste aufmachen, riegeln Polizei und Militär die Häfen ab. Zwei Drittel der Menschen sind arbeitslos.

In diesen chaotischen Monaten schlägt Sali Berishas große Stunde. Er tourt mit einem weißen Jeep – ein Geschenk aus den USA – durch das Land, füllt Fußballstadien und verspricht seinen Anhängern ein besseres Leben: »Nach der Wahl kommen die ausländischen Investoren, und wir können wieder Hoffnung schöpfen.« Bei Pressekonferenzen trägt Berisha Wintermantel und Schal, weil der Brennstoff fehlt, um die Parteizentrale zu heizen.

Am 22. März 1992, einem Sonntag mit mildem Frühlingswetter, stehen wieder Wahlen an. Berisha gibt mit strahlendem Lächeln seine Stimme ab und prophezeit: »Heute geht die Nacht des Kommunismus zu Ende. Heute bricht der Tag der Demokratie an.« Diesmal soll er Recht behalten. Um 18 Uhr schließen die Wahllokale und weil es mancherorts keinen Strom gibt, muss ein Teil der Stimmen im Schein von Kerzen und Öllampen ausgezählt werden. Diesmal siegt die Opposition landesweit. Die französische Zeitung *Le Monde* schreibt: »Als letztes Land Osteuropas hat sich nun auch Albanien von der kommunistischen Diktatur befreit.« Die linke Tageszeitung *taz* spricht von Berisha als einem »Volkstribun«, der die Sehnsucht der Albaner nach »westeuropäischer Normalität« verkörpere.

Doch von Normalität ist Albanien weit entfernt. Menschen demolieren Fabriken und Maschinen, Symbole der verhassten Diktatur. Sie montieren Eisenbahnschienen ab und roden Wälder. Viele verwechseln die von Berisha gepriesene Privatisierung mit einer Selbstbedienung am Staatseigentum.

Schocktherapie nach Ronald Reagan

»Ich habe ein Land in einer desaströsen Lage übernommen. 80 Prozent der Menschen waren arbeitslos«, erinnert sich Berisha an seine ersten Monate als Staatspräsident zurück. Albanien sei das mit Abstand rückständigste Land in Europa gewesen und – neben Uganda und Angola – sogar einer der ärmsten Staaten der Welt. »Unsere Staatsreserven betrugen vier Millionen Dollar.«

Berisha ist 48 Jahre alt, als er das Amt antritt, und er hat ein politisches Vorbild: »Ich war ein Anhänger von Ronald Reagan und habe jeden Tag in seinem Buch gelesen.« Das Resultat: niedrige

Steuern, niedrige Staatsausgaben und eine Privatisierungswelle nie dagewesenen Ausmaßes. »Ich habe keinen Cent dafür ausgegeben, die alten Industrien wiederzubeleben. Ich habe sie einfach kollabieren lassen«, erinnert er sich. Dafür, erklärt er stolz, konnten sich Menschen plötzlich eine Dreizimmerwohnung um ungerechnet 300 Dollar kaufen. Nur: Denen, die arbeitslos geworden waren, nützte diese neue Freiheit wenig. Unter den Sozialisten existierte eine Regelung, die Arbeitern auch bei Beschäftigungslosigkeit 80 Prozent ihres Lohns anerkannte. Berisha lässt das Gesetz per Dekret streichen und verschreibt seinem Land eine Schocktherapie. Die Regierung gibt bis auf wenige Ausnahmen (Brot, Speiseöl, Zucker) die staatlich kontrollierten Preise frei. Ein Arzt muss einen Nebenjob annehmen, um seine Familie durchzubringen. Gerüchte mehren sich, dass mit Billigung der Regierung dringend benötigte Hilfsgüter auf dem Schwarzmarkt landen. Traktoren, die aus Deutschland für Albaniens Landbevölkerung herangeschafft wurden, lässt das PD-geführte Wirtschaftsministerium öffentlich versteigern. Weil sich die albanischen Bauern die Maschinen nicht leisten können, werden sie von privaten Unternehmen gekauft und anschließend im benachbarten Griechenland verkauft. Unterstützung für sein radikales Wirtschaftsprogramm bekommt Berisha einerseits vom Internationalen Währungsfonds, der Kredite in Millionenhöhe ankündigt, und andererseits von den USA.

Ein fallengelassener Protegé

Die USA unterstützten Berisha nicht ohne Eigennutz. Hinter der Absicht, das letzte kommunistische Land Europas in die Demokratie zu führen, standen auch strategische Ziele. Anfang der Neunzigerjahre blickt die Bush-Administration mit Sorge auf die Situation im ehemaligen Jugoslawien, wo sich ein Krieg anbahnt. Berisha, ein Mann des Nordens, spricht denselben Dialekt wie die Kosovo-Albaner. Die USA hoffen durch ihn einen gewissen Einfluss auf die dortige Bevölkerung ausüben zu können. Für Berisha bedeutete das, einen Traum aus Jugendtagen zu begraben. Der Kosovo, erzählt er mir, war einer der Gründe, warum er Politiker geworden ist:

»Tropoja, meine Heimat, ist ethnisch gesehen ein Teil des Kosovo. Ich wollte damals für die nationale Frage kämpfen.« Berisha macht heute kein Geheimnis daraus, dass er gerne einen Staat geschaffen hätte, in dem alle Albaner und Albanerinnen dies- und jenseits der Berge zusammenleben. Bis heute spukt dieses Projekt eines »Großalbanien« durch die Öffentlichkeit beider Länder.

Es heißt, dass die Bush-Administration Berisha diese Träume ausgetrieben hat. Um Washington nicht zu verprellen, macht er nach dem Machtantritt Zugeständnisse. Im Gegenzug bilden die USA den albanischen Geheimdienst aus, bauen die Armee um und investieren viel Geld in das kleine Albanien. Allein 1992 sind es 60 Millionen Dollar. Bei Berishas Außenpolitik will Washington ein Wort mitreden, bei der Innenpolitik lässt man ihm freie Hand. Auch dann, als Berisha regierungskritische Journalisten inhaftieren lässt und seine Partei säubert, beispielsweise von Wirtschaftsminister Gramoz Pashko, einem seiner engsten Wegbegleiter. Auch bei den Parlamentswahlen im Juli 2005 bekommt die PD Rückendeckung von George W. Bush, der für seinen *war on terror* loyale Bündnispartner sucht.

Mittlerweile ist Berisha vom Protegé zum Buhmann degradiert worden. Es heißt, dass er und seine Familie nicht einmal mehr ein Flugzeug nach New York buchen dürfen. Warum Washington 30 Jahre mit der Kritik gewartet hat? Der Machtantritt Joe Bidens könnte eine Rolle gespielt haben, vielleicht auch die Einsicht, dass man mit Edi Rama genauso gut zusammenarbeiten kann wie mit dem Protegé aus alten Zeiten.

Fakt ist: In den Neunziger- und Nullerjahren waren die USA auffallend zurückhaltend darin, Berisha zu kritisieren. Dabei hätte es zahlreiche Gründe dafür gegeben. Als 2008 nahe Tirana ein Munitionslager wegen nicht eingehaltener Sicherheitsstandards explodierte und 26 Menschen starben und Hunderte weitere verletzt wurden, war Berisha in Regierungsverantwortung. Als die *New York Times* über lukrative Waffendeals einer US-Waffenfirma mit dem PD-besetzten Verteidigungsministerium berichtete, bezeichnete Berisha das Traditionsblatt als »Klopapier«. Eine Reihe seiner Minister waren in Affären verwickelt, unter anderem beim Bau eines Infrastrukturprojekts, das Tirana heute mit Pristina verbindet und das im

Volksmund auch als »Autobahn der nationalen Korruption« bekannt ist. »Wenn es sein muss, verkaufen wir den Schmuck unserer Frauen, um diese Autobahn fertig zu bauen«, erklärte Berisha damals theatralisch, nicht zuletzt, um von den massiven Budgetüberschreitungen abzulenken. Als das südalbanische Bergdorf Lazarat zum Cannabis-Exportmeister Albaniens aufstieg, schauten die Demokraten lange weg. Mafiabanden sollen über Jahre hinweg Polizisten, lokale Beamte und angeblich auch Regierungsmitglieder geschmiert haben (siehe Kapitel *Das Ende von Lazarat,* S. 179).

Heute sagen die einen, Berisha habe seine Chance gehabt und sollte endlich abtreten. Die anderen zollen ihm noch immer Respekt. »Doktor Berisha, Sie sind kein gewöhnlicher Politiker. Sie sind ein Missionar des albanischen Volkes!«, sagt ein Bürger, der in der ersten Reihe des Theaters von Kavaja Platz genommen hat. Daraufhin applaudiert der ganze Saal.

Berisha gegen Basha: Die Spaltung der PD

Das ganze Land schaut dabei zu, wie sich Sali Berisha und Lulzim Basha einen erbitterten Machtkampf liefern. Wieder einmal steigen in Albanien zwei Männer in den Ring, nur dass sie diesmal derselben Partei angehören. »Basha ist ein Schwächling« und »Basha ist eine Geisel der USA«, ruft Berisha bei seinen Reden, die live im Fernsehen übertragen werden. Das Erstaunliche: Bei seiner Basis kommt diese Schimpftirade gut an. In den Wochen nach Berishas Rede in Kavaja wenden sich immer mehr Parteifunktionäre von Lulzim Basha ab: zuerst die Jugendorganisation, dann der Frauenverband und schließlich sogar einzelne Abgeordnete im Parlament.

Am 11. Dezember, 31 Jahre nach Gründung der Partei, scharte Berisha trotz Corona-Pandemie Tausende Anhänger in einem Fußballstadion um sich. Bei einer anschließenden Wahl wählten ihn mehr als die Hälfte der Delegierten zum Parteivorsitzenden. Lulzim Basha erkannte die Wahl nicht an und ließ eine Woche später seine eigene Abstimmung durchführen. Jetzt ist eine absurde Situation eingetreten: Beide haben einander gleichermaßen aus der Partei ausgeschlossen. Berisha droht Basha mit massiven Protesten, sollte dieser bis zur ersten Januarwoche nicht seinen Platz räumen. Am 8. Januar, einem Samstag, geriet der Konflikt außer Kontrolle. Angeheizt von Berishas Worten, die Partei »um jeden Preis« zurückzuerobern, zogen Hunderte seiner Anhänger in Richtung PD-Zentrale, ausgestattet mit Brecheisen, Vorschlaghämmern und einem selbst gebauten Rammbock. Sie gelangten in den ersten Stock, konnten aber nicht in das Büro von Basha vordringen, der es vorsorglich mit einer Zwischentür hatte verstärken lassen. Seine Anhänger gingen mit Tränengas gegen die Demonstranten vor. Am Ende rückten Spezialeinheiten der Polizei an. Es kam zu Festnahmen und Verletzten. Berisha sprach von einer »unaufhaltsamen Revolution« und einem »friedlichen« Protest: »Wenn du dein eigenes Haus betrittst, dann ist das kein gewalttätiger Akt.« Kurz darauf wurde er aus der Partei ausgeschlossen.

Alles läuft auf eine Spaltung der Partei hinaus. »Ich denke nicht, dass Basha sein Büro friedlich räumen wird«, meint eine Person in Berishas Umfeld. Sein ehemaliger Berater Adri Nurellari glaubt, dass am Ende keiner gewinnen wird: »Berisha wird die Basis hinter sich vereinen, Basha die Parlamentsfraktion.« Er prognostiziert einen »langen juristischen Streit«, der sich um die Frage drehen wird, wer der legitime Chef ist. Es ist unklar, ob Berisha die Partei, die er vor 30 Jahren selbst gegründet hat, zurückgewinnen wird. Noch unklarer ist, ob er mit über 80 Jahren noch einmal Spitzenkandidat werden kann. »Ich glaube nicht, dass Berisha noch einmal ins Rennen geht. Viel wahrscheinlicher ist, dass er in einen Nachfolger investiert«, so Nurellari.

Berisha sagt, wie gewohnt, das Gegenteil: »Wenn mir die Wählerinnen und Wähler ihre Stimme geben, dann bin ich auch bereit, morgen Ministerpräsident zu sein.« Er sitzt in seinem olivgrünen Ledersessel, der Tee ist kalt geworden. Vor der Tür wartet seine Pressesprecherin. Ist Berisha nicht reif für die Pension? Bei Joe Biden stelle sich niemand diese Frage, meint sie. Dabei ist der sogar ein Jahr älter.

KAPITEL 5

VERLOBT, NICHT VERHEIRATET

Albanien will der Europäischen Union beitreten. Aber will die Europäische Union das auch?

Wenn Zef Mazi sein Telefon abhebt, dann sagt er »Grüß Gott«. Eigentlich könnte der 65-jährige Spitzendiplomat seine Pension in Wien antreten und im Burggarten spazieren gehen, wie er es so gerne tut. Wäre da nicht die EU-Erweiterung, die Mazi unlängst einen neuen Job beschert hat – der voraussichtlich letzte in seiner 45 Jahre andauernden Karriere.

Mazi ist Diplomat, unter anderem war er Albaniens Botschafter in Großbritannien und Irland. Zuletzt war er in der Internationalen Atomenergie-Organisation in Wien tätig, die über die Einhaltung des Atomdeals mit dem Iran wacht. Im Mai 2020 tritt er gerade aus dem Büro, als sein Handy klingelt. Ein Jobangebot aus Edi Ramas Büro, ein prestigereicher Posten, aber möglicherweise auch eine frustrierende Angelegenheit: Zef Mazi soll Albaniens EU-Chefverhandler werden. »Danke, ich werde darüber nachdenken«, sagt er und legt auf. Später telefoniert er 30 Minuten mit Edi Rama. »Dieser Job ist sehr wichtig für uns. Wir brauchen einen erfahrenen Senior-Diplomaten dafür«, soll dieser gesagt haben. »Lass mich zuerst mit meiner Familie sprechen«, antwortet Mazi. Am Abend sagt er zu.

Mazi sagt über sich selbst: »Ich bin kein Politiker.« Andere schätzen an ihm, dass er im Laufe der Jahrzehnte weder den Demokraten noch den Sozialisten nahegestanden habe. Er selbst betont stolz, dass er Karriere im Außenministerium gemacht hat, obwohl niemand in seiner Familie Teil von Hoxhas Einheitspartei gewesen ist. Mazis Karriere verdeutlicht die Kehrtwende, die Albanien seit den Achtzigerjahren hingelegt hat. Seine Eltern stammen aus Shkodra und sind Katholiken, er selbst wächst in Tirana auf. Als Zef, Albanisch für Josef, ein kleiner Junge war, flüsterte ihm seine Mutter vor der Schule ins Ohr, er solle heimlich ein Kreuz machen, aber so, dass es niemand sieht. Mazi wächst in einem rigiden, atheistischen Staat auf. Mit 19 Jahren beginnt er bei *Radio Tirana* zu arbeiten, das Propagandasprachrohr des Regimes, das in 24 Sprachen in die Welt sendet. Mazi wird Sprecher für das englische Programm und verdient mit dem Job gutes Geld, jedenfalls mehr als seine Eltern. *Radio Tirana* berichtet über die Feinde im Ausland, die sich gegen das kleine Albanien verschworen hätten. Es gehört zur Ironie des Schicksals, dass ausgerechnet dieser Mann heute mit der Europäischen Union verhandelt.

Bei seiner Antrittsrede hat Mazi vom EU-Beitritt als einem Marathon gesprochen. »Wer zu schnell wegläuft, dem geht bereits bei der Hälfte die Puste aus«, sagte er damals. Eineinhalb Jahre später war Mazi drei Mal in Brüssel und in insgesamt 21 europäischen Hauptstädten. Eine reine Aufwärmübung, denn losgelaufen ist Albanien noch immer nicht.

Es ist der 16. Oktober 2021, ein Samstag. Mazi sitzt in einem Café gegenüber der Wiener Oper und trinkt Espresso. Abwarten und Kaffee trinken. So lässt sich sein Job, den er als »den wichtigsten in Albanien seit dem Zweiten Weltkrieg« bezeichnet, derzeit zusammenfassen. Zef Mazi ist Chefverhandler, aber es gibt keine Verhandlungen. »Ich wusste, dass es lange dauert«, sagt der Diplomat, »aber, dass es so lange dauert, das wusste ich nicht.« Seit drei Jahren werden die Verhandlungen mit Albanien aufgeschoben. »Gebt uns doch endlich ein Datum!«, sagt Mazi sichtlich entnervt.

Kapitel 5

Zwischen Euphorie und Ernüchterung: Albaniens Weg in die EU

Seit 30 Jahren möchte Albanien Teil der Union werden. Spätestens seit Juni 2003 ist bekannt: Die EU will das auch. Bei einem Gipfeltreffen in Thessaloniki bekräftigten die Mitgliedsländer erstmals, dass »die Zukunft der Balkanstaaten in der Europäischen Union liegt«. In der Abschlusserklärung stand geschrieben: »Die Länder der Region haben es in der Hand, wie schnell sie dabei voranschreiten.« Fast 20 Jahre später hat dieser Satz nur noch wenig Gewicht. Die alte Logik – Reformen gegen Beitritt – gilt so heute nicht mehr. Ein Beispiel dafür ist Nordmazedonien. Albaniens kleines Nachbarland hat nach einem Veto Griechenlands seinen Namen geändert, um mit den Beitrittsgesprächen beginnen zu dürfen. Doch das grüne Licht für den Start der Verhandlungen blieb aus. Im Oktober 2021 trat der als prowestlicher Reformer bekannte Regierungschef Zoran Zaev zurück, nicht zuletzt aufgrund seiner schlechten Erfolgsbilanz in der EU-Annäherung. Sein Abgang war ein fatales Signal für die gesamte Region: Wer sich blind auf Brüssel verlässt, der wird bitter enttäuscht und verliert Wahlen.

Michael Martens, der Südosteuropa-Korrespondent der *Frankfurter Allgemeinen Zeitung* und ein langjähriger Beobachter der Region, hält mittlerweile den EU-Beitritt der gesamten Region für geplatzt. Man solle den Balkanstaaten nicht länger Hoffnungen machen, sondern mit offenen Karten spielen. »Die EU-Erweiterung ist tot«, schrieb Martens im Januar 2021 auf Twitter. Ist dem so? »Nein«, glaubt der SPD-Politiker Knut Fleckenstein, ehemaliger Berichterstatter des EU-Parlaments in Albanien und heute als Berater in Tirana tätig. »Der Prozess ist mit Sicherheit nicht tot. Er ist nur gehörig ins Stocken geraten.«

Bereits im Jahr 2009 bewarb sich die Regierung Sali Berishas auf eine EU-Mitgliedschaft. Berisha plakatierte »Sot NATO – Nëser BE« (Heute NATO, morgen die EU) im ganzen Land und die Hoffnung war groß, dass es tatsächlich so schnell gehen würde. Ein Jahr später folgte die lang ersehnte Visa-Liberalisierung: Seitdem können albanische Staatsbürger visumfrei in den Schengenraum einreisen. Vier Jahre später der nächste große Schritt: Am

24. Juni 2014 erhielt Albanien den Status eines Beitrittskandidaten. Ein Fortschrittsbericht mit den fünf wichtigsten Reformen wurde erstellt: Verbesserung der öffentlichen Verwaltung, Justizreform, Kampf gegen die Korruption, Kampf gegen das organisierte Verbrechen und Verbesserung des Schutzes der Menschenrechte, insbesondere in Bezug auf Roma.

Seither fanden Gipfeltreffen in zahlreichen europäischen Städten statt – Paris, Triest, London, Sofia, Wien –, aber man hatte das Gefühl, dass sich nur wenig bewegt. Albanien hängt gemeinsam mit Nordmazedonien seit Jahren in der Luft, und das, obwohl die EU-Kommission bereits im April 2018 empfohlen hat, Beitrittsgespräche mit den beiden Ländern aufzunehmen. Seitdem hat die Kommission diese Empfehlung alljährlich wiederholt.

Warum bewegt sich nichts? Die Antwort liegt in der Entscheidungsfindung der Union. Das Veto eines einzigen Landes reicht aus, um Beitrittsgespräche zu verhindern. Am Anfang blockierten gleich vier Staaten: Frankreich, die Niederlande, Dänemark und Bulgarien. Über die Jahre wurde das Lager der Skeptiker kleiner. Warum war der Widerstand so lange so groß? Jedes Land stand aus unterschiedlichen Motiven auf der Bremse. Bulgarien zum Beispiel hat kein Problem mit Albanien per se, sondern mit seinem Nachbarn Nordmazedonien. Sofia will erst dann grünes Licht für Beitrittsgespräche geben, wenn Nordmazedonien anerkennt, dass seine Sprache bloß ein Dialekt des Bulgarischen sei. Gegen Albanien gab es andere Vorbehalte.

Niederlande: Verfassungsgericht und Pressefreiheit

Im November 2020 verlangte Den Haag von Albanien, die Funktion des Verfassungsgerichts sicherzustellen. Über Jahre war es, ebenso wie das Oberste Gericht, unterbesetzt und somit nicht arbeits- und beschlussfähig. Die Kritik war berechtigt, aber nur die halbe Wahrheit. Der Personalmangel in den Gerichten war nicht zuletzt deswegen entstanden, weil Albanien eine von Brüssel angestoßene Justizreform umgesetzt hatte. Dieser sogenannte Vetting-Prozess gilt als Herzstück von Albaniens EU-Integration und zielt auf die Entpolitisierung von Richtern und Staatsanwältinnen ab. Diese müssen unter anderem ihr Vermögen offenlegen und werden auf mögliche Kontakte zur Unterwelt, insbesondere zur Drogenmafia, überprüft (siehe Kapitel *Das Ende von Lazarat,* S. 179). Damit soll verhindert werden, dass Urteile mit Bestechungsgeldern erkauft werden. Bis zum Jahr 2021 hat die Kommission insgesamt 437 Personen durchleuchtet. Davon sind laut Fortschrittsbericht der EU-Kommission 62 Prozent »durchgefallen«, also von ihren Posten entfernt worden.

Es heißt, dass für Den Haag eigentlich ganz andere Gründe ausschlaggebend waren. Im März 2021 fanden in den Niederlanden Parlamentswahlen statt und die EU-Erweiterung ist kein Wahlkampfschlager. »Die niederländische Position wird eindeutig von innenpolitischen Motiven beeinflusst«, kritisierte Edi Rama damals in einem Fernsehinterview und legte nach: »Niederländische Zeitungen berichten über albanische Banden. Aber wenn wir genau hinschauen, dann sehen wir, dass diese Gangs aus Marokkanern, Polen, Holländern und Belgiern bestehen und von zwölf Mitgliedern gerade einmal zwei Albaner sind.« Ramas Theorie: Die Beitrittsverhandlungen scheitern, weil seine Landsleute ein schlechtes Image haben.

Auch das ist nur die halbe Wahrheit. Sie scheitern auch, weil die albanische Regierung fragwürdige Gesetze verabschieden will. So etwa ein Gesetz, das vorsieht, sämtliche Onlinemedien im Land einer zentralen, von der Regierung kontrollierten Behörde zu unterstellen. Der Name: Anti-Diffamierungs-Paket. Das Ziel? Die laut Rama außer Kontrolle geratenen Fake News im Land zu bekämpfen. Als Vorbild nannte er das Presse- und Informationsamt der ehemaligen Bundeskanzlerin Angela Merkel. Doch die Behörde in Albanien hätte viel weitreichendere Befugnisse. Die Organisation *Reporter ohne Grenzen* nannte das Gesetz »drakonisch«. Es hänge wie ein »Damoklesschwert« über den Köpfen der albanischen Presse. Die Behörde könne »unverhältnismäßige Sanktionen« gegen Newsplattformen erlassen, darunter auch Geldstrafen.

Warum bremst Frankreich?

Abseits von den Niederlanden gilt Frankreich als der größte Bremser in Europa. Paris bezweifelte nicht nur lange, dass Albanien Fortschritte gemacht hatte, sondern forderte im Oktober 2019 eine grundsätzliche Reform des Beitrittsprozesses. Auf Frankreichs Wunsch kam es zu einer Verschärfung des Prozederes. Was jetzt anders ist als vorher? Die 35 Beitrittskapitel sind in sechs Gruppen zusammengefasst. Fortan soll es möglich sein, Verhandlungen mit reformunwilligen Ländern im Sinne eines Start-Stopp-Mechanismus abzubrechen.

All das sind aber nur kosmetische Änderungen im Vergleich zur Gesamtoperation. Denn der Grund, warum die Verhandlungen immer wieder auf die lange Bank geschoben wurden, liegt auch in Frankreich tiefer. Laut einer Eurobarometer-Umfrage vom Juni 2020 halten nur 29 Prozent der Franzosen die EU-Erweiterung auf dem Balkan für eine gute Sache. In Österreich sind es mit 28 Prozent sogar noch weniger. Doch während die Regierung in Wien offen für die Erweiterung wirbt, führt Frankreichs Präsident Emmanuel Macron immer weitere Bedenken ins Feld. »Manche wollen, dass die Toastbrotscheibe immer größer wird, aber wenn es darum geht, mehr Butter drauf zu schmieren, weigern sie sich«, so Macron in einem Interview. Sein Credo: Die EU muss erst einmal zu Hause aufräumen, bevor sie andere zur Tür hereinlässt.

»Die Franzosen wollen die EU wieder aufnahmefähig machen. Aber sie vergessen dabei, dass der Beginn von Verhandlungen ja nicht bedeutet, dass Albanien morgen Mitglied ist. Da ziehen zehn oder mehr Jahre ins Land, bis es überhaupt so weit ist«, sagt der SPD-Politiker Knut Fleckenstein. Macrons Veto hat in den letzten Jahren für viel Kopfschütteln unter Beobachterinnen gesorgt. »Viele EU-Politiker sind zu feige, ihren Wählern zu Hause zu erklären, warum der Beitritt richtig und eine Win-win-Situation für alle ist«, sagt Fleckenstein. Und: »Dem Macron sitzt die Marine Le Pen im Nacken.« Mit dieser Sicht auf die Dinge ist Fleckenstein nicht allein. Schon früh hegten Beobachter den Verdacht, dass Frankreich – ähnlich wie die Niederlande – aus innenpolitischem Kalkül auf der Bremse steht. Albaner stellen neben Georgiern und Afghanen die drittgrößte Gruppe an Asylwerbern in Frankreich.

Schaut man sich die Zahlen aus den letzten zehn Jahren aber genauer an, dann sieht man, dass die Anträge (im Vergleich zu Deutschland) überschaubar waren.

Der bislang höchste Wert wurde 2017 mit 11.425 Asylanträgen erreicht. Macron kann es sich trotzdem nicht leisten, mit einem Beitritt Albaniens zu werben. Er fürchtet, bei den Präsidentschaftswahlen im April 2022 Stimmen an den rechten Rand zu verlieren. »In Frankreich existieren große Vorurteile gegenüber Albanern«, sagt Besmira Manaj, Professorin für Politikwissenschaften, die zwischen Frankreich und Albanien pendelt. Das habe damit zu tun, dass viele junge Albaner illegal nach Frankreich migrieren oder sich von dort nach England absetzen. Es scheint, als wolle Macron den Rechtsaußen-Kandidaten in dieser Frage nicht das Feld überlassen, insbesondere dem politischen Quereinsteiger Éric Zemmour. Der mehrmals wegen rassistischer Hetze verurteilte Journalist gilt als der Donald Trump Frankreichs und möchte Präsident werden. Zemmour zieht mit Vorliebe über den Vornamen Mohamed her und macht muslimische Einwanderer für den scheinbaren Untergang seines Volkes verantwortlich. Man kann sich ausmalen, wie er zu der Frage steht, ob Albanien, ein mehrheitlich muslimisches Land, der Union beitreten soll.

Brüssel als Retter: Wie Albaner und Albanerinnen die EU sehen

Gresa Hasa beobachtet diese Stigmatisierung mit Sorge. »Die EU wird in Albanien stark idealisiert. Junge Menschen sehen die EU als Retter und als eine Art Mythos«, sagt sie im Gespräch mit mir. »Viele Albaner und Albanerinnen wissen nicht, dass sie mit Rassismus und Ausgrenzung zu kämpfen haben, wenn sie in europäische Länder migrieren. Sie denken, dass sie mit offenen Armen empfangen werden.«

Hasa, eine 26-jährige Feministin, die mit Vorliebe Lippenstift trägt und mit dem Fahrrad unterwegs ist, gehört zu den lautesten und bekanntesten Stimmen von Albaniens junger Zivilbevölkerung. Ihr Studium der Politikwissenschaften hat sie unterbrochen und stattdessen *Shota* gegründet, Albaniens erstes feministisches Onlinemagazin. Gemeinsam mit ihrer Mitstreiterin Liri Kuçi hat Gresa einen feministischen Treffpunkt in Tirana eröffnet, das »Shtëpia Publike«. Sie schreibt Beiträge in regionalen Medien und sitzt auf Podien in Berlin und Belgrad. Zuletzt hat sie einige Wochen in New York verbracht und unter anderem Aktivistinnen der Black-Lives-Matter-Bewegung begleitet.

Wenn Hasa in den USA erzählt, dass sie aus Albanien kommt, antworten die Menschen sofort: »Ach, in Europa!« Das hat die junge Frau zum Nachdenken gebracht, denn nicht immer fühlt sie sich als ein Teil davon. »Mein Land gehört zu den proeuropäischsten auf diesem Kontinent, aber Albaner und Albanerinnen werden immer noch nicht von allen als Europäer gesehen«, sagt sie. Dieses Gefühl, nicht so richtig dazuzugehören, zeige sich etwa an der Grenze: »Ich spreche Griechisch, Italienisch, Deutsch, Englisch und habe Freundinnen aus allen Ecken Europas. Wir sind gleich alt, teilen uns dieselbe Sicht auf die Welt. Aber wenn ich meinen albanischen Pass an der Grenze zeige, dann mache ich ganz andere Erfahrungen als sie.« Was für Erfahrungen? »Jede Seite in meinem Pass wird kontrolliert, oft mit skeptischer Miene«, sagt Hasa. »Dazu kommen viele Fragen: Wie viel Bargeld haben Sie dabei? Wie viel auf Ihrem Konto? Haben Sie ein Retourticket gebucht? Wie lange werden Sie bleiben?« Als EU-Bürgerin und Österreicherin wurden mir solche Fragen noch nie gestellt.

Haben diese Erfahrungen Gresa Hasas Sicht auf die Erweiterung geändert? »Nein«, sagt sie, »ich glaube an die Idee der Europäischen Union. Ich habe Angst, dass sie eines Tages nicht mehr existieren könnte.« Für Hasa gibt es die Europäische Union nicht einmal, sondern zweimal. »Da ist eine EU, die offen und solidarisch ist, Minderheiten schützt und Frauen respektiert«, sagt sie, »und dann gibt es eine EU, in der Frauen nicht abtreiben und Schwule und Lesben nicht existieren dürfen. Eine EU, die Migranten an der Grenze ertrinken lässt und in der einzelne Länder immer stärker autoritäre Tendenzen zeigen.«

Gleichzeitig weiß sie, dass es diese Tendenzen auch bei ihr zu Hause gibt. Edi Rama ist für Aktivistinnen wie Gresa Hasa kein Demokrat, sondern ein Politiker, der selbst autoritäre Züge zeigt, etwa im Umgang mit der Zivilbevölkerung oder Journalisten. »Im Ausland gibt es viele Albaner, die Salvini in Italien oder Trump in den USA gewählt haben«, so Hasa. »Sie sind alles andere als privilegiert, weil sie aus einem armen, lange kolonialisierten Land stammen. Aber weil sie weiß sind, fühlen sie sich immer noch privilegierter als beispielsweise Migranten aus dem Nahen Osten.« Die Sehnsucht nach der EU sei dennoch etwas, das ihre Generation verbindet, egal ob jung oder alt, links oder rechts, Mann oder Frau. Das Problem aus ihrer Sicht: »Viele sehen nur die glitzernde Fassade der EU. Die Probleme und die Spaltung im Inneren, die sehen sie nicht.«

Warum die Hinhaltetaktik gefährlich ist

Die Spaltung, von der Gresa Hasa spricht, ist der Hauptgrund, warum die Beitrittsgespräche stocken. Die Osterweiterung im Jahr 2004 galt zwar lange als Erfolgsgeschichte, aber seit Ungarn und Polen immer autoritärere Züge zeigen und in der Kritik stehen, Justiz und Medien einzuschränken, fragen sich viele, ob es so eine gute Idee war, beispielsweise einen Viktor Orbán zur Tür hereinzulassen. Viele fürchten insgeheim, dass die Länder des Balkans zu ähnlichen Sorgenkindern heranwachsen könnten, zumal Orbán in Slowenien, Serbien und Bosnien bereits Verbündete gefunden hat.

Albanien mag unbedeutend und klein wirken, aber an dem Land zeigt sich ein viel größerer Konflikt, nämlich das Unvermögen, mit einer Stimme zu sprechen. In Zukunft könnte das zum Problem werden. Wie soll die EU in der Welt Stellung beziehen, beispielsweise in Bezug auf China, Russland oder Afghanistan, wenn es ihr nicht einmal gelingt, in der unmittelbaren Nachbarschaft eine klare Position einzunehmen? Dabei liegt für den Westbalkan – anders als für China – seit 20 Jahren ein konkreter Fahrplan in der Schublade. »Wenn die EU ihre Erweiterungspläne jetzt aufs Eis legt, dann kann sie kein ernstzunehmender globaler Player werden«, glaubt Albaniens EU-Chefverhandler Mazi. Ministerpräsident Edi Rama drückt sich weniger diplomatisch aus. Er vergleicht die EU mit einer Braut, die man zwar immer noch liebe, die Albanien aber mehrmals am Altar sitzengelassen hat. Bei einer Rede scherzte Rama, dass Albanien nicht gleich mit »der nächstbesten *bitch*« abhauen werde, ein Verweis auf geopolitische Akteure wie die Türkei, China oder Russland, die auf dem Balkan an Einfluss zu gewinnen versuchen. Viele halten eine solche Rhetorik für verroht und eines Ministerpräsidenten nicht würdig. Andere, so etwa Knut Fleckenstein, halten den Vergleich für nahe an der Wahrheit. »Rama ist nicht deprimiert. Er wartet, bis Brüssel seine eigenen Probleme bewältigt hat.«

Dabei war es bisher stets umgekehrt gewesen. Brüssel hatte den Balkanstaaten Hausaufgaben auferlegt, um Korruption und Klientelnetzwerke zu bekämpfen. Die Erweiterungsmüdigkeit hinterlässt ein Vakuum, in dem es sich all jene, die ohnehin nie Interesse an Reformen hatten, gemütlich machen können. Damit stärkt die EU am Ende die Falschen. Denn wer seit Jahren autokratisch regiert, der kann sich jetzt zurücklehnen und sagen: Nicht wir sind schuld, dass der Beitritt stockt, sondern die in Brüssel. Dauert dieser Schwebezustand Jahre an, dann ist davon auszugehen, dass die EU auf dem Balkan an Strahlkraft verlieren wird. Dieses Gefühl, dass die EU unerreichbar ist, sei demotivierend, erzählt Gresa Hasa, die Feministin: »Immer mehr junge Menschen verlassen Albanien. Die Wenigsten meiner Freunde, mit denen ich die Schule besucht habe, sind noch hier.« Knut Fleckenstein, der als Berater von Albaniens Parlament alle paar Monate in Tirana ist, beobachtet dieselbe Tendenz. Er erzählt mir von einem Wortwechsel, den er mit dem Portier in seinem Hotel geführt hat.

»Wird das noch etwas mit der EU?«, so der Portier.
»Ja. Nur weil es langsam läuft, bedeutet das nicht, dass es am Ende scheitert«, so Fleckenstein.
»Wie lange noch?«
»Ich weiß es nicht. Vielleicht zehn bis 15 Jahre?«
Daraufhin der Portier: »Das haben mir meine Eltern damals schon als Kind gesagt.«

KAPITEL 6

MIT DEM BOOT IN DIE BERGE

Albaniens Bergwelt ging stets ihren eigenen Weg. Die Bewohner sträubten sich gegen Invasionen und die Islamisierung. Sie lebten in Stämmen zusammen und blieben dabei weitgehend unter sich. Jetzt zieht die Region den Wandertourismus an – doch zu welchem Preis?

»Ich habe hier etwas Großes vor«, sagt Florin Kukaj und zeigt auf das Maisfeld vor seinem Haus. Er will einen Bootshafen daraus machen. Kukaj, ein Mann Ende 30, trägt Flip-Flops und Jogginghose, ist Kapitän und lebt in den Bergen. Das, was im ersten Moment wie ein Widerspruch klingt, ist in Fierza, einem Dorf im Nordosten Albaniens, seit den Achtzigerjahren Realität. Auch das hat, wie könnte es in diesem Land anders sein, wieder einmal mit Enver Hoxha zu tun. Als Albanien und China noch sozialistische Bruderstaaten waren, ließ der Diktator mithilfe Pekings einen gewaltigen Staudamm bauen, bis heute einer der größten auf dem Balkan. Das Flusswasser schwoll an und begann, das einst von Gletschern geformte Tal auszufüllen. Es begrub Felder, Dörfer und Kirchen unter sich. Seitdem lebt Florin an einem See, der sich kilometerweit zwischen steile Schluchten aus Karstgestein zwängt, einem skandinavischen Fjord gleich. Bauern wurden zu Fischern und Busse zu Booten.

Im 21. Jahrhundert haben Staudämme in Albanien keinen allzu guten Ruf. Im Norden wie im Süden demonstrieren Umweltorganisationen und lokale Bewohner gegen sie (siehe S. 101). Der Koman-See (Liqeni i Komanit) hingegen ist eine tonnenschwere

Erfolgsgeschichte. Er hat Täler, zwischen denen früher ein tagelanger Fußmarsch lag, näher aneinandergerückt. Für einige Dörfer und Gehöfte ist die Fähre bis heute die einzige Verbindung zur Außenwelt.

Nach der Wende fand Florin ein kaputtes Boot, mit dem früher Chrom aus den Bergen abtransportiert wurde. Er reparierte es, montierte den Motor eines Lkws und begann sein Leben als Kapitän am Koman-See, heute eine der schönsten Schiffsrouten in Europa. Dass immer mehr Menschen hierherkommen, nicht nur aus dem benachbarten Kosovo, sondern auch aus Westeuropa, hat in den einst abgelegenen Tälern eine Art Goldgräberstimmung ausgelöst. »Ich wünschte, ich wäre später geboren, um das noch miterleben zu können«, sagt Adem Selimaj, ein Mann von 82 Jahren, der Anzughose und Hemd trägt. Er lebt mit seiner Frau Feridë in einem alten Bauernhaus in den Bergen. Es steht in Valbona, einem Tal im äußersten Norden Albaniens, einen Steinwurf von der montenegrinischen Grenze entfernt. Es waren die Italiener, die der Gegend ihren Namen gaben. Sie nannten sie »valle buono«, auf Deutsch: schönes Tal. Das mag auf die Natur zugetroffen haben, nicht aber auf den bitterarmen Alltag der Menschen.

Die Selimajs sitzen unter einem Schatten spendenden Apfelbaum. Er steht gelegentlich auf, um den Rasen mit einem Gartenschlauch zu wässern, sie strickt an einem Knäuel blauer Wolle. In ihrem Garten beginnt eine Reise, die mich mit dem Fotografen Ilir Tsouko durch eine der unberührtesten Gebirgsregionen im Mittelmeerraum führt: die albanischen Alpen. Albanien ist bekannt für seine lange Küste. Die Wenigsten wissen, dass die Hälfte des Landes aus Bergen besteht.

Es ist August 2021, das erste Jahr seit der Corona-Pandemie, in dem Reisen wieder möglich sind. Im Kosovo haben wir uns einen Mietwagen genommen und sind nahe der Stadt Gjakova über die Grenze nach Tropoja gefahren, eine Gebirgsregion im Nordosten Albaniens, die lange unter einem Negativimage gelitten hat. Sie galt als Drehscheibe für Waffen und Benzin, die über Schmuggelpfade in das ehemalige Jugoslawien gelangten. Albanien belieferte damit zwei Kriegsparteien gleichzeitig. Das Benzin landete nicht selten in den Kasernen des serbischen Präsidenten Slobodan Milošević, die Waffen in den Händen der albanischen Guerillaarmee UÇK. Viele Menschen haben die Region Tropoja nach dem Zusammenbruch des Kommunismus verlassen und sind in Städte oder ins Ausland gezogen. Wer zurückblieb, der lebte von der Landwirtschaft und den Überweisungen der Söhne, die in vielen Fällen nach England gegangen waren, um illegal auf dem Bau zu arbeiten. Tropoja, das stand lange Zeit für nicht asphaltierte Straßen, eine machtlose Polizei und ein Leben fernab der boomenden Stadt Tirana.

Und dann kam auch noch Marco. Im Jahr 2008 erschien mit »Taken« ein französischer Actionthriller, in dem Tropoja äußerst negativ dargestellt wurde. Er bediente sich so ziemlich aller Klischees, die Albanien seit den Neunzigerjahren bemüht ist, abzuschütteln. Der Film handelt von einem Menschenhändlerring, der eine junge Frau aus Paris entführt, und von deren Vater Brian, einem Geheimagenten, der sich auf die Suche nach ihr macht. Im Film gibt es eine Szene, die in Albanien mittlerweile legendär ist. Der Agent hört die Bösewichte ab, versteht aber kein Wort, weil sie Albanisch sprechen. Später findet er den Drahtzieher der Bande, einen gewissen Marco von Tropoja. Das ließen die Bewohner nicht auf sich sitzen. Sie sicherten sich die URL *takenbyalbania.com* und stellten ein YouTube-Video ins Netz. Es beginnt mit einer Nachricht an den Regisseur des Films: »Sie vermitteln der Welt das Bild, dass wir Albaner Kriminelle und Diebe sind, dass wir stets nach einer jungen Tochter Ausschau halten, die wir kidnappen können. Vielleicht ist es an der Zeit, dass wir Ihnen zeigen, was wir wirklich draufhaben.« Dann sieht man Naturaufnahmen aus allen Teilen des Landes, junge Menschen in Trachten, Steinbrücken, Berggipfel und den damaligen Tourismusminister Blendi Klosi in roter Treckingjacke. Tropoja will neuerdings Wanderer aus aller Welt anziehen.

Im Garten des alten Adem Selimaj steht ein neues vierstöckiges Holzhaus mit Zentralheizung und Panoramablick auf die umliegenden Karstberge. Dahinter ist ein weiteres in Bau. Die umliegenden Felsen kesseln das Tal ein, als ob sie es vor der Außenwelt schützen wollten. Bis Mitte der Fünfzigerjahre, erzählen die Selimajs, gab es in dem Tal weder Schulen, Straßen noch Strom, die Menschen waren überwiegend Analphabeten. »Wer Salz kaufen wollte, musste eine halbe Weltreise hinlegen«, erzählt Feridë Selimaj. Im Winter, wenn Schnee fiel, war das Tal vollkommen isoliert. Erst Anfang der Siebzigerjahre hatte das Regime die ersten Glühbirnen anbringen lassen. »Davor haben wir ein Lagerfeuer mit Steinen entfacht«, erzählt Feridë.

50 Jahre später ist Valbona eine andere Welt. Die Straßen sind asphaltiert, fast jedes noch so kleine Gästehaus hat einen WLAN-Router und einen Parkplatz, auf dem Jeeps mit Allradantrieb stehen. Naturbelassen ist die Gegend nach wie vor. Wilde Pferde grasen neben Campingzelten. In den Bergen trifft man Hirten, die ihre Schafe über die Almen treiben und wilde Kräuter sammeln. Und obwohl im Winter meterhoch Schnee liegt, kam noch niemand auf die Idee, einen Skilift zu bauen. Bis jetzt.

Im Dörfchen Valbona, Ausgangspunkt beliebter Wanderrouten, ragt ein mehrstöckiges Fünfsternehotel in die Luft, das für viel Unmut sorgt, weil es so gar nicht zu den traditionellen Steinhäusern, im Albanischen *Kulla* genannt, passen will. Früher verbrachte die kommunistische Parteielite hier auf der Alm ihre Ferien, umgeben von zweitausend Meter hohen Bergen. Das Hochland war bekannt für seine Esskastanien und Pflaumenhaine. Jetzt kaufen Investoren aus Tirana Land und hoffen auf das große Geld. Droht Valbona dasselbe Schicksal wie Albaniens Südküste? Oder gelingt es, hier einen nachhaltigen Tourismus zu etablieren?

Haus am See

Letzteres ist der Traum von Marjana Molla, 21 Jahre alt. Ihre Familie lebt am Koman-See, etwa 40 Kilometer Luftlinie südlich von Valbona, in einem Canyon ohne Strom und Straßen. Um dorthin zu gelangen, mussten wir eine Halbtagesreise antreten und uns auf die Pünktlichkeit der Fischer verlassen, deren alte Nokia-Telefone nur unregelmäßig Signale empfangen. Marjana, Studentin der Politikwissenschaften in Tirana, ist in dieser abgeschiedenen Welt aufgewachsen. Sie bittet uns, unter einem Feigenbaum Platz zu nehmen, und gießt Rakia in Gläser. Marjana war die erste Kapitänin am Koman-See. Im Alter von zwölf Jahren nahm sie ihr Vater auf seinen Schoß und überließ ihr das Steuer. Später verstarb er bei einem Autounfall. »Mein Vater ist auch bei hohen Wellen und bei Schlechtwetter Boot gefahren«, erinnert sich Marjanas älterer Bruder Mario an ihn, »er ist mein Idol und das Idol von vielen anderen in der Region.«

Familie Molla lebt im Dukagjin, einer dünn besiedelten Gebirgslandschaft, die nach einem mittelalterlichen Adelsgeschlecht benannt ist. Die Menschen sind überwiegend katholisch, ihre Vorfahren lebten in Stämmen fernab staatlicher Institutionen und Gesetze. Ihre Namen klingen bis heute nach: Shoshi, Shala, Shllaku, Dushmani, Toplana und so weiter. Sie gelten heute als die letzten Stammesgesellschaften, die in Europa bis Mitte des 20. Jahrhunderts überlebt haben.

Der deutsche Südosteuropa-Historiker Konrad Clewing hat sich mit diesen Stämmen, die man auf Albanisch *fis* nennt, näher beschäftigt. Man könnte diese drei Buchstaben angesichts der schottischen Analogie auch mit »Clan« übersetzen, eine Definition, die Clewing vorzieht, die im 21. Jahrhundert aber vor allem mit organisierter Kriminalität in Verbindung gebracht wird. In diesem Buch wird daher das Wort »Stamm« verwendet. Clewing sagt: »Die Topografie in den nordalbanischen Alpen war stets trennend und Dörfer im Nachbartal oft nur über Pässe, mit Maultieren und Pferden, zu erreichen. Landwirtschaft zu betreiben, war selten möglich, zu zerklüftet war und ist die Landschaft bis heute. Der Großteil der Menschen war Hirten und lebte von der Viehwirtschaft.« Die Armut, so Clewing, hat die Region schon immer geprägt. Umso wichtiger war der Stamm als Solidaritätsgemeinschaft.

Frauen hatten innerhalb der Stämme fast keine Rechte. Die Herkunftsbestimmung war patrilinear, erklärt Clewing, also ausschließlich der väterlichen Linie folgend. Frauen wurden zwangsverheiratet und gingen mit der Ehe in den Familienverband des Gatten über. Sie mussten einen Schritt hinter den Männern gehen und durften nicht mit ihnen am selben Tisch essen. Umso interessanter ist es, dass eine der berühmtesten Reisenden, die das Leben der nordalbanischen Stämme erforscht hat, eine Frau aus Großbritannien war.

Über drei Frauen im Dukagjin

Heute ist in der Stadt Shkodra eine Straße nach Edith Durham (1863–1944) benannt. Dass sich die Britin in Nordalbanien so frei wie ein Mann bewegen konnte, liegt einerseits daran, dass sie eine Ausländerin war, und andererseits daran, dass sie aus wohlhabendem Hause stammte und über entsprechende Mittel und gute Kontakte verfügte. Sie war die Tochter von Königin Victorias Leibarzt und erhielt eine Ausbildung an der Royal Academy of Arts. Im Jahr 1900 stieg sie auf einen österreichischen Dampfer und brach in Richtung Balkan auf. Sie bereiste Montenegro, Serbien, Bosnien und irgendwann auch Albanien, ein Land, in das sie immer wieder zurückkehren sollte und für dessen Unabhängigkeit sie sich vehement einsetzten würde. Im Jahr 1908 – das Osmanische Reich tat seine letzten Atemzüge – reiste Durham in den Dukagjin und kam dabei auch in die Gegend, in der die 21-jährige Marjana aufgewachsen ist. Ihre Notizen aus dem vorherigen Jahrhundert decken sich mit vielem von dem, was mir Familie Molla erzählt. So auch diese Geschichte.

Der Überlieferung nach soll es im Dukagjin einmal drei Brüder gegeben haben. Aus jedem von ihnen entwickelte sich ein Stamm. So erzählt es mir Marjanas Tante Mire Suti an einem warmen Augusttag. Mire Suti ist 60 Jahre alt, älter als der Stausee. Sie sitzt unter einem Pfirsichbaum, eine selbstgedrehte Zigarette in der Hand, ein batteriebetriebenes Radio an ihr Ohr gepresst. Daraus ist blechern eine katholische Predigt zu hören. Mein iPhone hat seit Tagen keinen Empfang, aber im Dukagjin sendet *Radio Maria* verlässlich über Kurzwelle. »Wer im Kommunismus in die Kirche gegangen ist, musste ins Gefängnis«, sagt Suti, »wenn wir eine Kerze angezündet haben, verdunkelten wir die Fenster. Der Geheimdienst kontrollierte sogar, ob jemand zu Weihnachten Fleisch gegessen hat.« Die Tante ist überzeugt: »Unsere Vorfahren sind in die Berge geflüchtet, um ihre Religion zu behalten.«

Dass die Mollas Katholiken sind, ist nicht zu übersehen. Selbst die kleinen Kinder tragen ein Kruzifix um den Hals. An der Hauswand ist ein riesiges Kreuz angebracht, im Flur hängt ein Holzschnitt der Marienwallfahrtsstätte Lourdes. Über die Jahrzehnte hat die Bedeutung des Glaubens abgenommen, nicht zuletzt deswegen, weil Albanien ein formal atheistischer Staat war. Vor hundert Jahren hätte das wohl niemand geahnt. Da beschrieb Edith Durham in Nordalbanien noch folgende Szene:

Kapitel 6

»Das Kreuz ist eine Art Zauberformel, wird ins Brot geritzt, auf jeden Hügel gestellt, auf jede Tür gemalt oder in sie eingraviert. Es sitzt auf Dachgiebeln, wird um jeden Hals getragen, und der größere Teil der katholischen Bevölkerung lässt es sich als Schutzzauber auf Hand, Arm oder Brust tätowieren.«

Bis heute ist man im Dukagjin stolz darauf, dass sich die Vorfahren weigerten, zum Islam überzutreten. Womit wir wieder bei den drei Brüdern wären. Marjana sitzt mit ihrer Mutter und der Tante an einem Tisch im Garten. Sie zählen an ihren Fingern die Generationen bis zum ersten Vorfahren ab und sprechen ihre Namen laut aus, als wären sie ein Gebet. Sie kommen, grob gerechnet, zu dem Schluss, dass er vor zwölf Generationen gelebt haben muss, also vor rund 300 Jahren. Der Überlieferung zufolge floh er mit seinen Brüdern vor den Osmanen in den Norden. »Ein Bruder besaß ein Sieb, um Mehl zu mahlen«, sagt die Tante, »der zweite einen Sattel und der dritte Bruder besaß gar nichts, nur ein ›Guten Tag‹ auf den Lippen.« Sieb heißt auf Albanisch *shosh*. Es ist der Name des ersten Stammes, von dem auch die Mollas abstammen. Sattel heißt auf Albanisch *shala*. Es ist der Name eines zweiten Stammes. »Guten Tag« heißt auf Albanisch *Mirëdita*. Es ist der Name eines dritten Stammes. »Diese Geschichte ist zweifellos erfunden«, schrieb Edith Durham in ihrem Buch. Das scheint die Menschen im Dukagjin auch einhundert Jahre später nicht zu beeindrucken. Sie erzählen die Geschichte bis heute.

Der See, der sich heute vor Marjanas Haustür erstreckt, entstand aus einem Fluss namens Drin, bis heute der längste in Albanien. Durham beschrieb ihn einst als so reißend, dass sogar starke Pferde Schwierigkeiten hatten, ihn zu überqueren. Die Menschen ließen sich dafür etwas einfallen, das Durham zufolge »höchst bizarr« ausgesehen hat. Sie bliesen Schafsdärme auf, dann banden sie die Schwimmblasen mit Weidenruten zu »einer Art Kissenfloß« zusammen, um splitternackt auf die andere Seite überzusetzen.

Der Staudamm hat vieles einfacher gemacht und den reißenden Drin in einen tiefen See mit spiegelglatter Oberfläche verwandelt. 20 Bootsminuten von Marjanas Haus entfernt wird das türkisfarbene Wasser so klar, dass man die Steine am Grund sehen kann. In einer nahegelegenen Bucht treffen Rucksacktouristinnen aus

Westeuropa auf Reisegruppen aus dem Kosovo, die leicht bekleidet zu albanischer Popmusik tanzen. Daneben steigen verschleierte Frauen aus Saudi-Arabien mit Burka und Selfie-Stick aus den wackeligen Booten.

Ilir und ich beschließen, einige Tage länger am See zu bleiben, weil es hier deutlich kühler ist als an der Küste. So bleibt genug Zeit, um weiter über Marjanas Vorfahren zu reden. Aber auch über die Frage, wegen der wir hierhergekommen sind: Was erhofft sich Familie Molla vom Tourismus?

Hier meldet sich Marjanas älterer Bruder Mario zu Wort, ein zwei Meter großer Mann mit Schieberkappe, der sechs Jahre in Hamburg gelebt hat und heute mit Touristen arbeitet. In einer Halbmond-Nacht lenkt er sein Boot über die schwarze Oberfläche des Koman-Sees. Der Lichtpegel seiner Lampe wirkt angesichts der hohen Felsen und dunklen Wälder um ihn herum winzig. Vor einem Holzhaus macht er Halt. Hier hat sein Cousin eine Gaststätte mit Terrasse eröffnet. Mario bestellt Bier und reicht großzügig Zigaretten herum, ob man sie nun will oder nicht. »Mein Großvater war kein Kämpfer«, sagt er, »aber weil sein Vater Blutrachefehden hinterlassen hat, floh er hierher ins Tal. Er hatte Felder, Bienen, Tiere und den besten Tabak im ganzen Dukagjin.« Mario redet nicht gerne, aber wenn er es tut, dann mit Bestimmtheit: »Ich habe meinen Vater viel zu früh verloren. Er hatte immer große Sorge, dass unsere traditionellen Werte im Tal eines Tages verschwinden und dem Kapitalismus weichen.«

Familie Molla versucht diese Philosophie so gut es geht in die Tat umzusetzen. Zwar bewirten sie in der Sommersaison auch Reisegruppen aus Russland, doch bleiben die meist nur ein paar Stunden. Die beiden Gästezimmer, in denen es weiße Wachskerzen statt Lichtschalter gibt, vermietet die Familie mit Bedacht. »Wir wollen eher die ruhige Art von Touristen«, sagt Mario. Auf Booking.com ist das Gästehaus noch nicht zu finden. Dieser Fokus auf Nachhaltigkeit und Entschleunigung ist nur die eine Seite der Medaille. Denn Familie Molla ist laut eigener Erzählung eine von rund 35 Familien am See, die vom Tourismus leben. Weil Mario Land in einer nahegelegenen Bucht besitzt, verdient er mit jedem Boot, das dort anlegt, Geld. Außerdem betreibt er eine Website, die neben Wanderungen in abgeschiedene Dörfer auch Helikopterflüge anbietet. Er und seine

Familie sind von den Besucherinnen abhängig, insgeheim fürchten sie aber, dass es irgendwann zu viele sein könnten. Schon jetzt dröhnt mehrmals täglich albanische Popmusik durch die Schluchten. Menschen tanzen, grölen und trinken Bier, Chipstüten oder Zigarettenpackungen landen im Wasser. Die ersten Motorboote rasen durch die Canyons.

Zweimal täglich fährt eine Fähre an das andere Ende des Sees. Sie hält direkt am Damm, einer gewaltigen Staustufe aus Beton. Hier endet der See, der dem Dukagjin völlig neue Wege eröffnet hat. Ein Tunnel führt durch den Berg, das erste Stück Asphalt seit Tagen. Über der Einfahrt zum Tunnel hängt ein großes Foto. Es zeigt einen Mann mit Hut, eine Zigarette zwischen den Lippen, die Hände am Schiffsmotor. Heute erzählt man sich, dass er einer der Ersten war, die in der Gegend ein Boot besessen haben. Es ist der Vater von Marjana und Mario.

KAPITEL 7

EINE REISE IN DEN SÜDEN

Der Tourismus gilt als Albaniens Wirtschaftszweig der Zukunft. Wer profitiert schon jetzt davon? Und wer nicht? Porträt eines Küstenabschnitts.

Mirela Kumbaro, 55, hat vor vier Wochen ihr neues Büro bezogen: ein heller, mit Parkettboden ausgelegter Raum, die Fensterbalken aus Holz dunkelgrün lackiert, abstrakte Kunst an den Wänden und ein Heimtrainer neben dem Schreibtisch. Ihr Pressesprecher beugt sich über den Tisch und reicht der Chefin die neuesten Statistiken für das Interview. Kumbaro setzt sich eine Brille auf und liest laut daraus vor. 6,4 Millionen Touristen im Jahr 2019, der Höchstwert in der Geschichte. Dann, im nächsten Sommer, der Einbruch durch die Corona-Pandemie mit fast einem Drittel weniger Ankünften. Die nächste Spalte macht Kumbaro Hoffnung: »Mit rund fünf Millionen Touristen war die Sommersaison besser als erwartet. Nächstes Jahr wird es einen echten Boom geben.«

Seit September 2021 ist Kumbaro, eine studierte Linguistin und Übersetzerin, Albaniens neue Tourismusministerin. Davor war sie Kulturministerin und Professorin für Linguistik an der Universität Tirana. »Ich möchte es schaffen, das Bild unseres kulturellen Reichtums zu exportieren. Damit die Leute bei Albanien nicht immer nur an Mafia oder Drogenhändler denken«, sagte sie 2013 zur *Süddeutschen Zeitung*. Seitdem hat sich Albaniens Image tatsächlich gewandelt. Einer der wichtigsten Treiber ist der aufkeimende Tourismus, der als Wirtschaftszweig der Zukunft gilt. »Der Vorteil ist, dass uns noch niemand kennt«, sagt Kumbaro.

Aus dem Dornröschenschlaf

Albanien galt lange als die unentdeckte Ecke Europas, und das, obwohl es so nahe an Italien liegt und man von Europas Hauptstädten in wenigen Flugstunden dort ist. Seit einigen Jahren zieht das kleine Balkanland immer mehr Touristen aus dem Ausland an. Zuerst kamen die Abenteurer, dann die Wanderer, dann die Campingurlauber und schließlich immer mehr Influencer und Reisejournalisten. Sie begannen über die Gegend zu bloggen, nahmen YouTube-Videos auf und stellten Fotos von Canyons, Berggipfeln und Stränden auf Instagram. Seit 2019 hat sich die Zahl der Touristen verdoppelt, wobei die albanische Diaspora in Westeuropa und den USA sowie die Albaner und Albanerinnen im benachbarten Kosovo einen großen Teil der Besucher ausmachen.

»Albanien beginnt sich in die Gruppe der Tourismusländer des Mittelmeers einzureihen«, sagt der Ökonom Mario Holzner vom Wiener Institut für internationale Wirtschaftsvergleiche (wiiw). Der Anteil des Tourismus an der gesamten Wirtschaftsleistung beträgt bereits 20 Prozent, Tendenz steigend. Realistische Entwicklungschancen für das Land sieht Holzner weniger in der Industrie oder Landwirtschaft, sondern im Tourismus. Das zeigt, wie wichtig das Ressort von Mirela Kumbaro geworden ist. Gleichzeitig ist die Konkurrenz in der Nachbarschaft mit Kroatien, Griechenland und Italien groß, wie die Ministerin zugibt: »Wir sind wie Dornröschen, das aus seinem Schönheitsschlaf erwacht.« So ein Satz hat PR-Potenzial, aber stimmt er auch?

Umweltschützer und Fans des »slow tourism«, einer nachhaltigen und bewussten Form des Reisens, hegen ihre Zweifel daran. Sie kritisieren, dass Albanien Flüsse bebaut, Küstenabschnitte zubetoniert und Flughäfen in Vogelschutzgebieten errichtet. Dabei sei es gerade die Natur, die Albanien so attraktiv für Reisende mache. Kumbaros Aufgabe wird es sein, diese beiden Welten miteinander zu vereinen. Viel Zeit bleibt ihr nicht, denn spätestens seit 2014 haben Investoren das große Geschäft mit dem Massentourismus gewittert. Edi Rama will in seiner dritten Amtszeit große Infrastrukturprojekte anstoßen: Flughäfen, Anlegestellen für Yachten und Autobahnen, um die albanische Riviera im Süden näher an Tirana heranzuführen. Er will Albanien zum »Tourismus-Champion« auf dem Balkan machen, ein Slogan, mit dem er erfolgreich in den Wahlkampf gezogen ist. Aber Champion worin? Wie sieht der Plan konkret aus? Das ist jetzt Kumbaros Aufgabe, einer Frau, die nichts auszuschließen scheint. Wachstum und Entwicklung sind kein Widerspruch zu Naturschutz, meint sie und bittet um Geduld: Tourismus sei eben ein neues Feld in ihrem Land. »Unser großer Vorteil ist, dass wir von den Fehlern anderer lernen können«, so Kumbaro.

Das Treffen mit der neuen Tourismusministerin steht am Ende einer Recherche, die mich mehrmals an die sogenannte Riviera geführt hat, einen 120 Kilometer langen Landstreifen zwischen Meer und Bergen, unweit der griechischen Insel Korfu. Gemeinsam mit Aida Kolenović, einer guten Freundin aus dem Kosovo, die mir als Albanisch-Übersetzerin zur Seite stand, reiste ich in einem alten VW Golf von Tirana bis zur antiken Ausgrabungsstätte Butrint im äußersten Süden. Ein halbes Jahr lang waren wir immer wieder unterwegs, nicht wissend, dass die Welt bald eine andere sein würde. Mit Kontaktbeschränkungen, Maskenpflicht und Reisewarnungen. Die Menschen, die Aida Kolenović und ich auf dieser langen Reise kennenlernten, werden durch dieses Kapitel führen, stets mit einer Leitfrage im Hinterkopf: Wie hat der Tourismus ihr Leben verändert? Wie hat sich ihre Region in den letzten 30 Jahren verändert?

Da ist Evi, eine Jungunternehmerin, die ein Hotel und Bungalow-Resort an der Küste betreibt. Da ist Fatosh, ein Cafébesitzer, der im Bauch eines Fischerbootes nach Italien flüchtete, und Denisa, die im Sommer 1991 mit Tausenden Albanern und Albanerinnen westliche Botschaften stürmte, um außer Landes zu gelangen. Da ist Angjel, ein Hirte, der sich zum Restaurantmanager hochgearbeitet hat, und Aleks Marko, der Bürgermeister von Dhërmi, derzeit das beliebteste Städtchen an Albaniens Südküste. Außerdem lernten wir drei Orte kennen, die ihre eigene Geschichte erzählen: eine Klosterinsel, die während des Staatssozialismus ein Gefängnis war, eine Burg, in der ein brutaler Pascha regierte, und einen Balkon, auf dem Albanien zum Staat gemacht wurde. Dieses Kapitel ist eine Gratwanderung zwischen Gegenwart und Vergangenheit. Auch wichtige Ereignisse der albanischen Geschichte finden darin Erwähnung: die Unabhängigkeit vom Osmanischen Reich, der Massenexodus Anfang der Neunzigerjahre und die Anarchie im Jahr 1997, ausgelöst durch den sogenannten Lotterieaufstand.

Tourismus? Ein junges Phänomen

»Albanien«, sagt die Frau an meinem Tisch, »ist dabei, das neue Griechenland zu werden.« Fast klingen sie wie eine Prophezeiung, die Worte aus dem Mund von Evi Gjikuria, einer Jungunternehmerin, die ein Hotel an der Küste betreibt. Wenn die Schirme abgebaut sind und die Saison vorbei ist, lebt sie wieder in Tirana. Gjikuria, eine brünette Frau mit strahlendem Lächeln, ist gerade einmal 25 Jahre alt, als ich sie zum ersten Mal treffe. Sie stellt sich als Besitzerin des Drymades vor, einem Vier-Sterne-Hotel und Bungalow-Resort im Süden Albaniens.

Dass sie heute eine erfolgreiche Managerin ist, hat sie ihrem Großvater zu verdanken. Nach der Wende hatte dieser eine gewagte Idee, über die so manch ein Küstenbewohner den Kopf schüttelte: Ende der Neunziger baute er ein Hotel und sechs Bungalows an den damals menschenleeren Strand. Es war eine Zeit, in der Albanien weit davon entfernt war, ein Urlaubsparadies zu sein, sondern im Gegenteil an der Schwelle zum Bürgerkrieg stand. Die Küste war voller Bunker, es gab weder eine asphaltierte Straße noch Restaurants. Verzweifelte Menschen flüchteten auf Fischerbooten nach Italien. Ausländische Touristen, die sich in die Gegend verirrten, waren eine Sensation. »Niemand glaubte damals, dass die Idee meines Großvaters aufgehen würde«, erzählt Gjikuria.

Das Städtchen, aus dem ihre Familie stammt, heißt Dhërmi. Vieles hat sich dort in den letzten 25 Jahren verändert. Heute werden die nahegelegenen Strände mit jenen in der Karibik verglichen, so kristallklar und türkisfarben ist das Wasser. Die Gjikurias haben ihr Hotel über die Jahre ausgebaut und die Anzahl der Bungalows – blau gestrichene Holzhäuschen mit Flachbildfernseher und

Klimaanlage – auf 60 erhöht. Der Strand ist nicht mehr mit Bunkern übersät, sondern mit Sonnenschirmen und Beachvolleyballnetzen. An die Stelle von Schlepperbooten traten Jetski und Yachten, die in der Bucht anlegen. Evi Gjikurias Hotel wirbt mit Fotos von Palmen, Außenpoolanlagen, bunten Cocktails und Shrimps. Paraglider segeln vom nahegelegenen Gebirge an die Küste und DJs legen elektronische Musik am Strand auf. Der Instagram-Account von Evi Gjikuria vermittelt das Bild eines unbeschwerten, weltoffenen, glücklichen Albanien, ohne Armut und Abwanderung.

Dass ausländische Touristen Urlaub in Albanien machen, ist ein relativ junges Phänomen. Das wurde mir im Gespräch mit meinem Vermieter Ismail bewusst. Ismail hat Wirtschaft in Tirana studiert, lange in einer Bank gearbeitet und schließlich 2007 die Touristenagentur *Discover Albania* gegründet. »Damals gab es zwei oder drei solcher Agenturen«, erzählt er mir, »und jetzt geschätzte 100.« In der Anfangsphase arbeitete Ismail nur mit Albanern und Albanerinnen zusammen. Es stellte sich heraus, dass viele ihr eigenes Land, das so lange von Terror beherrscht war, selbst nicht kannten. Erst seit drei Jahren buchen immer mehr Ausländer Ismails Ausflüge. »Auf den deutschen Tourismusmessen hatte Albanien vor drei Jahren niemand auf der Karte«, sagt er, »die erste Frage war, ob es sicher ist.«

Dieses Vorurteil hat sich über die Jahre abgebaut. An der albanischen Riviera bieten Hippie-Festivals veganes Essen und Yoga am Strand, erste Kreuzfahrtschiffe legen in der sichelförmigen Bucht der Küstenstadt Saranda an. Die TUI-Gruppe, der größte Reisekonzern Europas mit Sitz in Hannover, hat Albanien in ihr Programm aufgenommen und wirbt mit »tollen, teils menschenleeren Stränden« und mit »instagrammablen Fotospots«. An der Riviera entstehen die ersten Fünf-Sterne-Hotels.

In Tirana wird dieser Boom zufrieden beobachtet. »Wer einen Ferrari hat, der braucht auch eine Straße«, meint ein Berater, der für das Tourismusministerium arbeitet, im Gespräch mit mir. An seinem Finger steckt ein Goldring mit einem schwarzen Stein. Er tippt darauf, während er die Namen der im Süden gelegenen Städtchen nennt: »Dhërmi, Borsh, Himarë – all diese Städtchen an der Riviera sind kleine Schätze.« Um diese Schätze immer mehr Touristen zugänglich zu machen, bietet die albanische Regierung »Top-Pakete«

für Investoren, erzählt der Berater: »Die ersten zehn Jahre zahlt das Unternehmen keine Steuern und bekommt noch eine Gratislizenz für ein Casino obendrauf.« Wohin dieser ungezügelte Bauboom führen kann, das zeigt die Stadt Durrës.

Bauen, was das Zeug hält

Schon in der Hoxha-Ära war Durrës ein beliebtes Ferienziel. Hier hatten die Parteikader ihre Villen mit Privatstrand, eine Art *Blloku* am Meer. Nach der Wende begann der Bauboom so ungezügelt wie in keiner anderen Stadt. Ob man eine Genehmigung hatte und Bauvorschriften einhielt? Das zählte damals wenig. Häuser, Bürotürme und Hotelanlagen schossen ungebremst in die Höhe. Es galt das Credo: Wer zuerst kommt, der baut zuerst, ganz egal, ob er dem Nachbarn den Blick verstellt. Die »Betonisierung« der Stadt hält sich bis heute und geht so weit, dass sogar archäologische Funde aus der Antike zugeschüttet werden.

Durrës ist eine der ältesten Siedlungen Albaniens, gegründet als griechische Kolonie unter dem Namen Epidamnos. Ab 1392 hieß Durrës Durazzo und wurde von den Venezianern beherrscht. Der Südosteuropa-Historiker Oliver Jens Schmitt schreibt dazu: »Durazzo war stets Mittelalbaniens Tor zur Adria und nach Italien. Über den von Griechen und Romanen bewohnten Hafen kamen Eroberer, Kaufleute und Kirchenmänner aus Italien in den albanischen Raum.« Und: »Keine andere Stadt Albaniens blickte mehr auf die See und war so stark in den mediterranen Lebenskreislauf eingebunden.«

Heute rätseln die Albanerinnen darüber, ob Durrës eines Tages wie Dubai aussehen könnte. Im November 2020 wurde bekannt, dass die *Emaar-Group*, ein Immobilienunternehmen aus den Emiraten, zwei Milliarden Euro in den Hafen von Durrës investieren wird. Mohamed Alabbar, der Geschäftsmann hinter dem Megaprojekt, hat Albanien in Interviews als das »neue Europa« bezeichnet. Jetzt, wo der Tourismus zu boomen beginnt, wolle er der Erste sein, der dort große Summen investiert.

In Durrës werden – ohne Rücksicht auf das kulturelle Erbe – immer neue Plätze für Bauprojekte freigegeben. Nirgendwo zeigt sich das so deutlich wie im Amphitheater der Stadt, dem einzigen seiner Art in Albanien und einem der größten auf dem Balkan. Es ist mittlerweile von den Betonskeletten der Neubauten umgeben. Antike Säulen treffen hier auf mit Satellitenschüsseln gekrönte Wohnblocks.

Der Sturm auf die Botschaften

Durrës soll Touristen aus der ganzen Welt anlocken. Vor 30 Jahren war es genau umgekehrt: Zehntausende Albaner strömten in den Hafen, um so schnell wie möglich außer Landes zu gelangen. »Wir hatten das Gefühl, in eine neue Welt aufzubrechen«, sagt Denisa Kaca, die mit 17 Jahren auf eines dieser Boote stieg. Die 49-Jährige lebte eine Zeit lang in Kanada und ist mittlerweile zurück nach Albanien gezogen. Sie habe den Rock nie weggeworfen, den sie damals auf dem Schiff getragen hat, erzählt sie mir lachend. »Er ist hellblau und aus Baumwolle, mit einem Gänseblümchen, das mir meine Mutter hineingestickt hat.«

Denisa war eine von Tausenden verzweifelten Albanern und Albanerinnen, die im Juli 1990 ausländische Botschaften stürmten und Asyl in Deutschland, Italien oder Frankreich forderten. Das war zu einer Zeit, als die Berliner Mauer seit acht Monaten gefallen, Albanien aber noch immer eine Diktatur war. Albaner und Albanerinnen kletterten über die Zäune des streng bewachten Diplomatenviertels in Tirana und campten tagelang in den Gärten. Albanien, von dem viele Menschen gar nicht wussten, dass es existierte, geriet plötzlich in den Fokus der Weltöffentlichkeit, darunter auch in die deutsche *Tagesschau.* Am Grundstück der deutschen Botschaften harrten über 3000 Menschen aus, erzählt der albanische Historiker Afrim Krasniqi.

Krasniqi, heute 50 Jahre alt, kann sich noch gut an diese Zeit erinnern. Sie prägte ihn, wie wohl keine andere. Ich treffe den Historiker im Herbst 2021, also genau 31 Jahre nach den Ereignissen. Vor wenigen Wochen ist der Mann mit den stechend blauen Augen und dem grau melierten Haar zum Dekan des Instituts für Geschichte an der Universität Tirana bestellt worden. Sein altes Büro hat er noch nicht ausgeräumt. Es liegt in einer Seitengasse des *Pazari i ri,* dem

Neuen Markt, gleich hinter einem Fischgeschäft. Auf dem Schreibtisch liegt Krasniqis neues Buch über die *kriza e ambasadeve*, den Sturm auf die westlichen Botschaften im Juli 1990. »Es begann mit kleinen Gruppen, die in die türkische, italienische und griechische Botschaft stürmten«, erzählt Krasniqi. Das Regime ließ sie gewähren, weil es erstens wirtschaftliche Kredite aus dem Ausland benötigte und zweitens keine negativen Schlagzeilen haben wollte. Doch die Möglichkeit, das Land zu verlassen, sprach sich in Tirana schnell herum. Immer mehr Menschen machten sich auf den Weg.

»Es waren warme Sommertage, so um die 38 Grad«, erzählt Krasniqi, »und in jenen Tagen gab es ein Fußballmatch zwischen Deutschland und Argentinien.« Das Match endete mit einem Sieg Deutschlands und junge Menschen begannen plötzlich die Hymnen vom Fall der Berliner Mauer nachzusingen – für das stalinistische Regime ein Schock. In den Folgetagen flohen 3000 Menschen auf das Areal der deutschen Botschaft. »Das Haus war frisch renoviert«, sagt Krasniqi, »und es war eines der wenigen Gebäude in Tirana, in dem die ganze Nacht das Licht brannte.« Viele, auch sein Bruder, empfanden das damals als eine Einladung, über den Zaun zu klettern.

Auch Denisa Kaca mischte sich unter die Menge und schlüpfte durch ein Loch im Zaun der diplomatischen Vertretung Italiens, wo über 800 Menschen im Garten ausharrten. Der Protest tat seine Wirkung: Albaniens Regime erlaubte die Ausreise der »Verräter«, wie sie genannt wurden. »Es war mein erstes Mal auf einem Boot«, sagt Denisa, »und natürlich wurde ich, wie so viele, seekrank. Überall kotzten Leute über die Reling.«

In jenen Junitagen war auch ein Beamter aus dem Außenministerium im Hafen von Durrës. Auch ihm sei damals »kotzübel« gewesen, erinnert er sich im Gespräch mit mir, so sehr habe ihn die Situation im Hafen mitgenommen. Seine Aufgabe war es, die Flut an Menschen zu koordinieren, gemeinsam mit zwei UN-Sondergesandten, einem Italiener und einem Iren. Zef Mazi, damals 34 Jahre alt, hielt ein Megafon in der Hand und rief der Menge Wortfetzen zu, an die er sich heute nur noch vage erinnern kann, zum Beispiel »Fähre nach Italien!« und »Fähre nach Spanien«. Es waren die letzten Worte, die das Regime den »Abweichlern« mit auf die Reise schickte. »Einer der Ausreisenden hat mir seinen Wohnungsschlüssel in die

Hand gedrückt«, erinnert sich Mazi heute, »mit der Bitte, ihn seiner Familie zurückzugeben.« Aus Mazi, dem Beamten mit dem Megafon, ist ein Diplomat geworden. Er ist heute Albaniens Chefverhandler für die EU-Beitrittsgespräche (siehe Kapitel *Verlobt, nicht verheiratet,* S. 74).

Flughafen oder Flamingos?

Südlich von Durrës erstrecken sich terrassierte Hügel, allesamt Überbleibsel von Hoxhas Kooperativen. Dort, wo jetzt Werbeplakate für Coca-Cola und Heineken stehen, schufteten früher Zwangsarbeiter auf Zitrus- und Olivenplantagen. Die Kommunisten wollten Albanien von einem Agrar- in ein Industrieland verwandeln, ein Traum, der trotz sowjetischer und chinesischer Hilfe nie Realität geworden ist. Die Hügel waren für die Plantagen, die freien Flächen im Tal für die Fabriken gedacht. Im Süden Albaniens sehen die Hänge der Täler bis heute so aus, als hätte jemand mit einem Lineal horizontale Striche gezogen.

Einige Kilometer vor der Stadt Vlora türmen sich plötzlich weiße Dünen auf, kein Sand, wie man denken könnte, sondern feines Salz. Es wird an den Ufern der Narta-Lagune gewonnen, Teil eines 40 Quadratkilometer großen Naturschutzgebietes, das von der Vjosa bewässert wird, dem letzten Wildfluss Europas. Die Vjosa fließt auf 272 Kilometern völlig frei, vom Pindos-Gebirge im Norden Griechenlands bis in die Adria. Die Wissenschaft spricht von einem »Referenzfluss«, weil man an seinem Lauf Dinge erforschen kann, was anderen Flüssen in Europa verloren gegangen ist. Als die albanische Regierung ankündigte, an der Vjosa mehrere Wasserkraftwerke zu errichten, formierte sich jahrelang ein breiter Widerstand. Als ich 2016 zum ersten Mal nach Albanien reiste, war ich überrascht, wie viel Solidarität dieser Fluss bekommen hat – von Biologen, Sportlern und Kajak-Fans, von Politikerinnen und Naturfotografen. Sie demonstrierten mit Kajak-Paddeln vor dem Regierungsgebäude in Tirana, zogen mit Bauern aus Südalbanien vor Gericht, drehten Dokumentationen und organisierten

Forschungsreisen. Am Ende setzte sich sogar der bekannte Schauspieler Leonardo DiCaprio für den Fluss in Albanien ein.

Dass dieser jahrelange Protest am Ende erfolgreich war, geht auf die Initiative von Ulrich Eichelmann zurück, einem deutschen Umweltschützer mit Büro in Wien, der seit bald 30 Jahren gegen umstrittene Wasserkraftprojekte auf der ganzen Welt kämpft. »Als ich das erste Mal an der Vjosa war«, erzählte mir Eichelmann auf einer gemeinsamen Bootsreise, »hätte ich mir nicht gedacht, dass es so etwas in Europa noch gibt.« Mittlerweile sieht es ganz danach aus, als hätten Eichelmann und die restlichen Naturschützer die Wasserkraftwerke erfolgreich bekämpft. Aber am Ende des Mündungsdeltas, dort, wo sich die Salzberge auftürmen, droht die nächste Zerstörung.

Albanien liegt an einer der wichtigsten Vogelzugrouten zwischen Europa und Afrika. In der Narta-Lagune kann man über 200 Vogelarten beobachten, angelockt von den flachen, nährstoffreichen Salinen. Pelikane, Reiher und Flamingos nutzen die Lagune zum Brüten, Überwintern oder als Rastplatz. Das faszinierendste Naturschauspiel bieten die Rosaflamingos, die in den Wintermonaten zu Tausenden im Wasser stehen. Wenn es nach der albanischen Regierung geht, dann sollen hier in Zukunft nicht nur Vögel, sondern auch Flugzeuge landen dürfen. In der Nähe von Akërni, einem kleinen Dörfchen inmitten des Naturschutzgebietes, soll ein Flughafen entstehen, der den Tourismus im Süden ankurbeln soll. Eine Landepiste gibt es schon. Sie gehört zu einem kleinen Militärflughafen aus der Zeit des Kommunismus, der in den letzten Jahren stillgelegt war, sieht man von den Drogenschmugglern ab, die ihn angeblich weiterhin benutzen. Soll man einen Flughafen in einem Vogelschutzgebiet errichten, um den Tourismus anzukurbeln? Edi Rama, Albaniens Ministerpräsident, sieht darin kein Problem.

Warum bauen Sie einen Flughafen in einem Vogelhabitat, Herr Rama?
Rama: *Wie bitte?*
Ein Vogelhabitat. Ein Ort, wo Zugvögel Halt machen, bevor sie nach Nordafrika weiterfliegen.
Rama: *Wer hat Ihnen denn so etwas erzählt?*
Ich war dort und hab es mir angesehen.

Rama: *Dort steht ein alter Flughafen. Und er wartet seit Jahren darauf, umgebaut zu werden.*
Ja, Vögel gibt es dort aber auch.
Rama: *Es gibt Vögel. Aber nicht dort, wo der Flughafen gebaut wird. Sie sind auf der anderen Seite. Das ist nicht dasselbe.*
Wir werden es ja sehen, wer am Ende stärker ist. Die Vögel oder die Flugzeuge.
Rama: *Sicher.*

Rama will sein Land in die Europäische Union führen, schlägt aber gleichzeitig Empfehlungen der EU-Kommission in den Wind. Die warnt, dass Albaniens Großprojekte in Schutzgebieten die Artenvielfalt Europas gefährden. Die Schuld allein auf Rama zu schieben, greift zu kurz. Viele Unternehmer wollen diesen Flughafen. Der Milliardär Samir Mane drängt darauf und die Hotelbesitzerin Evi Gjikuria hat nichts dagegen. Wer kann es ihnen verübeln? Sie gehören zu den größten Profiteuren des Infrastrukturprojektes. Eine neue Flugverbindung zöge noch mehr Touristen ins Land. Auch lokale Fischer und Bürgermeister träumen vom Tourismus-Bauboom, durch den in ihrer Region neue Arbeitsplätze entstehen. Umweltschützerinnen hingegen laufen Sturm gegen das Projekt. Die deutsche Stiftung *EuroNatur* schrieb in einem Brief an Edi Rama: »Ein Flughafen würde das Ökosystem des Naturschutzgebietes und der gesamten Adriaküste unwiderruflich schädigen.«

Noch bleiben die Touristenmassen aus. Die Lagune gleicht einer Ödnis, die dazugehörigen Siedlungen Geisterstädten. Auch die Bars und Restaurants an der Küste sind leer. Aida Kolenović und ich treffen lediglich auf ein paar Fischer, die ihre Netze entwirren, auf streunende Hunde und auf auffallend viele Frauen in Brautkleidern, die in der Narta-Lagune ihre Hochzeitsbilder schießen. Beliebtes Motiv ist ein Holzsteg, der das Festland mit einer kleinen Insel namens Zvërnec verbindet, auf der eine Klosterkirche aus dem 13. Jahrhundert steht, umgeben von dichtem Pinienwald.

Keine Gedenktafel weist Touristen darauf hin, dass die Insel unter den Kommunisten ein Gefängnis war. Aber ein Wachmann, der unter einem alten Olivenbaum sitzt, erzählt davon. Er ist einer von drei Security-Mitarbeitern, die im Schichtwechsel die jahrhundertealte

Kirche bewachen. Die Nordspitze der Insel ist für Touristen tabu, warum, das will der Wachmann nicht sagen, nur, dass dort eine weitere Kirche steht, die früher ein Gefängnis war. Die Kommunisten vertrieben die Mönche aus dem Kloster und sperrten stattdessen ihre Gegner ein. »Die gesamte Insel war umzäunt und vom Festland isoliert«, so der Wächter.

30 Jahre später nutzen Hochzeitspaare Zvërnec als Fotokulisse. Allein heute sind es drei Bräute, die ihre mit Haarspray fixierten Frisuren vor dem salzigen Wind schützen. Mit den Flamingos im Hintergrund wären die Fotos geradezu kitschig-perfekt. Aber die rosafarbenen Vögel segeln erst im Winter in die Lagune von Narta. Zumindest bis der Flughafen fertig ist.

Die Stadt, in der Albanien unabhängig wurde

Hinter dem Kloster auf der Insel Zvërnec ragen einige schiefe, überwucherte Grabsteine aus der Erde, die zu einem kleinen Friedhof gehören. Hier liegt Marigo Posio (1882–1932) begraben, eine albanische Vertreterin der Nationalbewegung, um die sich bis heute Legenden ranken. Posio soll die Flagge genäht haben, die am 28. November 1912, dem Tag der albanischen Unabhängigkeit, in der nahegelegenen Stadt Vlora gehisst wurde. Ob das wirklich stimmt oder ob die Kommunisten diese Geschichte in die Welt setzten, um Posio für ihre Propaganda zu nutzen, ist schwer zu beurteilen. Fakt ist, dass diese Frau Bedeutenderes getan hat, als ein Stück roten Stoff mit schwarzem Adler zu nähen. Posio nutzte Handarbeitskurse als Tarnung, um Frauen heimlich Unterricht in Albanisch zu geben, etwas, das während der fast 500 Jahre langen Herrschaft des Osmanischen Reiches verboten war. Bis ins 20. Jahrhundert durften keine Bücher oder Zeitschriften auf Albanisch gedruckt werden. Nicht selten schmuggelten Albaner und Albanerinnen, die in der Diaspora lebten, sie an den osmanischen Behörden vorbei ins Land.

Die albanische Nationalbewegung *Rilindja Kombëtare* (Nationale Wiedergeburt) wollte das ändern. Der Begriff *Rilindja* ist irreführend. Er klingt, als hätte es Albanien als Nationalstaat schon früher gegeben. Das Gegenteil war jedoch der Fall: Bis ins 20. Jahrhundert war das Gebiet fast durchgehend fremdbeherrscht gewesen, zuletzt vom Osmanischen Reich.

Erst die Anhänger der *Rilindja*, darunter viele Intellektuelle, die in der osmanischen Armee oder Verwaltung arbeiteten, begannen, gegen die Herrschaft des Sultans zu protestieren. Als das neue Jahrhundert begann, forderten die Albaner und Albanerinnen immer lautstarker Freiheiten ein – Schulen, Kulturvereine, Zeitungen, Druckhäuser und bald auch einen eigenen Nationalstaat mit einheitlicher Schriftsprache und Alphabet. Ihr Versuch, eine geeinte Bewegung zu mobilisieren, war kein einfacher. Die Albaner und Albanerinnen hatten nicht eine Religion, sondern drei – Islam, Orthodoxie, Katholizismus. Wie also konnte sich eine albanische Identität entwickeln, ganz ohne Nationalkirche und Nationalstaat? »Der wesentliche Faktor war die albanische Sprache«, sagt der Südosteuropa-Historiker Oliver Jens Schmitt, »denn sie unterschied die Albaner klar von ihren Nachbarn, den Slawen, Griechen und Aromunen.« Ein Problem war allerdings, dass der Großteil zu jener Zeit nicht lesen konnte und keinen Zugang zu den Schriften der *Rilindja* hatte. Aus diesem Grund gab Marigo Posio den Näherinnen heimlich Unterricht: Sie wollte, dass sich die Ideen der Nationalbewegung schneller verbreiteten.

Das nationale Erwachen Albaniens mündete in eine Zeit des Umbruchs: Reiche brachen zusammen, Aufstände und ethnische Säuberungen erschütterten den Balkan, der damals »Pulverfass« genannt wurde. Eine Reihe von Ländern in unmittelbarer Nachbarschaft, darunter Serbien, Montenegro, Rumänien und Griechenland, waren bereits im 19. Jahrhundert zu unabhängigen Staaten geworden. In dieser sich rasch verändernden Lage sah sich die Bevölkerung zunehmendem Druck ausgesetzt. Griechenland wollte den teilweise orthodoxen Süden, Montenegro den teilweise katholischen Norden und Serbien das Gebiet des heutigen Kosovo annektieren. Die albanischen Gebiete drohten unter den Nachbarländern aufgeteilt zu werden und für immer von der Landkarte zu verschwinden.

Das wäre vielleicht auch passiert, hätte es Ismail Qemali (1844–1919) nicht gegeben, einen aus einer adeligen Familie in Vlora stammenden osmanischen Verwaltungsmann und Diplomaten, der Albanien am 28. November 1912 für unabhängig erklärte. Es ist ein Moment, der rückblickend stark romantisiert wird. Außerhalb der

Stadt Vlora sah die Realität anders aus. Das Land befand sich mitten in den Balkankriegen, war im November 1912 fast vollständig von den Nachbarstaaten besetzt, und schon anderthalb Jahre später brach zusätzlich der Erste Weltkrieg aus.

Im Inneren sah es nicht weniger chaotisch aus: Im Norden lebten die Stämme in den Bergen nach ihren eigenen Regeln weiter und in Mittelalbanien riss Essad Pascha Toptani die Macht an sich, ein Großgrundbesitzer und ehemaliger Offizier der osmanischen Armee. Es dauerte ganze acht Jahre, bis die junge nationale Regierung das Territorium vollständig unter ihre Kontrolle bringen konnte.

Was bis heute kaum jemand weiß – 1914 wurde Albanien auf Geheiß der Großmächte sechs Monate lang von einem deutschen Prinzen namens Wilhelm zu Wied regiert, einem 37 Jahre alten Adeligen, der mit der Situation völlig überfordert war. Rückblickend ist es wohl eine der skurrilsten Thronvergaben jener Zeit. Ein deutscher Protestant sollte ein mehrheitlich muslimisches Land regieren, das er davor noch nie besucht hatte. Die Wahl war deswegen auf den jungen Wilhelm gefallen, weil er keiner der drei Religionsgemeinschaften in Albanien angehörte und zudem aus Deutschland kam, einer Großmacht, die, anders als Österreich-Ungarn, Italien oder Frankreich, keine direkten territorialen Ansprüche in der Region erhob.

Der 28. November ist bis heute Albaniens Nationalfeiertag und das Haus, in dem Ismail Qemali das einjährige Jubiläum der Unabhängigkeit feierte, ist heute ein Museum. Es liegt am Hafen von Vlora, neben Durrës eine der größten Küstenstädte des Landes. Unweit davon erstreckt sich eine lange, von hohen Palmen flankierte Strandpromenade. Händler verkaufen gefälschte Markenuhren und Gucci-Taschen, Handtücher mit dem albanischen Doppeladler und kleine Figuren von Skanderbeg, Mutter Teresa und Ismail Qemali, den drei wichtigsten albanischen Nationalhelden.

Deutlich ruhiger ist das ehemalige Büro von Staatsgründer Qemali. Die Treppe und der Bretterboden knarren, an der Wand hängen Gemälde, auf denen bärtige Männer mit Plis zu sehen sind, der traditionellen Kopfbedeckung der Albaner, einer hohen Kappe aus weißem Filz. In der Ecke steht ein Morsegerät, in den Regalen alte Bücher aus dem vorherigen Jahrhundert.

Die historischen Wurzeln eines »Großalbanien«

Ein Touristenführer mit kariertem Hemd und Safarihut führt gerade eine US-amerikanische Reisegruppe durch das Museum. Vor einer Karte an der Wand bleibt er stehen: Sie zeigt Albanien, aber fülliger und größer als in den heutigen Grenzen. Die Karte an der Wand schließt den Kosovo und Teile von Griechenland, Mazedonien und Montenegro mit ein. »1913 hat Albanien mehr als die Hälfte seines Territoriums verloren«, beginnt der Reiseführer, »und wie ihr sehen könnt, ist Albanien heute von seinen eigenen Leuten umgeben.« Dann erklärt er den Amerikanern, dass Albaner heute nicht nur im »Mutterland«, also der Republik Albanien leben, sondern auch in den Nachbarländern: rund 1,6 Millionen im Kosovo, je eine halbe Million in Nordmazedonien und Italien, 30.000 in Montenegro sowie zwischen 600.000 und 800.000 in Griechenland. Auf dem Balkan, vor allem im Kosovo, ist Qemalis Karte bis heute ein Politikum. Sie führt zu politischen Verstimmungen, manchmal auch zu Gewaltexzessen in Fußballstadien. Warum ist das so?

Ismail Qemali hegte große Pläne: Alle Albaner und Albanerinnen sollten in einem Land leben. Aber die Großmächte hatten bei der Unabhängigkeit mehr mitzureden als er selbst. Auf der Londoner Botschafterkonferenz im Jahr 1913 stritten eine Reihe von Ländern und Reiche über die Frage, wo die Grenzen des neuen Balkanstaates verlaufen sollten. Russland und Frankreich, die traditionellen Verbündeten Serbiens, wollten Albanien so klein wie möglich halten. Wien und Rom hingegen standen auf der Seite Qemalis. Sie fürchteten, dass sich Serbien bis zur Adria ausdehnen könnte. »Österreich-Ungarn war bereit, für Albanien einen großen Krieg zu riskieren«, sagt Oliver Jens Schmitt, »denn ihr Außenhandel war stark nach Triest ausgerichtet, damals der viertgrößte Hafen Europas. Dass die Adria frei blieb, war für Wien eine Überlebensfrage.« In London einigte man sich schlussendlich auf einen Kompromiss – das Albanien, wie es heute auf den Karten verzeichnet ist. Das albanische Siedlungsgebiet im Kosovo fiel an Serbien, das wiederum ein Teil des Königreichs Jugoslawien wurde.

Der Großteil der albanischen Bevölkerung ist den Alliierten bis heute dankbar. »Weißt du, dass mein Land ohne dein Land nicht existieren würde?«, ist eine Frage, die mir als Österreicherin oft gestellt wurde. Auf Reisen kam es immer wieder vor, dass sich Wildfremde bei mir bedankten, als ob ich 1913 persönlich auf der Botschafterkonferenz dabei gewesen wäre. Auch der Historiker Schmitt hält fest: »Ohne die Intervention von Österreich-Ungarn hätte es keinen albanischen Staat gegeben. Das Gebiet wäre unter den Nachbarn aufgeteilt worden.«

Es gibt aber auch Albanerinnen, die mit der Grenzziehung bis heute unzufrieden sind und damit eine tiefe Kränkung verbinden. In ihren Augen ist der Staat nur halb so groß wie ursprünglich angedacht. »Wir gleichen einem Körper ohne Kopf«, klagte schon der 1925 ermordete Schriftsteller und Politiker Luigj Gurakuqi. Dieses Bild hält sich bis heute. Obwohl Qemalis Grenzen immer nur auf dem Papier existiert haben (eine Ausnahme ist die NS-Besatzung 1943–1944, siehe S. 223), leben sie bis heute weiter – als Traum von einem Großalbanien. Im Jahr 2014 musste etwa in Belgrad ein EM-Qualifikationsspiel zwischen den Fußballnationalmannschaften aus Albanien und Serbien abgebrochen werden, nachdem jemand eine Drohne in das Stadion hatte schweben lassen. An der Drohne war eine Flagge befestigt, die Ismail Qemali neben der großalbanischen Flagge zeigte. Daraufhin kam es zu gewaltsamen Auseinandersetzungen – zunächst zwischen den Spielern und schließlich auch durch aufgebrachte serbische Zuschauer, die auf das Spielfeld gelangten. Der Schiedsrichter musste das Spiel abbrechen.

Ein weiterer Eklat fand auf Instagram statt, als die Popsängerin Dua Lipa, selbst Albanerin, im Jahr 2020 die Flagge von Ismail Qemali auf ihrem Profil mit fast 50 Millionen Followern postete. Dua Lipa hat Wurzeln im Kosovo, wuchs aber in Großbritannien auf. Ihr kontrovers diskutiertes Posting zeigt, dass die Grenzziehungen nach dem Zerfall des Osmanischen Reiches auch einhundert Jahre später nachwirken.

Fatosh und das »Fenster zur Welt«

In Albanien sind bis heute Schulen und Straßen nach Staatsgründer Qemali benannt. Darunter auch eine Verkehrsader, die einmal quer durch Vlora und weiter an die Küste führt. Auf halber Strecke liegt ein dunkelrot gestrichenes Theater mit weißen Marmorsäulen, das den Geist der für die Fünfzigerjahre typischen sowjetischen Architektur atmet. Gegenüber wurde ein hübscher öffentlicher Platz angelegt. Die Fassaden der Wohnhäuser erstrahlen im gleichen Rostrot und Weiß wie die des Theaters. Palmen und Kiefern wachsen zwischen hellen Pflastersteinen und Bänken. Man fühlt sich ein bisschen wie in Italien.

Hier lerne ich den 62-jährigen Fatosh kennen, einen Mann mit Schürze und grau meliertem Haar, der fließend Italienisch spricht und ein kleines Café an dem Platz betreibt. Vor seiner Tür zwitschert ein Kanarienvogel in einem Käfig, drinnen läuft einmal deutsches, einmal italienisches Fernsehen. Über der Toilette hängt ein Ölgemälde von Venedig. Es zeigt Gondeln, die vor dem Dogenpalast am Canal Grande treiben.

Albanien und Italien haben eine lange, bewegte Beziehung miteinander. Auf der Landkarte sieht es so aus, als würde der italienische Stiefel dem kleinen Albanien seinen Absatz entgegenstrecken. Nirgendwo kommen sich die beiden Länder näher als in Vlora, wo nur 71 Kilometer das italienische und das albanische Festland voneinander trennen. Diese Meerenge wird Straße von Otranto genannt. Im Laufe der Jahrhunderte war sie ein Nadelöhr bei Kriegen und Besatzungen, für Flüchtlingsrouten und später für den illegalen Drogenhandel.

Für Fatosh war die Straße von Otranto ein Symbol für Aufbruch und Wohlstand. Ohne das Geld, das er in Italien verdient hat, hätte er sein Café nur schwer eröffnen können. Fatosh ist einer von Hunderttausenden Männern, die in den Neunzigerjahren als Gastarbeiter ins Ausland gingen. Einer von vier Albanern, so das nationale Statistikamt Instat, verließ in diesen Jahren das Land. Jeder Haushalt hatte mindestens ein Familienmitglied, das im Ausland lebte und Geld nach Hause schickte.

Blickt man weiter zurück in die Geschichte, dann war Italien für Albanien stets mehr als nur ein Nachbar gewesen, nämlich ein

Aggressor, eine Schutzmacht und ein Tor in eine bessere Welt. Im Mittelalter waren weite Teile Albaniens eine Provinz Venedigs in Übersee. Rom wollte die Ausdehnung des Osmanischen Reiches an die Adria aufhalten. Dies scheiterte bekanntlich und so begannen Albaner ab dem 15. Jahrhundert vor den Osmanen nach Süditalien zu fliehen, um nicht zum Islam konvertieren zu müssen. Bis heute, mehr als fünf Jahrhunderte später, existiert dort eine albanische Minderheit, die als Arbëresh bekannt ist. Im Zweiten Weltkrieg war es dann das faschistische Italien, das Albanien besetzte. Als die Truppen des Diktators Benito Mussolini mehrere Häfen gleichzeitig angriffen, floh König Zogu I. außer Landes.

Nach der Wende flüchteten Zehntausende Albanerinnen nach Italien, getrieben von politischer Frustration, Armut und dem Wunsch nach einem besseren Leben. Den Höhepunkt markiert ein Foto, das in Albanien heute jeder kennt. Im August 1991 legte ein rostiger Frachter im Hafen von Durrës an, beladen mit Zucker aus dem kommunistischen Bruderstaat Kuba. Über 10.000 Menschen drängten sich auf das unbewachte Schiff und zwangen den Kapitän, Fahrt auf Brindisi in Italien zu nehmen. Aber dort wollte man die Flüchtlinge nicht haben, die italienische Küstenwache forderte das Schiff zur Rückkehr auf. Nach 36 Stunden, ohne Essen und Wasser, konnte es dann doch in Bari anlegen, nicht zuletzt, weil Kinder und Kranke an Bord waren. Die Bilder des Schiffes gingen damals um die ganze Welt. Und mit ihnen der Name des Frachters – Vlora.

Im Sozialismus wuchs Fatosh, der in Vlora geboren wurde, mit dem Feindbild Italien auf. »Italienisch wurde in meinem Betrieb eine faschistische Sprache genannt«, erzählt er. Das hielt ihn allerdings nicht davon ab, einen Sprachkurs zu belegen. Er merkte, dass die Tage des Regimes gezählt waren und es nicht mehr lange dauern würde, bis sich die Grenzen öffneten.

Die neue Sprache zu lernen, fiel ihm nicht besonders schwer. In den Achtzigerjahren schaute seine Familie, die als eine der wenigen in ihrem Wohnhaus einen Fernseher besaß, heimlich italienische Sender. Offiziell war ausländisches Fernsehen verboten, aber die Menschen fanden immer wieder Wege, es dennoch zu schauen. »Am Tag zeigten die Antennen auf dem Dach nach Tirana, in der

Nacht in Richtung Italien«, so Fatosh. So kam es, dass die Bevölkerung trotz der Isolation Zugang zu ausländischen Programmen hatte, oder – wie es Fatosh nennt – zum »Fenster zur Welt«.

Im Norden schauten die Menschen heimlich jugoslawisches, im Süden griechisches, in Vlora italienisches Fernsehen. Die Kommunisten konnten dagegen nur bedingt vorgehen. Zu Festnahmen kam es dennoch: Wer der »feindlichen Propaganda« lauschte, wurde zu drei bis zehn Jahren Gefängnisstrafe verurteilt– so sah es Artikel 55 des Strafgesetzbuches vor. Die Partei ging zudem aktiv gegen das Fernsehen vor, indem sie Störsender installierte und Razzien auf den Dächern durchführte. Daraufhin bastelten sich die Menschen spezielle Empfangsgeräte oder schauten dann fern, wenn es regnete und die Wahrscheinlichkeit gering war, dass die Dächer kontrolliert wurden. Es war ein Katz-und-Maus-Spiel, das der Historiker Idrit Idrizi von der Universität Wien »Antennenkrieg« nennt.

Idrizi hat untersucht, welche Rolle das Fernsehen unter Hoxha spielte. Seine Studie zeigt, dass Albanien nicht nur wirtschaftlich, sondern auch technologisch das Schlusslicht im Ostblock war. In den Siebzigerjahren, so Idrizi, waren Fernseher vorwiegend in den Haushalten der kommunistischen Elite zu finden, in der DDR hatten zu jener Zeit bereits 70 Prozent der Haushalte ein TV-Gerät. In Albanien war man weit davon entfernt. Im Jahr 1989 besaßen nicht einmal 50 Prozent der Haushalte einen Fernseher. Ein TV-Gerät zu besitzen war sündhaft teuer: Es kostete das zehnfache Monatsgehalt eines Arbeiters. Wer, wie Fatosh, dennoch Kontakt mit ausländischen Programmen hatte, der sah eine andere, eine fremde Welt: das Sanremo-Festival, Italiens bekanntesten Song-Contest, oder Werbung, die Konsum und Luxus anpries. Die Welt im Fernsehen war ein »scharfer Kontrast zur albanischen Realität, geprägt von Langeweile und Armut«, schreibt Idrizi.

Nicht wenige Albaner, die in den Neunzigerjahren auf Boote stiegen, hatten diese paradiesischen Bilder von Italien im Kopf. Die Realität sah dann ganz anders aus: Im Dezember 1992 kauerte sich Fatosh mit 17 weiteren Männern in den Bauch eines stinkenden Fischerbootes. Zwölf Stunden später erreichte er Italien. »Ich war der Letzte, der aus dem Boot stieg, und voller Dreck«, erinnert er sich, »und so kam ich nach Lecce, wo mich mein Schwager, der eine Krawatte trug, abholte und entsetzt anschaute.« In Lecce angekommen, schlief Fatosh drei Tage lang, so erschöpft war er. Dann ging er, gemeinsam mit anderen albanischen Migranten, auf Jobsuche. Er nahm alles an, was ihm angeboten wurde, arbeitete in einer Nudelfabrik, auf dem Kartoffelacker, in einem Tierheim und auf dem Bau. Heute, 30 Jahre später, dürfte sich sein kleines Café endlich bezahlt machen.

Plötzlich Kapitalismus!

Hinter Vlora reichen die Berge fast bis zum Wasser. Im Westen formen sie die Halbinsel Karaburun, die wie ein grüner Arm ins offene Meer reicht. Aus dem Türkischen übersetzt bedeutet ihr Name »schwarzes Kap«. Es ist eine gut 60 Quadratkilometer große Karstlandschaft, die früher streng bewachtes militärisches Sperrgebiet war und in der sich im Zweiten Weltkrieg britische Spione vor den faschistischen Besatzern versteckten.

Aida und ich haben keine Zeit, dort Halt zu machen. Wir sind auf dem Weg in ein kleines Bergdorf namens Dukat, in dem ein Mann namens Angjel Vangjeli lebt. Das erste Mal gesehen habe ich den 56-Jährigen auf einem Foto, das an der Bretterwand einer Veranda mit Meerblick hängt. Es zeigt einen lachenden Mann in blauer Badehose, der einen Hai mit blutiger Schnauze und spitzen Zähnen in die Kamera hält. Hinter dem Hai prangt das Logo seines Restaurants – ein weißer Schriftzug auf schwarzem Grund, gekrönt von einem Schiffsanker. Das Luciano und seine Terrasse liegen an der Küste von Dhërmi, einem mediterranen Dorf, in dem seit einigen Jahren der Tourismus boomt.

Im Oktober 2019, die Saison ging dem Ende zu, verbrachte ich einige Tage mit meiner Mutter an der Küste. Abends saßen wir im Luciano, aßen Fisch und sprachen mit dem Kellner über die Saison. Er sah müde aus und wollte nach Hause, aber die Bilanz sei mehr als zufriedenstellend. Rund 10.000 Euro Umsatz bringe das Luciano an manchen Abenden ein. In der Hochsaison seien 15 Mitarbeiter in der Küche tätig, um die volle Terrasse zu bedienen. Langsam, so der Kellner, entwickle sich das Restaurant zu einem Massenabfertigungsbetrieb, in dem die Fischteller, Spaghetti und Muscheln wie Frisbeescheiben aus der Küche zischen.

Gut für Angjel, den Mann auf dem Foto. Er hat das Restaurant 1998 eröffnet und nach seinem Sohn, Luciano, heute 25 Jahre alt, benannt. Ähnlich wie der Großvater der Jungunternehmerin Evi Gjikuria hat Angjel früh in der verwüsteten, brachliegenden Region investiert, ohne zu ahnen, dass sich die Küste zur Tourismushochburg entwickeln würde. »Wir haben hoch gepokert«, sagt Meze, seine Frau. Jetzt ist für Angjel eine Art amerikanischer Traum in Erfüllung gegangen: Er ist vom Hirten zum Manager aufgestiegen.

Nach 46 Jahren Staatssozialismus brach in den Neunzigerjahren der Kapitalismus über Albanien herein. Wie eine Flutwelle, auf der alle gleichzeitig surfen wollten. Es war, als hätte man eine Glasglocke von Albanien gehoben: Autos, Werbung, Glücksspiel, Markenklamotten – plötzlich war all das zum Greifen nahe.

»In der albanischen Bevölkerung gab es die naive Vorstellung, dass man über Nacht reich werden kann«, erzählt mir Jonila Godole, eine Kommunikationswissenschaftlerin aus Tirana. Die Jagd nach dem schnellen Geld begann. Ab Mitte der Neunzigerjahre investierten immer mehr Albaner in hochriskante Pyramidenspiele. Dubiose Firmen versprachen gewaltige Zinssätze – 15, 20, 30 und irgendwann sogar 50 Prozent. Manche Albaner vertrauten den Firmen ihr gesamtes Erspartes an, das sie als Hilfsarbeiter in Griechenland verdient hatten, in der Hoffnung, es werde sich bald vermehren. Andere verkauften ihre Wohnung oder das Haus. Warum auch nicht? Wenn sich die Einlagen erst einmal verdoppelt hätten, so damals die Vorstellung, könnte man ja problemlos ein neues kaufen.

»Die ersten Jahre ging das noch gut, aber dann fing die Revolte an«, so Godole. Im Jahr 1997 explodierte die Blase. Hunderttausende Menschen forderten ihr Erspartes zurück. Der Schaden war enorm. 1,2 Milliarden US-Dollar, mehr als die Hälfte des damaligen Bruttosozialprodukts, war mit einem Mal weg. Drei Viertel der albanischen Familien waren betroffen.

Der Volkszorn entlud sich im sogenannten Lotterieaufstand. Wütende Menschen forderten ihr Geld zurück und Albanien versank in Anarchie und Chaos. Die Menschen plünderten Waffenfabriken und zerstörten Geschäfte, Häftlinge spazierten aus unbewachten Gefängnissen, Parteizentralen der Demokraten, damals in Regierungsverantwortung, brannten. In Saranda, nahe der griechischen Grenze, erbeuteten Rebellen ein Kriegsschiff. Der Journalist Andrew Gumbel, damals für den britischen *Guardian* vor Ort, schrieb in einem seiner Texte: »Junge Männer – berauscht von Schnaps und Marihuana – fuhren in rasender Geschwindigkeit mit gestohlenen Autos herum und schossen mit automatischen Waffen in die Luft, als wären sie Chuck Norris in einem Actionfilm.« Die deutsche Wochenzeitung *Die Zeit* schlussfolgerte: »So viel Anarchie wie in und um Albanien war nie in Europa.«

Franz Vranitzky und der Lotterieaufstand

Über Tirana wurde 1997 eine Ausgangssperre verhängt, der Flughafen war von Aufständischen besetzt. Diplomaten, die im Land stationiert waren, wurden evakuiert. Bei Franz Vranitzky war es umgekehrt – er kam, als alle nur gehen wollten. »Die Austrian Airlines flog Tirana nicht mehr an, also blieb mir nichts anderes übrig, als mit einem Hubschrauber auf einem Flugzeugträger mitten im Meer zu landen«, sagt Franz Vranitzky, heute 84 Jahre alt, ein Sozialdemokrat und ehemaliger österreichischer Bundeskanzler. Für dieses Buch traf ich Vranitzky in der ehemaligen Villa Bruno Kreiskys in Wien.

Die Organisation für Sicherheit und Zusammenarbeit in Europa (OSZE) entsandte Vranitzky während des Lotterieaufstandes nach Albanien, um die politischen Parteien zu befrieden und im Juni 1997 freie Wahlen abhalten zu lassen. »Das war gar nicht so einfach«, erzählt mir Vranitzky, ein Mann mit weißen Haaren und Anzug, »denn in Albanien gab es damals keine Druckerei für Stimmzettel.« Dafür fand sich schnell eine Lösung – sie wurden kurzerhand aus Italien herbeigeschifft.

Deutlich schwieriger war es, die verfeindeten Gruppen an einem Tisch zu versammeln, also einerseits Sali Berisha, den damaligen Präsidenten, und andererseits die Anführer der Aufständischen. Auf den Straßen von Tirana, so Vranitzky, herrschte damals Anarchie. »Wenn draußen die Schüsse losgingen, hat mein Hotelbesitzer den Eingang mit dicken Holzbrettern verbarrikadiert«, so Vranitzky.

Abgesehen von der Sicherheitslage hatte der Österreicher noch ein weiteres Problem – die versammelten Außenminister im Europarat interessierten sich nicht für Albanien. Die internationale Gemeinschaft war mit dem Kosovo beschäftigt, jener ehemaligen Provinz Serbiens, die sich 1997 an der Schwelle zum Krieg befand. Die Situation in Albanien war anders. Es waren nicht Paramilitärs oder staatliche Armeen, die gegen andere Gruppen Krieg führten, wie in Bosnien-Herzegowina, im Kosovo und in Kroatien. Es waren die Menschen selbst, die den Staat in Bedrängnis brachten. Bei Albaniens Lotterieaufstand ging es nicht um ethnische Zugehörigkeit oder Territorium, es ging um das Geld, das die Menschen verloren hatten. Während in den Nachfolgestaaten Jugoslawiens nationalistischer Hass entbrannte, war es in Albanien die Wut auf die Regierung.

In Vlora, dem Zentrum der Revolte, hielten die Demonstranten drei Finger in die Luft, ein Protestzeichen dafür, dass Präsident Berisha innerhalb von drei Tagen gestürzt werden würde. Kriminelle Banden ersetzten die Polizei und nahmen ganze Städte, darunter auch Gjirokastra, ein. Auf der Straße wurden Kalaschnikows für fünf Dollar verkauft. Der Staat brach in sich zusammen, rund 2000 Menschen starben. Nur mit internationaler Hilfe konnte ein Bürgerkrieg verhindert werden. Bis heute, so Jonila Godole, stehe das Jahr 1997 für eine tiefe Depression: »In der Zeit der Pyramidenspiele haben manche viel Geld gemacht, und andere haben alles verloren.«

Heute klafft die Schere zwischen Arm und Reich in Albanien weit auseinander, auch an der Riviera. Auf der einen Seite stehen Besitzer von Luxusresorts und Fischfarmen, auf der anderen Hirten und Bauern, die im Hinterland als Selbstversorger leben.

Angjel, der Besitzer des Luciano, kennt beide Welten. Im Sozialismus hatte er nichts als ein paar Ziegen, heute gehöre er zu den größten Steuerzahlern im Süden, wie er stolz erzählt. Neben dem Restaurant besitzt er eine Olivenölfabrik und eine Fischzucht. Aus Dukat, seinem Heimatdorf, ist er nie weggezogen. »Im Leben muss man viel ausprobiert haben«, sagt Angjel, der jetzt mit grünem Arbeitsoverall, Strickpullover und Zigarette in der Hand neben mir auf dem Flachdach seiner Olivenölfabrik sitzt und raucht, während er auf die umliegenden Hügel blickt. Als Kind streifte er dort mit seinen Ziegen umher, bis hinauf auf den Gebirgspass, wo im Winter Schnee liegt. »Zum Meer ging ich nie, dafür brauchte man eine spezielle Genehmigung«, erinnert er sich.

Nach der Wende wurde Angjel Fischer. Am Strand von Dhërmi stand in den Neunzigerjahren die Ruine eines ehemaligen Feriencamps für Gewerkschaftsmitglieder. Die Fischer nutzten das leerstehende Gebäude als Unterstand. Meze, Angjels Frau, erzählt mir: »Die Bewohner begannen, meinem Mann Fisch abzukaufen, und irgendwann fragte ich ihn: ›Angjel, warum grillst du ihn nicht gleich und servierst Rakia dazu?‹« Also mietete Angjel das Gebäude, oder zumindest das, was davon übriggeblieben war – drei Räume mit zwei Tischen und einigen Stühlen. »Ein Jahr lang habe ich mit Pistole im Hosenbund serviert, weil die Gegend von Gangs kontrolliert wurde«, erzählt er. Als in Albanien die Anarchie ausbrach, diente die Küste als Umschlagplatz für Flüchtlinge, Drogen und Waffen. Darauf angesprochen, gibt sich Angjel ahnungslos: »Die Leute stiegen auf die Boote nach Italien, und ich grillte meinen Fisch.«

In der weiß gekachelten Halle von Angjels Olivenölfabrik röhrt es so laut, dass man sein eigenes Wort nicht versteht. In der Mitte steht eine silberglänzende, ratternde Maschine. Bauern aus der Gegend schütten ihre frisch geernteten, grün glänzenden Oliven hinein. Sie werden gewaschen, sortiert und gepresst, das Öl in Plastikkanister gefüllt. Wenn die Sommersaison vorbei ist und das Luciano leer steht, dann ist die Ölfabrik Angjels Hauptgeschäft. Schon bald, sagt er, wolle er das Luciano ausbauen. Nicht 350, sondern 500 Gäste könne er dann in einer Stunde bedienen. »Die Konkurrenz ist groß«, sagt er zum Abschied, »aber ich bin immer schneller als sie.«

»Im Kommunismus nannte man uns Griechen«

Angjel lebt am Rande des Ceraunischen Gebirges, einem Gebirgsmassiv, das die Ionische Küste vom Hinterland trennt und für Pinienwälder, Honig und Lammfleisch bekannt ist. Auf der anderen Seite der Berge beginnt eine malerische Küstenlandschaft. Mediterrane Dörfchen mit orthodoxen Kirchen klammern sich an die Hänge der Berge. Alte Burgen stehen auf Halbinseln im Meer. Trampelpfade führen in Buchten mit türkisfarbenem Wasser, vorbei an Canyons mit roter Erde. Oliven-, Zitronen- und Orangenbäume ziehen sich über die Hänge. Am südlichsten Zipfel der Riviera erstrecken sich die Überreste einer antiken Stadt.

Wer all das sehen will, muss von Vlora aus kommend den Llogara-Pass überwinden. Unter den Kommunisten war die Strecke für ausländische Besucher tabu, heute ist die kurvenreiche Straße, die durch einen Wald aus Eschen, Tannen und Schwarzkiefern führt, eine beliebte Route für Motorradfahrer. Seit 2009 ist die Straße asphaltiert, um das Gebirge für Trekkingtouren zugänglich zu machen. »1994 hat man sich hier noch mit der Geschwindigkeit eines Eselkarrens fortbewegt«, lacht der deutsche Stadtgeograf Daniel Göler. Von Saranda bis nach Llogara, erzählt er, habe er fast 14 Stunden gebraucht: »Jeder deutsche Busfahrer hätte sich geweigert, auf dieser Straße zu fahren.« Irgendwie schafften es die Albaner und Albanerinnen aber immer über den Pass.

Unter Hoxha war die Gegend ein Erholungsgebiet, unter anderem mit einem Sanatorium für Lungenpatienten. Heute reihen sich am Gebirgskamm rustikal aussehende Restaurants aneinander, die Lamm am Spieß anbieten. Auf der Nordseite des Passes, auf einer Wiese zwischen Äckern und Weinreben, steht ein blauer Kastenwagen der Marke Mercedes-Benz. Auf seiner Ladefläche stapeln sich Bienenstöcke in allen Farben, die man wie Schubladen aus einer Kommode herausziehen kann. Daneben parkt ein weißer Mercedes mit Taxischild auf dem Dach und Kruzifix am Rückspiegel. Er gehört dem 67-jährigen Simo, der Muslim ist, aber eine orthodoxe Frau geheiratet hat – in Albanien nichts Ungewöhnliches.

Simo, blaues Poloshirt und grünes Basecap, steht unter einem orangefarbenen Schirm und verkauft Honig an vorbeifahrende Touristen. Nach der Wende hat Simo als Taxifahrer gearbeitet. Jetzt ist er in Pension, mit dem Arbeiten hat er jedoch noch nicht aufgehört. In Albanien liegt die durchschnittliche Pension bei rund 100 Euro im Monat. Weil das nicht reicht, sind Simo und seine Frau Selbstversorger. Er brennt Rakia in seiner Garage und chauffiert seine Bienen quer durch den Süden, überall dorthin, wo Pollen und Sonne zu finden sind. Sie erntet Tomaten und Mais, trocknet Tee und füttert die Hühner und Kühe. Die zwei Ziegen hat das Paar gerade geschlachtet, weil es den Tieren nicht mehr so hinterherlaufen kann wie früher. Herz, Leber und Kutteln lagern in einem weißen Plastikkübel im Haus. »Daraus machen wir Suppe«, so Simo. An der Küste der Riviera wird das Leben, zumindest für die Touristen und Investoren, immer luxuriöser – erst im Hinterland versteht man, dass Albanien trotz der großen Erfolge der Wirtschaftsumgestaltung immer noch zu den ärmsten Ländern in Europa zählt.

Der Llogara-Gebirgspass gilt als Highlight im Süden. Weil er aber auch steil und beschwerlich ist, plant die albanische Regierung, einen Tunnel durch den Berg zu bohren. Für die Südseite des Gebirges wäre das ein Novum. Wer dort ankommt, hat das Gefühl, in einem Kessel gelandet zu sein, der die Riviera vom Rest des Landes abtrennt. Die Bewohner der kleinen Dörfchen bestätigen diesen Eindruck. »Im Kommunismus nannte man uns Griechen«, sagt Marko Nino, 72 Jahre alt, der, wie so viele in seinem Alter, weißes Hemd und Anzughose trägt, der Dresscode aus dem Sozialismus.

Nino lebt in Dhërmi, einem Dorf mit blau gestrichenen griechisch-orthodoxen Kirchtürmen, strahlend weißen Hausfassaden und dottergelben Fenstern aus Holz. Heute wird das Dorf mit der italienischen Amalfi-Küste verglichen. Das hat in den letzten Jahren immer mehr Touristen angelockt. Auch Marko Nino, der Mann im weißen Hemd, vermietet drei Zimmer im Erdgeschoss seines Hauses. Früher lebte das Dorf von Orangen, Zitronen und Oliven, heute von Airbnb und Booking.com.

Anmutig thront Dhërmi über der Küste, einladend, aber auch wachsam. Ursprünglich, so erzählen es die Bewohner, siedelten ihre Vorfahren unten am Meer. Aus Angst vor Piratenschiffen zogen sie im

13. Jahrhundert den Berghang hinauf. Mittlerweile leben kaum noch Einheimische in Dhërmi. »Im Winter ist es hier wie ausgestorben«, sagt Marijana Marko, die Ehefrau des Bürgermeisters, »80 Prozent der Bewohner leben in Griechenland.«

»Vor dem Kommunismus hatte das Dorf fünf Boote, so erzählte es mir mein Vater«, berichtet mir Marko Nino. Die Menschen handelten bis nach Korfu. Sie unterhielten bessere Beziehungen zu Griechenland als zum Rest Albaniens. Später, so Nino, konfiszierten die Kommunisten die Boote, aus Angst, die Fischer könnten darauf fliehen. »Schwimmen durften wir schon, aber nicht allzu weit hinaus«, sagt Nino. Enver Hoxha ließ sich indes unten am Strand eine Villa errichten. »Er kam selten«, so Nino, »aber andere Mitglieder des Politbüros nutzten das Haus.«

Auf einer Hausmauer in Dhërmi prangen noch die Überreste der alten Propagandaslogans, so ausgeblichen, dass man sie kaum noch lesen kann. Bald werden sie ganz verschwunden sein. In keines der umliegenden Dörfer investiert die albanische Regierung so viel Geld wie in Dhërmi, laut Bürgermeister insgesamt 4,7 Millionen Euro, geliehen von einer europäischen Entwicklungsbank. Der Fonds soll das ganze Dorf zum Glänzen bringen. Bauarbeiter errichten neue Steinhäuser, pflastern kleine Wege und restaurieren Kirchen. Der Bürgermeister Aleks Marko, der in Dhërmi ein Panoramarestaurant mit Meerblick betreibt, ist zufrieden. »Eine Legende besagt, dass früher einmal der heilige Kosma in Dhërmi vorbeikam«, erzählt er, »und schon er prophezeite, dass wir einmal von goldenen Löffeln essen werden.«

Diese Aufbruchsstimmung ist nur eine Seite der Medaille. Die Gegend rund um Dhërmi zählt zu den letzten unbebauten Küstenabschnitten. Nicht wenige stören sich am Bauboom, der dort Fahrt aufnimmt. Eine davon ist die slowenische Anthropologin Nataša Gregorič Bon, die seit mehr als zehn Jahren Forschung in Dhërmi betreibt. Sie spricht von »Land Grabbing«. Zwischen 50 Cent und einem Euro pro Quadratmeter bekämen die Bewohner an der Küste, manchmal auch gar nichts. »Investoren, die Feriendörfer und Apartments bauen, haben Dhërmi in ein farbloses Touristenresort verwandelt«, kritisiert sie. Der Tourismus habe dem Städtchen seine Identität gestohlen.

Ismail, mein Vermieter aus Tirana, sieht das anders. »Die Leute sind froh, dass es Tourismus gibt«, protestiert er, »und die Preise steigen jedes Jahr.« Mit einem Apartment in Dhërmi, so Ismail, könne man pro Saison 5000 Euro verdienen, in Albanien eine Menge Geld. Die Fischer hätten ihre Boote mittlerweile für die Touristen umgebaut, von Vier- auf Zwölfsitzer. Damit transportierten sie die Besucher der Festivals in nahe Buchten. »Wenn er es gut anstellt, dann kann ein Fischer 20.000 Euro pro Saison machen«, rechnet mir Ismail vor. Dank der Touristen gebe es in Dhërmi heute viel mehr Jobs als früher.

Die Festung des Ali Pascha

Im Sozialismus war die Küste Albaniens eine streng bewachte Militärzone. Nur die Bewohner der Gegend durften den Strand betreten. Wer aus dem Hinterland an die Riviera reiste, musste eine Genehmigung der Partei vorweisen. Es gab einen Ort, der für alle gleichermaßen tabu war, eine Art wohl gehütetes Geheimnis des Kalten Krieges. Die Rede ist von Porto Palermo, einer Bucht unweit von Dhërmi, in der die Kommunisten einen U-Boot-Bunker errichteten. In den Fünfzigerjahren, als Albanien und die Sowjetunion noch Bruderstaaten waren, durften die russischen Genossen dort ihre mit Torpedos bestückten Schiffe parken.

In der Nähe davon erstreckt sich bis heute eine Burg. Ihr Hausherr Ali Pascha (1744–1822), auch der Löwe von Ioannina genannt, gehört zu den schillerndsten historischen Figuren Albaniens. An der Riviera löst seine Herrschaft bis heute gemischte Gefühle aus. Die einen erinnern an ihn als einen brutalen Despoten, der ganze Dörfer an der Küste niederbrennen ließ, die anderen feiern ihn als Rebellen, der sich gegen die türkischen Osmanen erhob. Eines ist gewiss – Ali Pascha war reich. Er besaß 1,1 Millionen Ziegen und Schafe, eine Flotte sowie 900 Landgüter, darunter Burgen, Paläste und Sommerresidenzen. Der Historiker Oliver Jens Schmitt beschreibt ihn als den »wohl reichsten Grund- und Viehbesitzer auf dem Balkan«. Wer war dieser Mann, der auf Gemälden oft liegend dargestellt wird, eine Wasserpfeife im Mund, einen prächtig verzierten Säbel am Rock und einen Turban auf dem Kopf?

Im frühen 19. Jahrhundert herrschte Ali Pascha wie ein Fürst über weite Teile Südalbaniens und Griechenlands. Er stammte aus einem Dorf nahe der Stadt Tepelena, wo bis heute eine Statue von ihm steht. Laut Schmitt wurde er in eine Familie »südalbanischer Räuber« hineingeboren. Später machte er Karriere beim Feind – den Osmanen – und stellte sich in den Dienst des Sultans.

Bis heute wird in Albanien ein einseitiges Bild der fast 500 Jahre andauernden Herrschaft des Omanischen Reiches vermittelt. Hier die mutigen Albaner, die Widerstand leisteten – dort die feindlichen Besatzer. Die Realität, schreibt Schmitt, sah oft anders aus. Nicht wenige Einheimische traten in die Dienste des neuen Reiches ein: So tat es der bis heute von den Albanern verehrte Nationalheld Skanderbeg im 15. Jahrhundert, so tat es Ali Pascha im 18. Jahrhundert, und so taten es führende Köpfe der Nationalbewegung um 1900, darunter auch Ismail Qemali. Sie alle wandten sich irgendwann vom Sultan ab, und das aus ganz unterschiedlichen Gründen. Skanderbeg kämpfte als »Athleta Christi« 25 Jahre lang gegen die Türken, Qemali, der Diplomat aus Vlora, wollte einen unabhängigen albanischen Staat gründen, was ihm 1912 schließlich gelang. Und Ali Pascha? Der hatte im ausgehenden 18. Jahrhundert seine ganz eigenen Interessen – Handel mit Europa, Machtausbau, Autonomie.

Zu Beginn zeigte sich Ali Pascha dem Sultan gegenüber noch loyal, sicherte Gebirgspässe und zog gegen dessen Feinde in den Krieg. Gleichzeitig liebäugelte er, ein Muslim, mit dem christlichen Europa. An seinem Hof umgab er sich mit europäischen Offizieren, griechischen Konsuln und britischen Reisenden. Einer davon, der Dichter Lord Byron, äußerte seine gemischten Gefühle für den Pascha. Er nannte ihn »das romantischste Ungeheuer der Geschichte«. In einem Brief an seine Mutter beschrieb Byron seinen Gastgeber als geschickten General, eine Art muslimischen Bonaparte, aber auch als brutalen Tyrannen, der seine Gegner »rösten ließ«.

Entlang der heutigen Riviera erinnert man sich an Ali Pascha mit Grauen. Christlich-orthodoxe Bergdörfer, die Widerstand leisteten, ließ der Despot niederbrennen. Dafür bekam er vom Sultan den Beinamen »Aslan« (Löwe) verliehen. Ironischerweise war es ebendieser Sultan, der dem »Löwen« am Ende den Kopf abhacken ließ. Weil Ali Pascha insgeheim eine autonome Herrschaft angestrebt und mit

Briten und Franzosen paktiert hatte, fiel er beim Sultan in Ungnade. Fortan galt Ali Pascha im fernen Konstantinopel als Verräter, den man tot sehen wollte. Für eine Weile versteckte sich der Pascha auf einer Klosterinsel im heutigen Griechenland. Dann, 1822, wurde er von osmanischen Soldaten erschossen, sein abgetrennter Kopf mit Salz konserviert und nach Konstantinopel gesandt, wo er eine Weile an den Zinnen des Sultanspalasts gehangen haben soll. Das Ende des Ali Pascha war nicht minder grausam als seine Herrschaft.

KAPITEL 8

WEM GEHÖRT TIRANA?

Gemessen an der Landesbevölkerung gilt Tirana als eine der am schnellsten wachsenden Städte der Welt. Was der Bürgermeister als Sprung in die Moderne feiert, kritisieren Stadtbewohner als Ausverkauf des öffentlichen Raumes.

Tiranas Pyramide ist ein eigenwilliger Betonkoloss. Seit der Wende sind sich die Bewohner uneinig, ob das brutalistische Gebäude, das 1988 als Hoxha-Museum errichtet wurde, nun hässlich oder in seiner rohen Art charmant ist. Einigkeit herrscht nur bezüglich einer Sache – dass der Diktator sich im Grab umdrehen würde, wüsste er, was nach seinem Tod mit »seiner« Pyramide alles gemacht wurde. Nach der Wende diente sie als Büro der *Open Society Foundation* des Milliardärs und Philanthropen George Soros und später als Redaktion des Radiosenders *Voice of America.* Dann wurde die Pyramide von der NATO als Stützpunkt und schließlich von Tiranas Jugend als Disco genutzt. Architektenbüros auf der ganzen Welt bemühten sich darum, dem zerfallenden Bauwerk, in dessen Inneren sich Müll sammelte, ein neues Antlitz zu verschaffen. Immer wieder wurden Pläne über Bord geworfen.

Mittlerweile ist entschieden, was aus der Pyramide werden soll: ein modernes Zentrum für Start-ups, mit Künstlerateliers und Klassenräumen mit viel Grün, Glas und Stahl, errichtet von einem preisgekrönten, niederländischen Architekturbüro. Stufen werden bis an die Spitze führen, außen soll man herunterrutschen können. Die Idee: Der Prunkbau des Diktators soll an die Jugend der Stadt zurückgegeben werden. Viele finden das genial und erfinderisch. Nicht so Ervin Goci. Der 32 Jahre alte Professor für Kommunikationswissenschaften ist ein lautstarker Gegner von Tiranas ungezügeltem Bauboom. Er steht vor dem Zaun, der das Areal der Pyramide umschließt und an dem die futuristisch anmutenden 3D-Entwürfe zur Ansicht abgedruckt sind. »Die Stadtregierung zerstört alle Spuren der Vergangenheit«, so Goci.

Tirana ist ein umkämpftes Pflaster. In den letzten Jahren wurde die Stadt mehr und mehr mit Wohnanlagen, Bürotürmen und Shoppingmalls überzogen. Selbst historische Gebäude, darunter alte Villen aus der Zeit der Monarchie, werden abgerissen, um Platz für Privatinvestoren zu schaffen. Nicht selten geschieht das in undurchsichtigen Verfahren. Die deutsche Heinrich-Böll-Stiftung schreibt von »mindestens zehn Villen«, die allein im Jahr 2020 dem Erdboden gleichgemacht wurden, um Neubauten Platz zu schaffen. Während die Stadtbevölkerung stetig wächst, schwindet der öffentliche Raum. Knapp eine Million Menschen leben heute im Ballungsraum der Hauptstadt. Vier Mal so viele wie zur Zeit der Wende und 72 Mal so viele wie noch vor hundert Jahren. Nicht alle profitieren gleichermaßen von diesem Boom.

Ervin Goci und ich haben uns verabredet, um einen Stadtspaziergang zu machen. Wir wollen von Tiranas Park im Süden in Richtung des zentralen Skanderbeg-Platzes gehen, vorbei an Kränen, Baustellen und in die Höhe wachsenden Bürotürmen.

Ziegelsteinblöcke und Hochhäuser

Im Vergleich zur Küstenstadt Durrës, die seit der Antike existiert, ist Tirana jung – gerade einmal 400 Jahre alt. Fährt man heute mit der Seilbahn auf den Gipfel des 1600 Meter hohen Hausbergs Dajti, sieht man bei schönem Wetter nicht nur das Meer in der Ferne glitzern, sondern auch, wie rasant sich die Hauptstadt ausgebreitet hat.

»Tirana will sich mit Wien, Mailand oder Berlin messen«, erzählt mir Sara, eine Italienerin, die viele Jahre im Norden Albaniens verbracht hat, »aber gleichzeitig gibt es in diesem Land immer noch Menschen, die mit der Pferdekutsche in die nächstgelegene Stadt fahren.« Auch in Tirana sind diese zwei Extreme sichtbar. Auf der einen Seite gibt es eigene, von Security-Diensten bewachte Viertel, in denen Botschafter und reiche Familien leben. Die Straßen sind sauber, der Rasen gestutzt – man fühlt sich, als wäre man unverhofft in einer amerikanischen Serie aufgewacht. Im Zentrum von Tirana stehen moderne Hochhäuser aus Glas, Stahl und Beton neben riesigen Kaufhäusern, entworfen von Stararchitekten aus der ganzen Welt. Auf der anderen Seite wühlen Müllsammler in den Tonnen der Stadt nach etwas Essbarem oder einem verwertbaren Metallteil. Die Häuserfassaden bröckeln und nicht alle Haushalte haben 24 Stunden am Tag Wasser. Bei heftigem Regen kommt es vor, dass der Strom ausfällt. Bis heute ist Tirana voller illegal errichteter Häuser, die nie an die Kanalisation angeschlossen wurden und keine Adresse haben. Anstatt die Hausnummer anzugeben, schickt man seinen WhatsApp-Standort durch oder verweist auf das Café auf der gegenüberliegenden Straßenseite.

Der überwiegende Teil der Häuser stammt noch aus der Zeit des Sozialismus und ist aus Ziegelsteinen gebaut. In Tirana gibt es kaum Plattenbauten – anders als in Belgrad, Leipzig oder Bukarest. Jugoslawien und der Ostblock waren Albanien technologisch weit voraus. Hier baute man Stein auf Stein mit viel Mörtel dazwischen. Diese »Hoxha-Blocks« heißen *katërkatëshe*, vierstöckige Wohnhäuser mit unverputzten Fassaden und offenen Treppenhäusern ohne Eingangstür. Strom- und Internetkabel sind noch immer nicht unterirdisch verlegt, sondern spannen sich von Block zu Block wie schwarze Lianen. Das wirkt auf den ersten Blick chaotisch, funktioniert aber überraschend gut. Albanien hat heute ein besseres Mobilfunknetz als Deutschland. Das ging aus einer 2018 veröffentlichten Studie des Aachener Beratungsunternehmens P3 hervor. Demnach surft die albanische Bevölkerung doppelt so schnell im Internet wie die deutsche. Weniger gut funktioniert die Wasserversorgung. Weil sie in manchen Häusern auf wenige Stunden am Tag beschränkt ist, stellen sich die Bewohner metallene Wassertanks auf ihr Flachdach.

»Tirana zählt zu den am schnellsten wachsenden Städten der Welt«, erzählt mir Daniel Göler, 56 Jahre alt, Geografieprofessor für Migration und Transformationsforschung. Göler, ein Deutscher, hat Albanien 1994 zum ersten Mal besucht und ist seitdem jedes Jahr zurückgekommen, für beides – Forschung und Urlaub. Seit über 25 Jahren erforscht er, wie rasant sich das Land weiterentwickelt. Tirana sei so schnell gewachsen, weil in den Neunzigerjahren das ganze Land auf den Beinen war. »Die Menschen sind scharenweise aus den Bergen weggegangen und haben die Ziegelsteine für ihre Häuser gleich mitgenommen«, sagt Göler, »jeder wollte damals aus der Peripherie in die Stadt und sein Glück versuchen.« Gleichzeitig haben seitdem mehr als 1,5 Millionen Menschen Albanien verlassen, fast die Hälfte der Bevölkerung. In Relation zur Bevölkerungszahl emigrierten seit 1989 aus keinem anderen europäischen Land mehr Menschen.

Während sich ganze Landstriche im Norden und Süden des Landes leerten, wuchs Tirana überproportional schnell. In wenigen Jahren schossen die Wohnungen wie Pilze aus dem Boden, der Großteil davon informell, also ohne städtebauliche Planung und Genehmigung. »Im Umland von Tirana waren die Gebäude zuerst da«, erklärt Göler, »und alles, was für eine Stadt dazugehört – Strom, Leitungen, Kanalisation, Wasserzähler –, wurde später mühevoll eingebaut.«

Der Sprung, zu dem Tirana in den letzten 30 Jahren angesetzt hat, ist enorm. Unter Hoxha war es die ärmste Hauptstadt Europas. Vier bis zehn Menschen lebten in kleinen, 50 Quadratmeter großen Wohnungen zusammen. Stromausfälle gehörten zum Alltag. »Wer damals im Flugzeug über Albanien geflogen ist, der sah Jugoslawien unter sich leuchten. Dann, 200 Kilometer bis nach Griechenland, prangte ein dunkler Fleck. Das war Albanien«, erzählt Göler. Dieses Bild will nicht ganz zu Hoxhas Vision passen, der Albanien zum »Leuchtturm des Sozialismus auf dem Balkan« machen wollte. Aber immerhin: Gehupt wurde früher deutlich weniger. Tirana war eine autofreie Stadt, in der die Menschen zu Fuß gingen oder das Fahrrad benutzten. Im ganzen Land gab es nur 1265 Autos. Keines davon privat. Anfang der Neunziger hatte Tirana nur eine einzige Ampel.

Geldwäsche mit Beton?

Heute kann man sich das nicht mehr vorstellen. Tiranas Straßen sind voller Autos, die in ein gnadenloses Hupkonzert einstimmen, wenn die Ampel auf Grün springt und man nicht sofort aufs Gaspedal tritt. Unter dem Skanderbeg-Platz erstreckt sich eine Tiefgarage, um für all die Fahrzeuge Platz zu schaffen, während sich über der Erde die Baukräne drehen.

»Einige Leute glauben, dass Tirana so hohe Gebäude wie New York oder London braucht«, sagt Ervin Goci, »aber die Einzigen, die davon profitieren, sind Baufirmen und Politiker. Die Stadtbewohner fühlen sich mehr und mehr wie unter einer Belagerung.« Schuld daran, so Goci, sei Erion Veliaj von der Sozialistischen Partei, seit 2015 Bürgermeister von Tirana. Ein Jahr nach Amtsantritt verkündete der 41-Jährige stolz: »Wir werden aus Tirana eine europäische Stadt machen.« Dass Tirana 2022 als Europäische Jugendhauptstadt ausgezeichnet wurde, vermarktet Veliaj, wo er nur kann.

Auf seinem reichweitenstarken Instagram-Account inszeniert sich der hemdsärmelige Bürgermeister gerne als Fahrradfan, pflanzt Bäume oder läuft Marathon. Außerdem traut er Paare auf einer Terrasse über dem Skanderbeg-Platz. Mittlerweile heißt es, dass der Bürgermeister Schwierigkeiten hat, dort oben Fotos aufzunehmen, weil die historischen Gebäude von Baugerüsten und Kränen umzingelt sind.

»Keines der Projekte, die Veliaj bauen lässt, wurde je öffentlich diskutiert«, sagt Ervin Goci. Stattdessen, so der Professor, gehe immer mehr öffentlicher Raum verloren, vor allem Grünflächen. Selbst der Stadtpark, der an einem künstlichen See liegt, ist vor den Baggern nicht sicher. »Hier wollen sie eine Straße, einen Kreisverkehr und ein großes Hotel bauen«, sagt Goci und bleibt vor einem Baugerüst stehen. »Im Kommunismus war dieser Park groß genug für die Stadt, aber mittlerweile leben deutlich mehr Menschen hier. Eigentlich müssten die Grünflächen wachsen, aber sie werden immer weniger.« Das Problem, erzählt er, sei die Baumafia. Jeder in der Stadt wisse, wofür die neuen Gebäude da sind: »Damit wird Geld aus dem Drogenhandel gewaschen.«

Diesen Vorwurf hört man in Tirana routinemäßig – von Taxifahrern, Studierenden, von Diplomaten und selbst von Menschen, die in der Baubranche tätig sind. »Waschmaschinen« werden die Neubauten im Volksmund auch genannt. Damit würden illegal erwirtschaftete Vermögenswerte dem Finanzkreislauf zugeführt.

Was ist da dran? Zwei Indizien deuten darauf hin. Erstens: Albaniens Schattenwirtschaft macht laut Schätzungen der albanischen Zentralbank bis zu 35 Prozent der Gesamtwirtschaft aus. Zweitens: Im Januar 2021 wurden Telefonmitschnitte der italienischen Anti-Mafia-Behörde öffentlich. Clan-Mitglieder der kalabrischen Mafia zeigten Interesse, in Albaniens Bauwirtschaft zu investieren. In einem Bericht der Schweizer Botschaft in Tirana heißt es dazu: »Aus den telefonischen Abhörungen geht der Verdacht auf Verbindungen zu hochrangigen Beamten der Gemeinde Tirana und der aktuellen Regierung hervor.« Diese sollen Baubewilligungen gegen Bestechungsgelder beschafft haben. Der Bericht schätzt, dass das Geldwäschesystem mittlerweile einen Wert von 250 Millionen Euro erreicht hat. Das bedeutet noch lange nicht, dass mit jeder kleinen Baustelle oder jedem Büroturm in Tirana Drogengeld gewaschen wird. Aber eine haltlose Stadtlegende ist der Vorwurf längst nicht mehr. Man kann den Bewohnern nicht verübeln, dass sie wütend sind, zumal ein Teil der Neubauten unbewohnt bleiben soll. »Wer bei Einbruch der Dunkelheit durch Tirana spazieren geht, kann Wohnblöcke finden, in denen kein einziges Licht brennt«, schreibt Anja Troelenberg, die für die deutsche Heinrich-Böll-Stiftung in Tirana arbeitet, in einem Bericht.

Am Skanderbeg-Platz

Goci, der Professor, hat den Park mittlerweile hinter sich gelassen. Er steht am Mutter-Teresa-Platz, dem südlichen Anfangspunkt des Bulevardi Dëshmorët e Kombit, dem Boulevard der Märtyrer der Nation, der einst von den italienischen Faschisten errichteten, zentralen Achse der Stadt. Wer den sechsspurigen Boulevard von Süden nach Norden entlangläuft, der kommt an wichtigen Gebäuden vorbei: der Universität Tirana, dem Amtssitz des Ministerpräsidenten, der Nationalen Kunstgalerie, den Ministerien. Am Ende erreicht man den Skanderbeg-Platz, eine fast 100 Quadratmeter große Fläche, die mit polierten Steinplatten aus allen Regionen Albaniens bepflastert ist.

Skanderbeg ist Albaniens wichtigster Nationalheld, ein Mann, der als Gjergj Kastrioti geboren wurde und im 15. Jahrhundert gegen die

Osmanen kämpfte, wofür er bis heute verehrt wird. Seine Flagge, ein schwarzer Doppeladler auf rotem Grund, ist das wichtigste Symbol albanischer Identität. Das wohl auffälligste Merkmal Skanderbegs war sein drei Kilogramm schwerer Helm, der von dem Kopf eines gehörnten Ziegenbocks gekrönt und heute in der Rüstkammer des Kunsthistorischen Museums in Wien aufbewahrt wird. In Albanien selbst begegnet einem der Helm immer wieder. Eine Tankstellenkette namens *Kastrioti* verwendet ihn als Logo, die Stadt Tirana als Wappen. Fußballvereine, Gebirgszüge und ein Cognac sind nach Skanderbeg benannt.

Wer vor der Reiterstatue steht und sich im Kreis dreht, der sieht, wie viele Mächte und Länder in Albanien über die Jahre präsent waren – das Osmanische Reich, die Sowjetunion, Italien, China. Da ist der Kulturpalast mit der Oper, ein brutalistisches Gebäude aus der Zeit der Diktatur. Da sind mediterran anmutende Renaissance-Palazzi in Rot, Gelb und Grün, Überbleibsel von Mussolinis faschistischem Italien. Zwischen ihnen ragt ein zu einem Museum umfunktionierter Bunker aus der Hoxha-Ära empor. Er führt in ein unterirdisches Tunnelsystem, in dem die Parteielite im Falle eines Atomkrieges Schutz hätte suchen können. Da ist das älteste Gebäude am Platz, die mit türkischen Geldern renovierte Et'hem-Bey-Moschee, ein Relikt der Osmanen. Gleich dahinter steht der Uhrturm von Tirana, ein schlankes Bauwerk mit Zifferblatt und Glocke, das an den Markusturm in Venedig erinnert. Nördlich des Platzes steht das Tirana International, ein Plattenbauhotel mit 15 Stockwerken, das unter Hoxha das höchste Gebäude der Stadt war. Heute wird es längst überragt – zum Ärger von Ervin Goci. Der Professor steht im Schatten des Uhrturms und bittet mich, über den Zaun auf das Gerüst nebenan zu blicken: »Schau dir das an. Die nächste Baustelle ist nur acht Meter entfernt.«

Es gibt ein berühmtes Postkarten-Motiv am Skanderbeg-Platz, vor dem sich Touristen immer wieder fotografieren lassen. Es zeigt die Reiterstatue des Nationalhelden, dahinter die Moschee und den Uhrturm. Mittlerweile ist das Gebäude-Ensemble von Kränen und Baugerüsten umgeben. Lässt sich gegen solche Entwicklungen überhaupt noch etwas tun?

Kapitel 8

Die Trümmer des Theaters

Die Geschichte des zerstörten Nationaltheaters birgt wenig Raum für Optimismus. Der Ort, an dem es einst stand, liegt nur fünf Minuten von der Skanderbeg-Statue entfernt, umringt von prächtigen Ministeriumsgebäuden. Im Jahr 2018 formierte sich breiter Widerstand, als die Stadt ankündigte, das alte Theater abreißen zu wollen. In den Dreißigerjahren von den italienischen Besatzern errichtet, wurde es nach der Machtergreifung der Kommunisten zeitweise als Ort für Schauprozesse benutzt. Später entwickelte es sich zu einem der wichtigsten Kulturbetriebe der Stadt. Vor einigen Jahren erklärte die Regierung plötzlich, kein Geld für die Restaurierung zu haben. Es komme billiger, das Grundstück einem privaten Investor zu überlassen, ausgerechnet der Baufirma Fusha Sh.p.k, einem regierungsnahen Baulöwen, der immer wieder Aufträge von der Gemeinde Tirana bekommt. »Daraufhin haben wir zwei Jahre lang protestiert und das Theater schließlich besetzt«, so Ervin Goci.

Jetzt steht der Professor wieder vor einem Baugerüst, es ist bereits das sechste, vor dem er während unseres Spaziergangs Halt macht. Hinter einer hohen Plastikwand erstreckt sich ein flaches, leerstehendes Areal, das eine Lücke in die umliegenden Gebäude gerissen hat. Gemeinsam mit Künstlern, Schauspielern, Denkmalschützern und Politikern der Opposition hat Goci viele Nächte hier verbracht. Die Menschen wechselten sich als Wachen ab, um sicherzugehen, dass das Theater stehenbleibt. Sogar die österreichische Literaturnobelpreisträgerin Elfriede Jelinek rief Rama dazu auf, den Abriss zu stoppen. Ohne Erfolg. Im Morgengrauen des 17. Mai 2020 – mitten im Corona-Lockdown – schlug um 04:30 Uhr die erste Baggerschaufel gegen das Gebäude. Goci hatte sich in einem Raum im Inneren versteckt. Er flüchtete nach draußen und sah dabei zu, wie Polizisten zwischen 20 und 30 Aktivisten verhafteten. Die *Süddeutsche Zeitung* schrieb vom »größten Kulturskandal Albaniens nach dem Fall des Kommunismus«. Der *Standard* warnte vor den »autokratischen Zügen« der Regierung Rama.

Jetzt, wo die Trümmer beseitigt sind, soll ein vier Mal so großes Gebäude die Lücke füllen, angeblich finanziert durch einen Investmentfonds aus Abu Dhabi. Nicht nur ein neues, modernes Theater ist in Planung, sondern ein ganzer Gebäudekomplex mit Wohnungen, Bürotürmen – und einem Shoppingcenter. Dabei wurde erst vor wenigen Jahren in der Innenstadt die »Toptani Mall« eröffnet, ein Einkaufszentrum auf sieben Etagen mit 13.000 Quadratmetern Verkaufsfläche. Es liegt nur 280 Meter von der Lücke entfernt, die das Nationaltheater hinterlassen hat.

KAPITEL 9

MINENARBEITER GEGEN MILLIARDÄR

Samir Mane ist der reichste Mann Albaniens. Er besitzt Shoppingcenter, Luxushotels, Supermarktketten – und die größte Chrommine des Landes. Elton Debreshi hat dort für bessere Arbeitsbedingungen gekämpft und ist gescheitert. Warum?

Über Bulqiza türmt sich das schwarze Chrom bis in das verschneite Gebirge. Darunter: ein Labyrinth aus Stollen, das sich eintausend Meter tief in die Erde bohrt. Vor jedem Stolleneingang brennt eine Lampe und in der Nacht, wenn sich die Dunkelheit über die triste Bergbaustadt legt, beginnt der ganze Hang zu glimmen wie ein Schwarm Glühwürmchen.

Ich sitze in einem alten Mercedes-Benz, neben mir Irdi Ismaili, 28, ein Soziologiestudent und Gewerkschaftsaktivist aus Tirana. Wir blicken durch die Scheibe auf den leuchtenden Berg, der beinahe schön anzusehen ist, wenn man nicht wüsste, dass die Arbeit unter der Erde so gefährlich ist.

In den letzten 20 Jahren, erzählt mir Irdi, sind in Albaniens Bergwerken rund 300 Menschen ums Leben gekommen. Wie viele es genau sind, weiß niemand. Nur, dass die Arbeitgeber in den meisten Fällen keine Verantwortung übernommen haben. Jedes Jahr berichten lokale Medien über neue Unfälle.

Schuhe nach Italien, Chrom nach China

Albanien ist reich an Rohstoffen wie Kupfer, Chrom, Nickel, Kohle sowie Erdgas und Erdöl. Im Vergleich zur Zeit des Kommunismus wird aber nur ein kleiner Teil davon aus dem Boden gewonnen. Unter Enver Hoxha arbeiteten acht Mal so viele Menschen im Ölsektor und vier Mal so viele in den Chromminen. Heute machen Schuhe und Textilien 40 Prozent von Albaniens Exporten aus, wobei über 80 Prozent davon in das Nachbarland Italien gehandelt werden. Erst auf Platz zwei stehen Mineralien und Strom. Der Großteil der Chromvorkommen, die über die Häfen in die ganze Welt exportiert werden, stammen aus Bulqiza, drei Stunden Autofahrt nordöstlich von Tirana.

Seit dem Zweiten Weltkrieg gilt Bulqiza als das wichtigste Zentrum von Albaniens Chromindustrie. Angesichts der hohen Exportzahlen hat mich überrascht, dass die Straße zur Mine nie asphaltiert wurde. Wenn es regnet, weicht der Boden zu matschigen Pfützen auf. Die Bergmänner kommen zu Fuß zur Arbeit, auf einem schmalen Trampelpfad, der von schwarzen Chromstücken gesäumt ist. Sie tragen den Schlamm mit ihren Gummistiefeln in die ebenerdigen Baracken hinein, von denen der Verputz blättert. Ein glimmender Eisenofen und ein paar Glühbirnen, die von der Decke baumeln, geben spärliches Licht. Die Arbeiter tragen gelbe Helme mit Stirnlampen auf dem Kopf und folgen den Eisenbahnschienen in die dunklen, feuchten Stollen hinein, die im Volksmund »Todesschächte« genannt werden. Bevor sie unter die Erde steigen, rufen sich die Männer einen Satz zu: »Mögest du lebend wieder herauskommen.«

Die Minen sind der mit Abstand größte Arbeitgeber in Bulqiza. Laut der Nationalen Agentur für natürliche Ressourcen arbeiten über 3000 Menschen in der Chromindustrie, jeder zehnte Bewohner. Rund 120 Kleinunternehmen haben Konzessionen erworben. Viele, so erzählt man sich in der Stadt, arbeiten informell und beschäftigen Mitarbeiter schwarz. Im Ernstfall bedeutet das: keine Pension, keine Unfallversicherung und unregelmäßige Löhne. In den Baracken vor dem Mineneingang habe ich einen Mann getroffen, der nach einem schweren Arbeitsunfall nie eine Entschädigung erhalten hat. In den Bars sitzen frustrierte Arbeiter, die seit Monaten auf ihr Gehalt warten. Am Rand der Stadt trifft man auf Menschen mit verdreckter Kleidung, die für ein paar Euro am Tag Chromklumpen aussortieren und an die Unternehmer verkaufen, ein Hungerlohn, wenn man bedenkt, wie wertvoll das Mineral wird, wenn es eingeschmolzen und weiterverarbeitet wird.

Samir Manes Firmenimperium

Vom Export profitiert das albanische Unternehmen *AlbChrome*, seit 2013 der größte Arbeitgeber in Bulqiza und Teil des Firmenimperiums von Samir Mane, mit einem geschätzten Vermögen von 1,3 Milliarden Euro der reichste Mann Albaniens. Mane gehören Supermarktketten, Luxusresorts, Shoppingcenter, Banken und Modelabels im ganzen Land. Sein neuestes Projekt nennt sich: Green Coast Resort & Residences. Die Immobilienfirma verkauft Luxusvillen an der Küste Südalbaniens, inklusive Pool, privatem Strandzugang, Jetski und 24-Stunden-Security-Service. Die Hälfte der Kunden stammen aus der Schweiz.

Diese Welt der Superreichen ist weit weg von der Minenstadt Bulqiza. Dort bröckeln die Häuserfassaden und im Winter, wenn Schnee liegt, kommt es vor, dass im Krankenhaus die Heizung ausfällt. Obwohl es immer wieder zu schweren Unfällen in den Minen kommt, gibt es bis heute keine Notaufnahme. Zwar wurde das Stadtzentrum frisch bepflastert und eine Handvoll neuer Bars eröffnet, aber man sieht sofort, dass nur ein Bruchteil des Geldes, das die Minen jedes Jahr erwirtschaften, hiergeblieben ist. Warum muss diese rohstoffreiche Stadt so arm bleiben? Wer trägt Schuld daran? Und was passiert, wenn einzelne Arbeiter, die das nicht mehr bedingungslos hinnehmen wollen, aufbegehren?

Um mich diesen Fragen anzunähern, habe ich drei unterschiedliche Akteure getroffen: den 28 Jahre alten Gewerkschaftsaktivisten und Studenten Irdi Ismaili. Einen 33 Jahre alten Bergmann namens Elton Debreshi und Samir Mane, 56 Jahre, den reichen Unternehmer. Debreshi und Ismaili sind enge Vertraute. Sie haben 2019 eine eigene Gewerkschaft gegründet und bezeichnen Samir Mane als Oligarchen. Der dementiert das und betont, völlig unabhängig von der Regierung zu sein und die Schule sowie das Krankenhaus von Bulqiza mit Sachspenden zu unterstützen. Im Interview mit mir sagt Mane: »Meine Mine ist eine der sichersten in Europa.« So weit die Konfliktlinien.

Jeder dieser drei Akteure hat seine eigene Geschichte. Irdi Ismaili, der Student, lebt in Tirana und hat jahrelang in einem Callcenter gejobbt. Wer ihn begleitet, der begegnet einer Generation, die nach dem Kommunismus geboren wurde und die mit steigenden Mieten und einer hohen Jugendarbeitslosigkeit zu kämpfen hat.

Elton Debreshi, der Bergmann, ist in einem Dorf nahe Bulqiza aufgewachsen und hat die Schule abgebrochen, um in Griechenland auf dem Bau zu arbeiten. Später tat er das, was schon sein Vater und sein Großvater vor ihm taten: Er stieg in die Mine hinunter. Seine Geschichte wird noch ein tragisches Ende nehmen.

Samir Mane, der Milliardär, war Debreshis Chef und hat eine filmreife Karriere hinter sich. Anfang der Neunzigerjahre kam er als Flüchtling nach Österreich, wo er eine Handelsfirma für Elektrogeräte gründete. Heute ist er einer der erfolgreichsten Unternehmer auf dem Balkan und Albaniens erster Milliardär. Wer Mane in seinem luxuriösen Büro gegenübersitzt, der lernt, dass man sich mit Geld nicht alles kaufen kann: ein makelloses Image zum Beispiel.

Debreshi, Ismaili und Mane sind noch nie gemeinsam an einem Tisch gesessen. Nicht alles, was sie übereinander erzählen, stimmt. Doch ihr Konflikt hat Wellen bis nach Brüssel, Genf und Hannover geschlagen, zumindest in der gut vernetzten Gewerkschaftsszene. Um zu verstehen, warum, muss man zuerst die Stadt betrachten, um die es geht.

Die Stadt: Arm über, reich unter der Erde

Bulqiza, einst ein kleines Dörfchen, hätte heute das Potenzial, eine reiche Industriestadt zu sein. »Es gibt nur wenige Orte auf der Welt, wo es so viele und so hochwertige Chromvorkommen gibt«, sagt der albanische Geograf Dhimiter Doka, der 2015 mit zwei deutschen Kollegen eine Studie über Bulqiza in der Fachzeitschrift *Die Erde* veröffentlicht hat. Darin steht, dass Albanien die viergrößten Chromvorkommen der Welt besitzt.

Bereits zur Zeit der Monarchie, vor einhundert Jahren, hat dieser Schatz unter der Erde ausländische Rohstoffkonzerne angezogen. Albaniens König Ahmet Zogu vergab bereitwillig Konzessionen an italienische Firmen. Einen regelrechten Boom erreichte die Produktion unter den Kommunisten. Hatte Bulqiza im Zweiten Weltkrieg gerade einmal 30 Minenarbeiter gezählt, so waren es in den Achtzigerjahren 12.000. Chrom stieg zu einer der Haupteinnahmequellen des Hoxha-Regimes auf und generierte ein Drittel des jährlichen Staatsbudgets.

Auf die Wende folgte die große Privatisierungswelle. Nachdem zunächst eine kanadische, dann eine italienische Firma Beteiligungen an der Mine in Bulqiza hielt, stieg 2007 der österreichische Rohstoffkonzern *DCM Decometal* in das Geschäft ein, damals mehrheitlich im Besitz der Industriellenfamilie Depisch aus Fürstenfeld. Das Erz-Imperium der Steirer reichte damals von Russland über Südafrika bis nach Australien. In Albanien gehörte man mit 1000 Mitarbeitern zu den größten Industrieunternehmen des Landes. Als im Zuge der Wirtschaftskrise 2008 die Rohstoffpreise fielen, ging es bergab. *DCM Decometal* musste Bankenkredite aufnehmen und Beteiligungen verkaufen, um den Schuldenberg abzubauen. Dann, im Juli 2011, trat auch noch ein Teil der Belegschaft in Bulqiza in den Hungerstreik und forderte 20 Prozent mehr Gehalt. Der Lohn der Minenarbeiter lag damals bei 280 Euro im Monat und 3,60 Euro Essenszuschlag pro Tag. Die Steirer wollten die Mine um jeden Preis verkaufen und fanden 2013 mit Samir Mane einen Interessenten. Rückblickend gesehen muss der Deal für Mane ein Schnäppchen gewesen sein. Der Kaufpreis von fünf Millionen Euro lag weit unter dem tatsächlichen Wert (50 Mio.) und beschäftigte in weiterer Folge die Wirtschafts- und Korruptionsstaatsanwaltschaft (WKStA) in Wien. Ermittlungen wegen des Verdachts der Untreue wurden schließlich eingestellt.

Heute ist Manes Bergbaufirma der zweitgrößte Exporteur Albaniens. Das in der Mine gewonnene Chrom wird eingeschmolzen, zu Ferrochrom weiterverarbeitet und kommt als rostfreier Stahl in der Bauindustrie zum Einsatz. Derzeit landet die Hälfte seiner Exporte in EU-Mitgliedsländern, unter anderem in Österreich und Deutschland, aber auch in China wächst die Nachfrage. Mittlerweile werden 70 Prozent der weltweiten Ferrochrom-Produktion mit Peking gehandelt. Bulqiza, einst aus der kommunistischen Planwirtschaft geboren, ist heute von den globalen Märkten abhängig. Laut einer Sprecherin liegt das durchschnittliche Einkommen bei *AlbChrome* bei rund 86.000 Lek, umgerechnet knapp 700 Euro. Das ist mehr, als der albanische Mindestlohn vorsieht. Wo also liegt das Problem? Dafür muss man in das Jahr 2019 zurückblicken.

November 2019: Der Streik beginnt

Damals, am 17. November 2019, stand ein grimmig dreinblickender Mann namens Elton Debreshi am Dorfplatz von Bulqiza und verkündete, eine neue Gewerkschaft gegründet zu haben. Nach seinen Angaben sollen sich 70 Prozent der Belegschaft dem Protest angeschlossen haben, eine Zahl, die *AlbChrome* dementiert. Fakt ist: Eine Woche später wurde Debreshi, ein vierfacher Familienvater, fristlos gekündigt. Der offizielle Grund: Verletzung der Arbeitsmoral. Debreshi, fortan arbeitslos und Präsident einer kleinen, scheinbar machtlosen Gewerkschaft, protestierte weiter.

Zwei Jahre später erzählt er mir, dass es ihm damals nicht um höhere Löhne gegangen sei, sondern um die soziale Sicherheit aller Bergmänner in der Stadt. *AlbChrome* betont, ihren Mitarbeitern eine Lebensversicherung sowie Pensionen zu bezahlen, aber dieser Standard hat sich längst nicht bei allen Arbeitgebern in Bulqiza durchgesetzt.

Der Vorschlag von Debreshi klang durchaus sinnvoll: ein Status, der alle Bergarbeiter gleichermaßen absichert. Warum gibt es so etwas nicht längst? Zumal in einer Stadt, die so viel Geld abwirft? Die Schuld sieht Debreshi einerseits bei der Sozialistischen Partei, die Steuern von Unternehmern senkt, anstatt Arbeitnehmerrechte zu stärken. Andererseits stellt er die etablierte Gewerkschaft an den Pranger, in Albanien unter dem Kürzel KSSH bekannt. Debreshi wirft ihnen vor, in einer Art »Blackbox« zu verhandeln und mit Samir Mane unter eine Decke zu stecken. Die Belegschaft werde bei Tarifverhandlungen nicht einbezogen, lautet sein Vorwurf. »Arbeiter haben nicht einmal eine Kopie ihres Arbeitsvertrages erhalten«, so Debreshi damals in einem offenen Brief. Das dementiert *AlbChrome* in einer schriftlichen Stellungnahme an mich. »Wir sind das einzige Unternehmen in der Branche, das einen Kollektivvertrag ausgehandelt hat und er ist öffentlich einsehbar.« Selbstverständlich, so eine Sprecherin, bekämen Mitarbeiter eine Kopie ihres Arbeitsvertrages vorgelegt.

Internationale Beobachter bleiben weiterhin skeptisch. »In Albanien existiert eine Gewerkschaft, die zusammen mit den Unternehmen die Arbeiter in die Pfanne haut«, so Peter Seideneck. Der 80-jährige Deutsche hat 13 Jahre lang beim Europäischen Gewerkschaftsbund gearbeitet und ist mittlerweile in Pension. Seideneck war im Januar 2020 selbst in Bulqiza, um mit Debreshi und seinen Mitstreitern Gespräche zu führen. Er hat mir seinen Bericht dazu geschickt. Darin heißt es: »Armut und Elend sind überall spürbar, ebenso Depressionen und Frustration.« Auf meine Frage, welche Rechte Minenarbeiter in Bulqiza haben, antwortet Seideneck: »Das Recht, das sie haben ist: endlos zu arbeiten, schlecht bezahlt zu werden und über wesentliche soziale Rechte nicht zu verfügen.« Das Grundproblem, seufzt er, sei, dass die großen Gewerkschaftsverbände traditionell mit den Parteien verbunden sind. Der KSSH beispielsweise stehe Edi Rama nahe, der seiner Meinung nach wenig Engagement zeigt, Arbeitnehmerrechte zu verbessern. In einer Rede vor italienischen Investoren meinte Rama einmal: »Wir möchten eine Botschaft an diejenigen senden, die von niedrigen Steuern, niedrigen Lohnkosten und schwachen Gewerkschaften träumen.« Ein Sozialist, der sich über schwache Gewerkschaften freut? Das klingt absurd und hat in Tirana eine Studentenbewegung namens *Organizata Politikë* hervorgerufen.

Der Gewerkschafter

Im Sommer 2019 lerne ich Irdi, ihren Sprecher kennen, der fließend Englisch, Griechisch, Italienisch und Albanisch spricht, gute Voraussetzungen für einen Job in Tiranas zahlreichen Callcentern.

Als wir einander kennenlernen, jobbt er gerade in einer Telefonzentrale, die für den Kundenservice von Vodafone Italia zuständig ist, einem multinationalen Telekommunikationsunternehmen, das in Italien 26 Millionen Kunden zählt und 2018 über sechs Milliarden Euro Umsatz generiert hat. Irdi erzählt mir, dass die albanischen Angestellten durchschnittlich 2,60 Euro pro Stunde verdienen. Kann das sein? Für einen Artikel in der deutschen Wochenzeitung *Die Zeit* schicke ich Vodafone eine Anfrage. Nach langem Hin und Her antwortet eine Pressesprecherin: »Leider kann ich Ihnen keine Informationen bezüglich dieser Sache geben.«

Irdis Callcenter liegt praktischerweise nur wenige Minuten von meiner Wohnung in Tirana entfernt. Vom Balkon kann ich hinüberblicken: zwei Büroetagen mit zugezogenen Jalousien, gelegen an der Rruga e Kavajës, einer breiten Verkehrsader, die ins Zentrum von Tirana führt. In einer mit Sperrholzwänden umschlossenen Kabine arbeitet Irdi an einem alten Windows-Rechner mit Betriebssystem aus dem Jahr 2001: sechs Stunden am Tag, fünf Tage die Woche für monatlich rund 450 Euro. »Das ist mehr als das Mindesteinkommen, aber immer noch zu wenig, um davon in Tirana gut leben zu können«, sagt Irdi.

Das Geschäft mit den Callcentern ist in Albanien nicht neu, sondern begann vor rund zehn Jahren, also in etwa um die Zeit, als Irdi die Schule abgeschlossen hat. Albaniens Löhne liegen zehnmal so niedrig wie der EU-Durchschnitt und die Jugendarbeitslosigkeit ist hoch. Viele Studenten jobben deswegen nicht im Café oder im Kino, sondern telefonieren mit Headset auf dem Kopf stundenlang mit fremden Menschen in weit entfernten Ländern. 800 Callcenter und 30.000 offiziell registrierte Angestellte zählt das nationale Statistikamt. Inoffiziell sollen es doppelt so viele sein. Um die Datenschutzrechte ihrer Kunden zu wahren (angeblich sind auch große Namen wie Apple, Air France und Amazon darunter), sind die Jalousien tagsüber zugezogen. Mitarbeiter müssen eine Verschwiegenheitserklärung unterzeichnen. Das erklärt auch, warum sich Vodafone Italien nicht zu meiner Anfrage äußern wollte.

Irdi hat jahrelang im Kundenservice gearbeitet, einer Branche, in der Angestellte Tabletten gegen die Kopfschmerzen schlucken müssen, wie er mir erzählt. In einer Sechs-Stunden-Schicht kommt es vor, dass er 60 Mal denselben Satz sagt oder grundlos angebrüllt wird. Ein System zeichnet auf, wie effizient Irdi arbeitet. Braucht er zu lange, um ein Problem zu lösen oder einen Vertrag zu verkaufen, bekommt er Minuspunkte, die auf einen großen Monitor übertragen werden. »Wir sind wie Maschinen«, sagte Irdi damals zu mir. Die Mitglieder von *Organizata Politikë* möchten das nicht länger hinnehmen, wollen die Rechte der Arbeitnehmer in Albanien stärken und unabhängige Gewerkschaften gründen. Ihr Slogan lautet: »Punë, Pagë, Perspektivë!« »Arbeit, Löhne, Perspektiven!«

Das Hauptquartier liegt im Zentrum von Tirana, nicht weit entfernt vom Skanderbeg-Platz. In einer schmalen Seitenstraße mit tiefhängenden Stromkabeln ist eine rote Eisentür in eine graue, mit Stacheldraht umspannte Mauer eingelassen. Dahinter steht ein zweistöckiges Haus mit Veranda, von der aus man frische Mandarinen von einem Baum pflücken kann. Junge Studentinnen sitzen auf Sofas oder in der Bibliothek. Auf der Fensterbank stehen Megafone, im Regal abgegriffene Bücher von Marx und Lenin. Hier begegnen mir über die Monate viele engagierte Menschen, die den Eindruck machen, gemeinsam durch dick und dünn gehen zu wollen.

Zwei Jahre später muss ich feststellen, dass es im Inneren der Gruppe doch nicht so harmonisch zuging. Linke Bewegungen neigen dazu, sich zu spalten. So kam es, dass sich auch von *Organizata Politikë* enttäuschte Mitglieder abwandten. Einige kritisierten die Bewegung als zu dogmatisch und zu wenig inklusiv für Frauen. Wieder andere hatten ein Problem damit, dass sich die Bewegung einem einzigen Projekt zuwandte: den Minenarbeitern von Bulqiza.

Der Bergmann

Das Hauptquartier von *Organizata Politikë* ist der Ort, an dem ich Elton Debreshi zum ersten Mal treffe. Eines Tages, es ist Februar 2020, hält ein Auto vor dem Eisentor, aus dem ein ganz in Schwarz gekleideter Mann steigt, gut zwei Köpfe größer als Irdi. Er raucht eine Zigarette unter dem Mandarinenbaum, schüttelt einigen Aktivisten die Hände und geht dann die knarrende Holztreppe zur Veranda hoch und weiter in die Bibliothek. Dort setzt er sich an einen Tisch, faltet die kräftigen Hände und beginnt zu erzählen.

Vor wenigen Wochen hat Debreshi, damals Anfang 30, die unabhängige Gewerkschaft gegründet und daraufhin seinen Job bei

AlbChrome verloren. Es sei gar nicht so einfach, sich in Bulqiza nach einem anderen Job umzuschauen, erzählt er: »Die ganze Stadt ist von der Mine abhängig, auch meine eigene Familie mit vier Kindern.« Um sie zu ernähren, stieg Debreshi fünf Mal in der Woche für 22 Euro am Tag bis zu eintausend Meter tief in die Mine hinab. Seine Aufgabe war es, die Stollen mit Dynamit zu sprengen, eine gefährliche Arbeit. Immer wieder, so Elton, seien Stollen in sich zusammengebrochen.

Dass das in Albanien durchaus vorkommen kann, bestätigen mir auch ausländische Beobachter, darunter Stine Klapper, Leiterin der deutschen Friedrich-Ebert-Stiftung in Tirana. »Es fehlt an Gesundheits- und Arbeitsschutz. Das heißt, es passieren recht viele Unfälle. Es kommt auch immer wieder zu Todesfällen. Es fehlt an Ausrüstung und Training. Insgesamt kommen veraltete Technologien zum Einsatz«, kommentiert Klapper die Arbeitsbedingungen im Bergbausektor. Seit 2013, so Elton Debreshi, hätten an seinem Arbeitsplatz acht Menschen ihr Leben verloren. Dieser Vorwurf wiegt schwer und ist nicht so leicht zu beweisen. Ich habe *AlbChrome* gebeten, schriftlich dazu Stellung zu nehmen. Eine Sprecherin bezeichnet die Zahl in einem E-Mail an mich als »übertrieben« und »nicht faktenbasiert«. Seit 2013, schreibt sie weiter, seien »über zwei Millionen« Dollar in die Sicherheitstechnologie investiert worden. Den Mitgliedern der *Organizata Politikë* ist das nicht genug.

Im April 2021 fahre ich nach Bulqiza, um mir selbst ein Bild zu machen. 14 Monate sind vergangen, seit ich Debreshi zum letzten Mal begegnet bin, und viel ist seitdem passiert. In Bulqiza trägt zwar niemand eine Maske, aber die Folgen der Covid-19-Pandemie sind täglich spürbar. Der Chrompreis ist aufgrund der geringen Nachfrage eingebrochen und die Arbeitsbedingungen sind noch prekärer geworden. Elton Debreshi ist nach wie vor arbeitslos, aber trotzdem von früh bis spät auf den Beinen. Bei den Parlamentswahlen hat er sich mithilfe der *Organizata Politikë* als unabhängiger Kandidat aufstellen lassen. Im Zentrum von Bulqiza hängt ein gelbes Banner mit seinem Gesicht. Es zeigt einen Mann mit Helm, dunklem Bart und dreckiger, blauer Arbeitsjacke. Sein Ziel: der erste Bergmann in der Geschichte Albaniens werden, dem der Einzug ins Parlament gelingt. Seitdem kennt man Debreshis Namen nicht nur in Bulqiza, sondern im ganzen Land. Irdi Ismaili, der junge Student aus Tirana, ist so etwas wie sein Pressesprecher geworden. Ein Filmteam aus dem Kosovo hat ein Wahlkampfvideo gedreht und über 10.000 Menschen haben Debreshis Petition für bessere Arbeitsbedingungen in den Minen unterzeichnet. Seit Wochen ist der 33-Jährige jeden Tag unterwegs, um Wahlkampfreden zu halten.

Es ist ein verregneter Montagabend, als Debreshis Wagen in Kllobçisht hält, einem kleinen Dorf, zwei Kilometer von der nordmazedonischen Grenze entfernt. Der Ort ist so klein, dass auf Google Maps keine Straßennamen eingezeichnet sind. In einer verrauchten Bar mit Holztischen und lilafarbenen Wänden warten 20 Männer mit dreckiger Arbeitskleidung und schwarzen Händen. Einer erzählt mir, dass er sie auch dann nicht mehr sauber bekommt, wenn er Seife verwendet. Debreshis wütende Stimme schallt durch den Raum: »Drei Bergleute sterben im Dorf Vaqarr, aber niemand spricht darüber. Ein Bergmann stirbt im Dorf Zdruj und es wird geschwiegen. Minenarbeiter verletzen sich bei Unfällen und niemand spricht darüber.« Wie könne es sein, fragt Debreshi, dass sich der schwerreiche Samir Mane, sein ehemaliger Chef, nie in dieser Stadt blicken lasse? Der Vorwurf ist nicht neu. An eine Wand gegenüber von der Schule von Bulqiza hat jemand einen Schriftzug gesprayt: »AlbChrome kur do të flasim?« (AlbChrome, wann werden wir sprechen?)

Am Ende kommt alles ganz anders, als es sich Irdi Ismaili und seine Mitstreiter von *Organizata Politikë* ausgemalt hatten. Debreshi bekommt gerade einmal 590 Stimmen, viel zu wenig, um in das Parlament einzuziehen. Stattdessen nehmen die Drohungen und Einschüchterungsversuche zu. Auf der Straße beginnen ihn Menschen anzusprechen. »Sei lieber vorsichtig«, sind Sätze, die er hört. Im August 2021 explodiert eine Autobombe in Debreshis Wagen. Zum Glück wurde niemand verletzt, doch dann passierte etwas Sonderbares. Kein Strohmann mit Verbindungen zur mächtigen Chromindustrie wird festgenommen, sondern Debreshis Bruder. Zeitungen verbreiten die Geschichte, dass der arbeitslose und unter Druck stehende Debreshi die Aktion eingefädelt hatte, um Asyl in Deutschland zu beantragen.

»Wir wissen nicht, was in dieser Nacht passiert ist«, sagt Bora Mema, eine Sprecherin von *Organizata Politikë*, »alles, was wir wissen, ist, dass Debreshi über Monate Drohungen erhalten hat.« Inoffiziell ist zu hören, dass Debreshi enorm unter Druck gestanden sei. Er sorgte sich um die Sicherheit seiner Familie und fand keinen Job. Aufgrund seiner Gewerkschaftsarbeit war er auf einer schwarzen Liste gelandet und konnte bei keiner einzigen Bergwerksfirma mehr anheuern. *Organizata Politikë* und vereinzelt auch ausländische Unterstützer schickten hie und da ein bisschen Geld, aber es reichte nicht, um die Familie aus vier Kindern, Frau, Eltern sowie den Bruder zu unterstützen. »Ich fühle mich schuldig«, sagt eine Person, die Elton Debreshi im Wahlkampf unterstützt hat. Und: »Wir haben von ihm verlangt, dass er dieser typische Arbeiterklasseheld ist.«

Die *Organizata Politikë* hingegen gibt sich immer noch kämpferisch: »Samir Mane sollte der Stadt, von der er profitiert, etwas zurückgeben, nämlich in Form von angemessenen Steuern.« Es reiche nicht, Geschenke an Kinder in Bulqiza zu verteilen, der Schule ein paar neue Laptops zu spenden oder dem Krankenhaus neue Heizstrahler zu liefern. »Das ist, als würde man einem Bettler ein paar Brösel hinwerfen«, so die Sprecherin Bora Mema.

Der Milliardär

Samir Mane gibt selten Interviews. »Er ist unantastbar«, sagt eine albanische Journalistin in Tirana. Selbst enge Vertraute nennen ihn den »geheimen Premierminister Albaniens«, eine prahlerische Geste, die am Ende mehr Schaden anrichtet, als sie im ersten Moment glauben. Denn genau das ist das Image, das Samir Mane loswerden will: Ihm wird seit Jahren vorgeworfen, ein Oligarch zu sein.

Es gab eine Zeit, da begegnete ich Mane an jeder zweiten Straßenecke in Tirana. Sein Gesicht blickte als Graffiti von Hauswänden, darüber das Wort: Oligarch. Mitglieder von *Organizata Politikë* rückten nachts mit Spraydosen aus, klebten Sticker auf Laternenmasten und verteilten Flugzettel in Shoppingcentern. Am nächsten Tag mussten sie frustriert feststellen, dass ihre Slogans schwarz übermalt worden waren. »Samir Mane ist sein Image sehr wichtig«, meinte ein Aktivist damals zu mir.

Für Tiranas Aktivisten wurde der Unternehmer zur idealen Projektionsfläche. Mit einem Umsatz von 562 Millionen Euro im Jahr 2020 gehört die Holding zu den größten Investmentgruppen auf dem Balkan. »Wenn Mane die Löhne erhöht, dann ziehen andere nach«, so die Logik von *Organizata Politikë*. Immerhin beschäftigt er über 6000 Mitarbeiter und Mitarbeiterinnen. Ist es wirklich so einfach? Und was sagt Samir Mane dazu?

Der sagt: »Nicht ich, sondern der Markt legt die Löhne fest.« Und: »Ich bin kein Oligarch, sondern das exakte Gegenteil davon.« Samir Mane sitzt mit Jogginghose und Ralph-Lauren-Hemd in seinem Büro, links von ihm eine holzvertäfelte Wand mit Flachbildfernseher, rechts eine breite Fensterfront mit Blick aus dem elften Stock. Eine Assistentin bringt Kaffee für mich und einen Aschenbecher mit Zigarette für Mane.

Mane spricht von seiner Kindheit in Korça, dem »Paris Albaniens«, wie er die Stadt im Süden nennt. Er erzählt, wie sein Onkel 1946 vor den Kommunisten floh und wie auch er das Regime verachtet habe. In jungen Jahren wollte Samir Mane Wirtschaft studieren, aber die Partei wies ihm einen anderen Studienplatz zu: Geologie und Bergbau. »Als Student war ich auf Exkursion in Bulqiza«, sagt er, »und 25 Jahre später kehrte ich als Eigentümer der Mine dorthin zurück.«

In dem einstündigen Gespräch erzählt mir Mane seine Sicht auf die Welt: Im Kommunismus ist die Ungleichheit in Albanien viel größer gewesen als heute im Kapitalismus. Deswegen, weil einige wenige Parteikader ein gutes Leben in ihren Villen führten, während der Rest des Landes nicht genügend Brot zu essen hatte. Die Balfin Group hingegen hat den Albanern etwas ermöglicht, das davor fast 50 Jahre verboten war: Konsum. Mitte der Neunzigerjahre verkaufte Mane Radios, Fernsehgeräte und Videorekorder von der Ladefläche eines Trucks. Zuvor hatten in Albanien noch nicht einmal Plattenspieler oder Musikkassetten existiert. Der Jungunternehmer hatte damals drei oder vier Mitarbeiter und importierte Elektrogeräte aus Wien. »Wir haben Hunderttausende von diesen Dingern verkauft«, sagt er heute. Nach drei Jahren eröffnet er die ersten Geschäfte, dann Supermärkte und schließlich Shoppingcenter. Bauen. In Zukunftsbranchen investieren. Noch mehr Bauen. Darum ginge es ihm, sagt

Mane. Und nicht darum, was andere über ihn sagen. Auch nicht Elton Debreshi? Mane kennt seinen Namen, spricht ihn aber so zögerlich aus, als könne er sich nicht genau an ihn erinnern. »Das war nichts weiter als ein Witz«, sagt er, »und ein politisches Projekt, das von einer kleinen, kommunistischen Gruppe angestoßen wurde, der nicht mehr als sechs Leute angehören.« Seine Mine sei die »sicherste in Europa« und sein Unternehmen das »transparenteste in Albanien«. Kurz darauf ist das Interview vorbei.

Bulqiza, die sicherste Mine in Europa? An dieser These äußern alle ausländischen Experten, mit denen ich gesprochen habe, ihre Zweifel. Darunter Peter Seideneck, Berater beim Deutschen Gewerkschaftsbund, sowie Michael Wolters, Fachsekretär bei der deutschen Industriegewerkschaft Bergbau, Chemie, Energie. *AlbChrome* kann die Kritik nicht nachvollziehen. Ausländische Gewerkschaften seien falsch informiert, heißt es in der Stellungnahme. Und: »AlbChrome schützt die Integrität und das Wohlergehen seines Humankapitals.« Seit 2013 habe es 90 Unfälle gegeben. Davon seien 90 Prozent sogenannte »minor accidents«, also »kleinere Unfälle« gewesen. Dass seit 2013 acht Menschen ums Leben kamen, streitet das Unternehmen weiterhin ab, obwohl die Namen der Verstorbenen seit Jahren in albanischen Medien kursieren.

Heute habe ich das Gefühl, dass sich beide Seiten nicht mehr für Bulqiza interessieren. Elton Debreshi hat sich angeblich ins Ausland abgesetzt, und die *Organizata Politikë* sich einer neuen Kampagne zugewandt. Stellt man Aktivisten und Aktivistinnen Detailfragen zum Bergbausektor, wirkt es, als hätten sie den Überblick verloren. Hat Samir Mane gewonnen? Auf lange Sicht ja, in Hinblick auf die letzten Jahre nicht. Im Jahr 2019 schrieb *AlbChrome* rote Zahlen, 2020 verzeichnete das Unternehmen keinen Gewinn, und das, obwohl man mit 100.000 Tonnen einen neuen Rekord in der Chromförderung verzeichnete. Die Belegschaft musste arbeiten, aber die Covid-19-Pandemie hat die Absatzmärkte wegbrechen lassen. Im Dezember 2021, vier Tage vor Weihnachten, wurde bekannt, dass Mane die Mine an einen türkischen Investor verkaufen wird.

KAPITEL 10

PILGERN MIT DEN BEKTASCHI

Einmal im Jahr findet auf dem Tomorr ein islamisches Schlachtfest statt. Ohne Kopftücher und Gebete, dafür mit reichlich Schnaps und patriotischen Volksliedern. Über das Verhältnis der Albaner zu ihren Religionen.

Als das Licht angeht, sehe ich, dass einige der Männer um mich herum einen roten Punkt auf der Stirn tragen. Es ist keine Farbe, sondern getrocknetes Schafblut. Vor 30 Minuten haben wir uns, in völliger Dunkelheit, an einen der Tische gesetzt. Jetzt, da der Generator wieder läuft und die weißen Neonlampen an der Decke angesprungen sind, sehe ich zum ersten Mal, wo wir gelandet sind. Wir sitzen in einem Zelt mit Blechdach und Wänden aus Plastikplanen auf dem Gipfel eines der höchsten Berge Albaniens. Eine Kellnerin serviert Rakia, dazu Teller mit Käse, Paprika und Tomaten. Berge von Lammfleisch sind auf den Tischen verteilt, an denen Männer in Adidas-Jacken und Fußballtrikots sitzen, Karten spielen und neugierig zu uns herüberblicken.

Gemeinsam mit Aida, meiner Übersetzerin, bin ich auf den Tomorr gefahren, ein Bergmassiv aus Kalkstein, das sich 100 Kilometer südlich von Tirana erstreckt. Auf dem Gipfel findet einmal im Jahr ein islamisches Schlachtfest statt, abgehalten von einem Sufi-Orden namens Bektaschi, neben sunnitischen Muslimen, Orthodoxen und Katholiken eine anerkannte Religionsgemeinschaft in Albanien, der allerdings nur noch zwei Prozent der Bevölkerung angehören. Die

Bektaschi sind Muslime, können aber mit dem streng ausgelegten Islam wenig anfangen. Auch Christen oder Atheisten dürfen an ihrem Pilgerfest teilnehmen. Es gibt keinen Dresscode und auch sonst wenig Regeln. Stattdessen wird geraucht, Alkohol getrunken und ausgelassen getanzt. Die Frauen sind unverschleiert.

Religion in Albanien

Albanien ist, neben dem Kosovo, das einzige mehrheitlich muslimische Land Europas. Etwa 60 Prozent der Menschen gehören dem Islam an. In der Realität kümmert es wenige Albaner, was der Imam in der Moschee predigt oder was im Koran steht. Lange Bärte, Gebetsketten und Kopftücher sieht man selten. Die Albanerinnen waren außerdem die erste mehrheitlich sunnitische Gesellschaft, die sich Anfang des 20. Jahrhunderts gegen ein arabisches und für ein lateinisches Alphabet entschieden hat.

Nur etwa 40 Prozent der Gesamtbevölkerung Albaniens bezeichnen sich Umfragen zufolge als religiös. Etwa zehn Prozent der Bevölkerung sind katholisch und sieben Prozent orthodox. Christen und Muslime leben friedlich nebeneinander, Mischehen sind häufig. Kirchen stehen völlig selbstverständlich neben Moscheen, etwas, das auf dem Rest des Balkans eine Seltenheit ist. Viele Muslime trinken Alkohol, essen Schweinefleisch und verehren Mutter Teresa, eine katholische Ordensschwester mit albanischen Wurzeln, die vom Papst heiliggesprochen wurde. »Ich bin Muslim und war noch nie in einer Moschee«, hat ein junger Mann aus Tirana einmal erzählt. Ähnlich überraschend war ein Gespräch, das ich mit meinem Vermieter führte. Als ich ihn nach seiner Religion fragte, zog er eine Kette mit Kreuz unter seinem Hemd hervor und sagte: »Ich bin Muslim.«

Auf meinen Reisen in Albanien haben die Menschen in der Regel erst dann über ihre Religion gesprochen, wenn ich sie explizit danach gefragt habe. Das ist schon dem britischen Dichter George Byron aufgefallen, den es Anfang des 19. Jahrhunderts auf seiner großen Mittelmeerreise nach Albanien verschlug. Byron notierte sich: »Während sich andere als Moslems oder Christen bezeichnen, bezeichnet sich der Albaner als Albaner.« Vom albanischen Dichter Pashko Vasa

(1825–1892) ist ein ähnlicher Satz überliefert. In seinem Gedicht »O moj Shqipni« heißt es: »Schwören wir alle wie Brüder einen Eid, nicht auf Kirche oder Moschee zu schauen. Der Glaube des Albaners ist das Albanertum!«

Albanien ist dennoch ein Land, in dem Saudi-Arabien oder die Türkei immer präsenter werden und somit auch der Islam. Ein Beispiel dafür ist der Bau der »Xhamia e Madhe e Tiranës«, der Großen Moschee von Tirana, für die der türkische Präsident Recep Tayyip Erdoğan 2015 den Grundstein legte. Es ist ein Megaprojekt mit vier 50 Meter hohen Minaretten, in der einmal 10.000 Muslime gleichzeitig werden beten können. In Tirana fragt man sich scherzhaft, wo die Stadt bis zur Fertigstellung all die frommen Muslime herbekommen soll.

Vielleicht nehmen es die Albaner mit der Religion auch deswegen nicht so streng, weil sie jahrhundertelang von verschiedenen Ländern und Reichen beherrscht wurden. Vor dem 15. Jahrhundert waren sie Christen. Während der anschließenden, fast 500 Jahre anhaltenden Herrschaft des Osmanischen Reiches änderte sich das. Die Menschen konvertierten schrittweise zum Islam und nahmen muslimische Vornamen an. Das hatte weniger mit religiöser Überzeugung als vielmehr mit Pragmatismus zu tun. Viele wollten den hohen Kopfsteuern des Sultans entgehen. Bis heute sind die beiden wichtigsten Nationalhelden Albaniens Christen: Mutter Teresa und Skanderbeg. Wobei Skanderbeg eine regelrechte Religions-Odyssee hinlegte. In seinem Leben war er einmal römisch-katholisch, einmal griechisch-orthodox und dann wieder muslimisch, je nachdem, wie es ihn politisch und militärisch voranbrachte. Ein albanisches Sprichwort besagt: »Ku është shpata, është feja.« (Wo sich das Schwert befindet, ist auch die Religion.)

Bis heute ist diese Flexibilität und Gleichgültigkeit tief in der Gesellschaft verankert. Dazu beigetragen hat wohl auch Enver Hoxha. Zu seiner Zeit wurden Kirchen und Moscheen als Sporthallen und Kasernen benutzt. In Shkodra, dem Zentrum der Katholiken im Norden, betrat ich einmal eine Kirche, in der Schüler zur Zeit des Sozialismus Basketball spielten. Im Süden kam ich an einer Moschee vorbei, in der unter Hoxha Zirkusakrobaten trainierten, weil sie eine besonders hohe Decke hatte. Sogar Ortsnamen mit religiöser

Herkunft ließ der Diktator verbieten und abändern. Dörfer, die nach Heiligen benannt waren, hießen plötzlich anders, zum Beispiel Përparim (Fortschritt). Insgesamt zerstörte Hoxha über 2000 Gotteshäuser, und eine ganze Generation wuchs ohne religiöse Feiertage auf. Erst im November 1990 hob Hoxhas Nachfolger Ramiz Alia das Verbot auf. Einen Monat später fand in Shkodra Albaniens erste Christmette seit 23 Jahren statt. Alte Traditionen, die lange verboten waren, kehrten zurück. Das Schlachtfest der Bektaschi ist ein Beispiel dafür.

Audienz bei Baba Mondi

Einmal im Jahr pilgern 10.000 Bektaschi auf den Tomorr im Süden Albaniens, um ihre Schafe zu schlachten und ein ausgelassenes Fest zu feiern. Dabei sind sie weitgehend unter sich. Ausländische Touristen verschlägt es selten dorthin.

Über die Bektaschi selbst ist wenig bekannt. Der Orden hält nicht viel von den Regeln strenggläubiger Muslime, beispielsweise, dass fünfmal am Tag in Richtung Mekka gebetet werden muss oder Mohammed, der Prophet, nicht bildlich dargestellt werden darf. Manche ihrer Sprüche klingen, als wären sie einer Yoga-Meditationsstunde entsprungen: »Verletze niemanden, auch wenn du verletzt wirst.« – »Das wichtigste Buch zum Lesen ist der Mensch.« – »Das Universum ist die sichtbare Gestalt Gottes.«

Vor unserer Reise auf den Tomorr machen Aida und ich uns auf die Suche nach jenem Mann, der diese Sprüche predigt. Baba Mondi, 60 Jahre alt, trägt einen brustlangen Bart, ein wallendes Gewand, eine waldgrüne, hohe Mütze und ein Amulett um den Hals. Für die Bektaschi ist Baba Mondi so etwas wie der Papst für die Katholiken und der Dalai Lama für Buddhisten. Er ist das Oberhaupt der Bektaschi auf der ganzen Welt, egal, ob sie in Albanien, der Türkei oder den USA leben.

Das Weltzentrum der Bektaschi liegt am Stadtrand von Tirana. Hier, 25 Minuten vom Zentrum entfernt, erstreckt sich auch eines der ärmsten Roma-Viertel der Stadt. Dort habe ich Kinder getroffen, die Mülleimer durchwühlen, anstatt zur Schule zu gehen, und deren Häuser noch immer nicht an die Kanalisation angeschlossen sind. Hier also, im Viertel der Ärmsten, liegt Baba Mondis Zentrum, umgeben von grauen Ziegelsteinhäusern, von deren Balkonen bunte Wäsche flattert. Gleich dahinter ragt ein Fabrikschlot in die Höhe. Zwischen all dem wirkt das Glaubenshaus der Bektaschi wie ein Fremdkörper. Es erinnert mich an ein versehentlich gelandetes Raumschiff, das sich mit seiner gewaltigen bronzefarbenen Kuppel in die Siedlung gezwängt hat. Ein solches Glaubenshaus wird im Albanischen »Teqe«, zu Deutsch Tekke, genannt. Übersetzt bedeutet das »Rückzugsort« oder »Asyl«. Es gibt ein Detail, das man an jeder Tekke findet: Ihre Kuppel gleicht dem Hut, den Baba Mondi trägt; es sieht aus, als hätte man den Häusern Mützen aufgesetzt.

Den Eingang zu der Tekke im Vorort Tiranas bildet ein Holztor mit einem goldenen Doppeladler, Albaniens Wappentier. Tritt man ein, fühlt man sich wie in einer anderen Welt. Das Areal ist mit weißen Marmorplatten gepflastert, der Rasen getrimmt. Ein Steinbrunnen mit Löwenköpfen plätschert vor sich hin, daneben blühen Rosenbüsche. Im Garten sitzen Familien und warten geduldig auf eine Audienz bei Baba Mondi, dessen voller Name Haxhi Baba Edmond Brahimaj lautet. Seit 2011 ist er das Oberhaupt der Bektaschi.

Auf den ersten Blick wirkt Baba Mondi altmodisch, was wohl seinem wallenden Gewand geschuldet ist. In Wahrheit hat der Heilige Vater ein modernes, durchgetaktetes Leben, ähnlich dem eines Politikers. Er fährt in einem Jeep mit Leibwächtern durch das Land, trifft sich mit ausländischen Delegationen und macht Selfies mit Fans. Als ich ihn zum Interview treffe, tippt er gestresst auf seinem Smartphone herum.

> ***Wie oft beten die Bektaschi?***
> Baba Mondi: *Wir können in jeder Sekunde zu Gott beten, in unserem Herzen oder in Gedanken.*
> ***Warum haltet ihr euch nicht an das Bilderverbot im Islam?***
> Baba Mondi: *Weil Gott selbst sagt, dass er uns mit seinem Antlitz geschaffen hat.*

Früher, im Sozialismus, war Mondi Offizier in der albanischen Armee, stationiert an der jugoslawischen Grenze. Heute bezeichnet er sich als Pazifist. Nach den islamistischen Anschlägen auf die Redaktion der Satirezeitschrift *Charlie Hebdo* reiste er mit anderen albanischen Geistlichen, darunter sunnitischen Imamen sowie katholischen und orthodoxen Priestern, nach Paris. »Wir nahmen uns an den Händen und marschierten die Straße entlang, um den Franzosen zu zeigen, dass alle Religionen zusammenstehen müssen«, erzählt Baba Mondi. Ihm sei egal, welche Konfession die Menschen hätten: »Hauptsache, sie glauben an etwas.«

Die Welt der Bektaschi

Auch wenn sich ihr Oberhaupt Baba Mondi sehr pragmatisch zeigt – die Welt der Bektaschi ist geheimnisvoll. Ich beschäftige mich jetzt seit einigen Jahren mit ihnen, habe den Orden aber noch immer nicht vollkommen durchschaut. Das liegt wohl auch daran, dass seine Anhänger verschiedene Geschichten erzählen, die zum Teil voneinander abweichen. Eine davon hat mich regelrecht zum Schmunzeln gebracht.

Für die Bektaschi gibt es, ebenso wie für den Rest der gläubigen Muslime, nur einen Gott, Mohammed ist sein Prophet. Die Bektaschi glauben darüber hinaus aber an eine Reihe von Heiligen, die den Propheten begleitet oder seine Lehre weitergetragen haben. Einer davon ist ein gewisser Abaz Aliu, dessen Gesicht in jeder Tekke zu finden ist. Am Tomorr verkaufen Händler Amulette, Ringe und Ikonen mit seinem Konterfei. Zu sehen ist ein bärtiger Mann mit grünem Turban und geschwungenen Augenbrauen. Er sieht aus, als hätte er viel Zeit beim Kosmetiker verbracht, so makellos ist seine Haut und so dunkel geschminkt sind seine Augen und Wimpern. Abaz Aliu erinnert an eine orientalische Version von Jesus. Manche Abbildungen zeigen ihn mit Schwert in der Hand, andere auf einem weißen Pferd sitzend und mit einer blutigen Wunde auf der Stirn. Aliu soll um das Jahr 647 nach Christus im heutigen Saudi-Arabien geboren worden sein und ist im Jahr 680 in der Schlacht von Kerbela, im heutigen Irak, umgekommen. Bis heute ist er in den Augen der Schiiten, zu deren erweitertem Umfeld auch die Bektaschi zählen, ein Märtyrer. Im Glauben der Bektaschi starb Aliu jedoch nicht wie ein normaler Mensch: Seine Seele flog über die Türkei in Richtung Albanien, wo sie von der Spitze des Berges Tomorr in den Himmel stieg. Ein Anhänger der Bektaschi erzählte mir, dass die Seele nicht ganz allein dorthin geflogen, sondern auf Alius Pferd geritten sei. Bis heute sollen die Abdrücke der Hufe am Gipfel zu finden sein. Die Bektaschi haben dort eine kleine Tekke errichtet, in der sie Kerzen anzünden und Geldscheine in die mysteriösen Abdrücke im Stein legen.

Obwohl Abaz Aliu Albanien erst als Toter betreten hat, spielt das kleine Balkanland für den Bektaschi-Orden eine zentrale Rolle. Die Zahl seiner Anhänger ist allerdings über die Jahrzehnte stark zurückgegangen: von fast 20 Prozent zur Zeit des Zweiten Weltkriegs auf etwa zwei Prozent heute. Hoxhas Atheismus-Kampagne hat den Orden fast vollständig verschwinden lassen. Obwohl der Vater des Diktators ein gläubiger Muslim war, ließ sein Sohn Vertreter des Ordens verfolgen, einsperren oder des Landes verweisen. Mit Priestern und sunnitischen Imamen verfuhr er ähnlich.

Baba Mondis Vorgänger, ein Mann namens Baba Reshat, hat im Kommunismus Schreckliches durchgemacht. Er musste 32 Jahre lang Zwangsarbeit leisten, unter anderem in einem Steinbruch. Nach dem Fall des Regimes kam Reshat frei und ließ viele Tekken in Albanien wiederaufbauen, darunter auch jene auf dem Tomorr. Zu alter Größe konnten die Bektaschi aber nie wieder aufsteigen. Der 2017 verstorbene Albanologe Robert Elsie ging davon aus, dass zu Beginn des 20. Jahrhunderts jeder vierte Muslim in Albanien ein Bektaschi gewesen ist und es Mitte der 1940er-Jahre noch 280 Babas gab. Nach der kommunistischen Diktatur waren nur noch fünf von ihnen übrig.

Pazifismus und Patronenkugeln

Die Kleinstadt, von der die Bektaschi auf den Tomorr pilgern, nennt sich Poliçan, ein Ort mit 4318 Einwohnern, umgeben von Bergen und Hügeln. Jedes Jahr, wenn das Pilgerfest beginnt, ist am Eingang der Kleinstadt ein Banner gespannt, das die Bektaschi willkommen heißt. Abseits dieser Augustmonate ist Poliçan ein verlassenes Örtchen fernab der Zivilisation. Obwohl es nur 24 Kilometer von der

Stadt Berat entfernt ist, braucht man eine gute Stunde, um dorthin zu kommen. Die Straße ist holprig und kurvenreich. Sie schlängelt sich an kleinen Dörfern vorbei, in denen neben Traktoren und Bussen auch Esel oder Pferde als Transportmittel benutzt werden. Die Gegend am Fuße des Berges ist noch nicht für den Tourismus ausgelegt: Es gibt keine asphaltierten Straßen, keine beschrifteten Wanderwege und keine Übernachtungsmöglichkeiten.

Am Rand der Stadt, dort, wo die ockerfarbenen Plattenbauten den Hügel hinabkriechen, stehen bis heute die Überreste einer alten Industrieruine. Sie erstreckt sich über sechs separate Areale, hinter jedem Hügel eines. Unter Hoxha, so erfuhr ich später, wurden in den Hallen und Bergstollen Millionen Tonnen Waffen hergestellt, von Patronen für die Kalaschnikow AK-47 über Handgranaten, Panzerabwehrminen bis zu Raketen und Flugkörpern.

Ohne die gewaltige Fabrik gäbe es Poliçan heute nicht. Die Stadt ist aus der Industrieanlage herausgewachsen. Ihr einziger Zweck war es, die rund 3000 Arbeiter unterzubringen. Einige von ihnen schliefen auf dem Fabrikareal, andere in einem der tristen Wohnblocks am Hügel. Jeden Tag stiegen sie eine lange Steintreppe ins Tal hinunter, vorbei an den Häuserblocks, die für sie errichtet worden waren. Manche haben ihr halbes Leben lang für einen Krieg geschuftet, der nur in Enver Hoxhas Kopf stattgefunden hat. Nicht wenige empfanden das als Privileg. Poliçan war ein streng gehütetes Staatsgeheimnis, über das niemand Bescheid wissen durfte. Nicht einmal mit der Familie sprach man darüber.

»Was stellt ihr da unten in der Fabrik her?«, fragte Ardian, ein Bewohner Poliçans, als Kind seine Eltern. Er wurde im selben Jahr geboren, als die Fabrik ihre Tore öffnete. »Löffeln und Gabeln«, antworteten seine Eltern damals. Ardian war 14 Jahre alt, als ihm bewusst wurde, dass das eine Lüge war. Später studierte er Mechanik in Tirana und begann selbst, in der Fabrik zu arbeiten, über 28 Jahre lang. »Als ich in der Fabrik angefangen habe, musste ich einen Schwur leisten«, erzählt Ardian, »und zwar, dass ich mit niemandem über meine Arbeit spreche.« Der Mann, der das sagt, ist 52 Jahre alt, klein und hager, Vater zweier Kinder Anfang 20, von Beruf Ingenieur. Er trägt ein rotes Poloshirt und eine viel zu große Brille. Die Zeit, in der er schweigen musste, ist lange vorbei, und das ist gut so.

Kapitel 10

Ardians Büro ist auf angenehme 26 Grad heruntergekühlt und liegt im Gemeindeamt. Tritt man vor die Tür, schlägt einem die Augusthitze entgegen. Das Büro ist genauso unscheinbar wie der Mann, der mir gegenübersitzt. Karten von Luftaufnahmen hängen an der Wand, ein Drucker steht in der Ecke. Ardian selbst hat schmale, glatte Hände und auffallend saubere Fingernägel, ganz anders als die Männer, die ich sonst in der Gegend getroffen habe und die als Mechaniker oder auf dem Feld arbeiten. Ardian hat nicht seine Muskeln, sondern seinen Kopf in die Fabrik gesteckt, zuerst im Studium in Tirana, dann vor Ort in Poliçan. Er hat Russisch gelernt, um die Bedienungsanleitungen zu verstehen, und sich mit Ingenieuren aus dem Ostblock ausgetauscht, mit Rumänen, Tschechen und Polen. Der Chef der Firma kam aus dem Verteidigungsministerium, die Vorsitzenden der Abteilung aus der Kommunistischen Partei, erzählt er. Am Morgen lasen sie den Arbeitern aus der Zeitung vor, über die Feinde im Ausland und die Erfolge des Sozialismus. Dann machten alle gemeinsam Gymnastik. »Es war maximal ideologisch«, sagt Ardian. Über die Maschinen, die im Tal vor sich hin rosten, spricht er, als hätten sie Gefühle: »Mir tut es weh zu sehen, wie die Fabrik zerfällt. Die Maschinen gehen kaputt, wenn Temperatur und Luftfeuchtigkeit zu hoch sind.«

Die Munitionsmengen, die in Poliçan hergestellt wurden, waren enorm – vor allem, wenn man bedenkt, dass Albanien nur drei Millionen Einwohnerinnen hatte und seit 1945 nie von einem anderen Staat angegriffen worden ist. Obwohl das Land zu den ärmsten in Europa gehörte und Menschen hungerten, investierte Hoxha immer weiter große Summen in die Rüstungsindustrie.

Auf dem Höhepunkt der Produktion, Mitte der Achtzigerjahre, waren in Poliçan laut Ardian 3300 Arbeiter angestellt. 350 von ihnen arbeiteten in 24-Stunden-Schichten an einem einzigen Produkt, das Ardian jetzt auf ein weißes DIN-A4-Blatt zeichnet, bekannt unter der Bezeichnung Kalaschnikow-Kaliber 7,62 × 39 mm, eine der am weitesten verbreiteten Militärpatronen der Welt. Die Patrone ist eine Erfindung der Sowjetunion und war in allen Staaten des Warschauer Paktes gebräuchlich. Als der Kalte Krieg zu Ende ging, war der Markt regelrecht überschwemmt damit. »Mitte der Achtzigerjahre produzierte Poliçan drei Millionen dieser Patronen im Monat«, sagt Ardian.

Stimmt diese Menge, dann war das eine Patrone für jeden Albaner und jede Albanerin im Land.

Was fing Hoxha nur mit all den Patronen an? »Diese Dinger wurden nie eingesetzt«, sagt Ardian, »und nach dem Kommunismus hieß es, wir sollten alles wieder zerstören.« Blickt man auf das große Ganze, dann ist Poliçan ein sinnloser und absurder Kreislauf: Millionen Tonnen an Munition wurden hergestellt, um den Westen abzuschrecken, dann investierte die NATO, also der ehemalige Feind, Millionen, um sie wieder zu zerstören. Nach Ende des Kalten Krieges, als das Hochrüsten zwischen den Supermächten ein Ende fand, wollten ehemals kommunistische Staaten ihre Waffen schnell loswerden. Einerseits, weil es viel Geld kostet, alte Munition so aufzubewahren, dass es den internationalen Standards entspricht, andererseits, weil sich mit diesem Waffenarsenal Geld verdienen ließ, wenn nicht über legale Wege, dann auf dem Schwarzmarkt. Abnehmer gab es dafür vor und nach der Jahrtausendwende genug, egal, ob im Kosovo, in Afghanistan oder im Irak. Obgleich NATO-Mitglieder, neben der USA auch Deutschland, große Mengen Munition in Albanien vernichtet haben, befanden sich 2018 immer noch 75.000 Tonnen Munition in Albaniens Depots, der Großteil davon ist über 40 Jahre alt.

Generation ohne Gott

Die Fahrt auf den Tomorr erinnert an eine Auto-Rallye. Den Bektaschi scheint es großen Spaß zu machen, sich gegenseitig den Berg hochzujagen, bis so viel Staub in der Luft liegt, dass man aus dem Husten nicht mehr herauskommt. Seit Jahren schon versprechen Politiker, die Straße hoch zum Gipfel asphaltieren zu lassen. Das ist bis heute nicht passiert. Und so kann sich niemand sicher sein, ob er oder sie auch wirklich oben ankommt. Manche versuchen es mit klapprigen Mopeds, andere mit zerkratzten Mercedes-Karren, wieder andere haben das Glück, einen Jeep mit Allradantrieb zu besitzen.

Flori, ein Taxifahrer mit blauem Geländewagen, zersprungenen Seitenspiegeln und staubigen Sitzen, nimmt uns für 3000 Lek, umgerechnet etwa 25 Euro, hoch zum Gipfel mit, ein fairer Preis, denn wir sind fast zwei Stunden unterwegs. Mit jedem Höhenmeter wird die Landschaft karger. Die Menschen, die hier leben, sind Hirten oder haben in einem der Steinbrüche gearbeitet. Sie schlugen helle Karststücke aus den Flanken des Tomorr und transportierten sie ins Tal, wo sie zu quadratischen, geschliffenen Platten verarbeitet und verkauft wurden. Mit ihnen wurden Wege gepflastert, Mauern gebaut und Hausfassaden verziert.

»Aber das war einmal«, klagt Flori, während wir in seinem Wagen hin und her geschüttelt werden. »Weil das Gebiet um den Tomorr zu einem Nationalpark gehört, vergibt die Regierung keine Lizenzen mehr, um den Stein abzubauen«, erzählt er, »seitdem ist hier eine ganze Industrie weggebrochen.« Früher, vor der Wende, gab es im Tal die Munitionsfabrik. Heute lebt der Großteil der Menschen von Landwirtschaft und Viehzucht. Die junge Generation verlässt meist ihre Heimatdörfer, um anderswo Arbeit zu finden.

Egli ist 24 Jahre alt und einer von ihnen. Er stammt aus einer traditionellen Bauernfamilie, die in einem Dorf namens Kapinovë lebt, eingebettet zwischen Hügeln, eine halbe Stunde Busfahrt von der Hauptstraße entfernt. »Alle in meinem Dorf sind Bauern«, erzählt Egli, der schon vor vielen Jahren nach Tirana gezogen ist und eine Ausbildung zum Bäcker angefangen hat. Seine Eltern und die Großmutter in Kapinovë sind Selbstversorger. Sie besitzen 20 Schafe, eine Kuh und ein Muli. Weil der Fuchs regelmäßig die Hühner frisst, hat Eglis Großmutter einen Zaun aus Maschendraht gebaut. Im Garten wachsen Bohnen, Tomaten und Gurken. Das, was übrigbleibt, verkauft der Vater in Poliçan und steht dafür vor Sonnenaufgang auf, um unten im Tal rechtzeitig seine Kisten aufzubauen. Zur Zeit des Sozialismus war das undenkbar. Bäuerlicher Privatbesitz war verboten.

Eglis Großmutter Tana, 75 Jahre alt, ist alt genug, um sich an die Zeit vor dem Religionsverbot zu erinnern. Ihr Schwiegersohn, Eglis Vater, hingegen sagt: »Meine Generation wuchs ohne Gott auf. Religion existierte in unserem Leben einfach nicht.« Egli, die dritte Generation, ist ein gläubiger Bektaschi und für das Pilgerfest extra aus Tirana angereist.

Auf dem Gipfel, dort, wo das Grab von Abaz Aliu liegt, macht Egli Fotos für seinen Instagram-Account. Sie zeigen ihn, einen groß gewachsenen Mann mit dunkler Jeans, Nike-Shirt und Sonnenbrille, wie er die Hand auf die Bronzestatue von Abaz Aliu legt. Ich frage Egli, ob er an die Sage mit den Fußabdrücken glaube. »Ja, sie ist wahr«, sagt er mit todernster Miene. In der Gegend gebe es noch drei weitere Orte, wo Abaz Aliu angeblich Spuren hinterlassen hat. Egli hat sie alle besucht.

Am Tomorr angekommen, erwartet uns reges Treiben. Der Bergrücken ist voller Geländewagen, auf deren Ladeflächen alles Mögliche Platz findet – Schafe, Melonen, Decken, Säcke voller Paprika. Vom überfüllten Parkplatz, einer freien Wiese, strömen die Menschen in Richtung Tekke. Deren Eingang bildet ein steinerner Torbogen, über dem das Foto von Abaz Aliu, dem Heiligen mit dem Turban und der Kopfwunde, hängt. Dahinter erstreckt sich eine aus hellem Stein gebaute Tekke mit einem kleinen Balkon. Dort sitzt Baba Mondi und schaut dem Treiben zu. Gleich dahinter beginnt der Wald.

Egli führt uns über das Gelände, vorbei an aus Plastikplanen improvisierten Kiosken, aus denen eine Mischung aus Obst, Chips und Abaz-Aliu-Souvenirs verkauft wird. Die grünen Hügel um die Tekke sind voll mit Hunderten Tieren, die ahnungslos ihre letzte Mahlzeit einnehmen. Dann werden die laut blökenden Schafe auf eine Anhöhe getrieben, wo ein unfertiges Betongerippe steht: der Schlachthof. Gerade hat der Schlachter einem Schaf die Kehle durchtrennt. Jetzt hängt er es auf einen Eisenhaken, und zwei starke Hände, die in blutigen Plastikhandschuhen stecken, ziehen dem toten Tier das Fell ab. Rundherum häufen sich Berge von Eingeweiden. Die Ladefläche eines Lieferwagens ist bereits halb voll damit.

All das scheint niemandem den Appetit zu verderben, fröhlich ziehen die Familien in Richtung Wald, um ein Feuer zu entfachen, das Schaf in einem Plastiksack über der Schulter. Auf ihrer Stirn prangt der rote Punkt, der mir hier zum ersten Mal auffällt. Selbst Kleinkinder bekommen einen Klecks Schafblut auf die Stirn, eine Tradition, die Glück bringen soll und an die Stirnwunde von Abaz Aliu erinnert.

Gleich hinter dem Schlachthof setzen die Bektaschi ihr Ritual fort. Dort steht ein lang gezogener Steinbogen, der an die Überreste einer antiken Ausgrabungsstätte erinnert. In den Bögen brennen dünne, weiße Kerzen, die überall am Tomorr zum Verkauf angeboten werden. Weil das Wachs zu einer Masse verschmolzen ist, schlagen sie einem als lodernde Flammen entgegen. In einem kleinen Steinhaus stehen mit grünen Tüchern überspannte Sarkophage, in denen verstorbene Babas und Derwische ruhen. Die Bektaschi treten ein, küssen jedes Grab einzeln und lassen Geldscheine als Geschenk zurück, fast so, als wollten sie den Heiligen ein kleines Trinkgeld zustecken. Später erfuhr ich, warum: Die Bektaschi glauben nicht an den Tod. Ihrer Meinung nach zieht die Seele nur um.

Im Garten der Tekke, mit Blick auf die traumhaften Gebirgszüge, treten Folkloregruppen aus dem Norden und Süden Albaniens auf. Die Männer und Frauen tragen die traditionelle Volkstracht der Albaner und Albanerinnen, ein Outfit aus weißen Blusen, roten Sakkos und Filzkappen. Sie singen nicht über Abaz Aliu, Allah oder den Propheten Mohammed, sie singen patriotische Lieder über die geliebte Heimat Albanien. Ihre nationale Identität war den Bektaschi stets wichtiger als ihre religiöse. »Ohne Mutterland keine Religion«, steht auf einer Steintafel in einer ihrer Tekken am Tomorr.

Naim Frashëri, der bedeutendste albanische Nationaldichter des 19. Jahrhunderts und selbst ein Bektaschi, schrieb über den Orden: »Nicht nur untereinander, sondern allen Menschen gegenüber sind die Bektaschi Brüder und Seele. Sie lieben auch die anderen Muselmanen und die Christen und verhalten sich gut und schön gegen alle Menschen. Doch am meisten lieben sie das Vaterland und die Vaterlandsfreunde, denn dies ist das Beste von allem Guten.«

Abends, wenn sich die Dunkelheit über den Tomorr legt und die Lagerfeuer im Wald zu flackern beginnen, strömen die Bektaschi zu den aus Plastikplanen und Holzstecken improvisierten Partyzelten wie Motten zum Licht. Im Inneren stehen ein Keyboard, ein Mikrofon und eine Klarinette. Mehr brauchen die Besucher nicht, um die ganze Nacht durchzufeiern. Die Generatoren beginnen zu surren, und die Schafe, aufgespießt auf langen Eisenstäben, drehen sich hypnotisch über der Holzkohle. Dann halten sich die Bektaschi an den Händen und tanzen den *valle shqiptare*, den Kreistanz der Albaner. Ihre Füße bewegen sich im selben Rhythmus, der Oberkörper ist aufrecht; wer mit zwei Fingern pfeifen kann, der tut es laut und oft.

Egli zieht sich seine Jacke aus und entblößt stolz ein Tattoo, das er auf seinen rechten Oberarm hat stechen lassen. Es zeigt einen Mann mit Turban und verschleiertem Blick, der vor einem runden Steinhäuschen steht. Weil sich Egli einen Sonnenbrand eingefangen hat, sieht es aus, als wäre Abaz Aliu errötet, jener Mann, der einen von Albaniens höchsten Bergen heilig gemacht hat.

KAPITEL 11

MAO CE DUN

Wieso steht in Berat eine Fabrik, die nach dem chinesischen Führer Mao benannt ist? Die Antwort öffnet eines der sonderbarsten Kapitel in der jüngeren albanischen Geschichte.

»Kennen Sie eine gewisse Dallendyshe?«, fragt Aida. Der Mann, der uns auf dem steilen Kopfsteinpflasterweg entgegenkommt, bleibt kurz stehen. »Nein, ich bin von der anderen Seite«, sagt er entschuldigend und geht weiter. Wir haben weder Dallendyshes Telefonnummer noch ihre Adresse. Alles, was wir wissen, ist, dass die Frau in Gorica lebt, einem der zwei Altstadtviertel von Berat, auch bekannt als »Stadt der tausend Fenster«.

Berat liegt 100 Kilometer südlich von Tirana und ist eine der ältesten Städte auf dem Balkan, über 2500 Jahre alt. Das, wofür Berat heute berühmt ist, haben die Osmanen hinterlassen – zweistöckige, blütenweiße Steinhäuser mit hölzernen Obergeschossen und dicht aneinandergereihten Fenstern. Sie schmiegen sich an den Hang, die Gärten voller Wein sowie Limetten-, Feigen- und Granatapfelbäume.

Wir haben von Dallendyshe in einer albanischen Onlinezeitung gelesen, der sie vor Jahren ein Interview gegeben hat. Darin erzählt sie von ihrem ehemaligen Arbeitsplatz, einer Textilfabrik namens *Mao Ce Dun,* Albanisch für Mao Zedong. Genau darüber wollen wir mit ihr sprechen. Aber zuerst müssen wir sie im Gassengewirr der Altstadt finden, wo die Steinhäuser einander ähneln wie ein Ei dem anderen.

Tirana und Peking: 17 Jahre Fernbeziehung

Wie kam es, dass ein chinesischer Diktator seine Spuren in dieser alten Stadt hinterlassen hat? Die Antwort öffnet eines der sonderbarsten Kapitel in der jüngeren albanischen Geschichte. Es geht um die Beziehung zweier »Brüder«, die einander nur einmal getroffen haben und die zwei weit voneinander entfernte Länder regierten. Das eine hatte drei Millionen, das andere 700 Millionen Einwohner. Eine Fliege und ein Elefant. Ein winziger Ausschnitt von Europa und ein halber Kontinent. Solange das kleine Albanien vom großen China profitierte und umgekehrt, ging diese Fernbeziehung gut. 17 Jahre lang, überraschenderweise länger als jedes andere Bündnis, das Albanien je eingegangen ist. Albanien versuchte, über seinen Ex-Partner, die Sowjetunion, hinwegzukommen, und China schien die perfekte Schulter zu sein, um sich anzulehnen. Beide, Hoxha wie Mao, trauerten Stalin hinterher. Seinem Nachfolger Chruschtschow warfen sie vor, vom marxistisch-leninistischen Weg abgekommen zu sein. Für Albanien überwogen dabei eindeutig die wirtschaftlichen Interessen; das machte die Annäherung an Peking mehr zu einer Zweck- als zu einer Liebeshochzeit. Albanien, ein Agrarstaat, wollte seine eigene Schwerindustrie aufbauen, und China willigte ein, Kredite zu vergeben und Experten zu entsenden. Als Gegenleistung nutzte Peking das kleine Albanien als Stimme in der westlichen Welt. Tirana hatte, im Gegensatz zu China, einen Sitz in der UNO in New York.

Es gibt nur wenige Menschen auf der Welt, die sich mit der chinesisch-albanischen Beziehung beschäftigen. Einer davon ist Ylber Marku, 37 Jahre alt und Historiker an der Universität von Xiamen, einer Hafenstadt im Südosten Chinas, gegenüber von Taiwan. Mehrmals jährlich kehrt er in sein Heimatland Albanien zurück, um in Archiven nach Akten zu wühlen und seine Eltern zu besuchen.

»Vor dem Bruch mit der Sowjetunion studierten Tausende Albaner in Russland«, sagt Marku, »sie verliebten sich, heirateten und bekamen Kinder.« Als sich Hoxha von Moskau abwandte, endeten auch ihre Beziehungen. »Viele von ihnen mussten ihre Familie zurücklassen«, so Marku, »es war ein kollektives Drama.« Mit China, so dachte sich Hoxha wohl, sollte dieser Fehler nicht noch einmal passieren.

Fortan wurden Männer, die sich heimlich mit chinesischen Frauen trafen, vom Geheimdienst gerügt oder gleich zurück nach Hause geschickt. »In Archiven habe ich Akten von Botschaftsmitarbeitern in Peking gefunden, die sogar von Zwangsabtreibungen berichten«, sagt Marku. Albaner und Chinesinnen durften einander nicht zu nahe kommen.

Die Parteieliten allerdings halfen sich aus, so gut es ging. Albanische Diplomaten schmuggelten im Kalten Krieg Mao-Bibeln in die USA, ein rotes Büchlein mit gelber Sonne, in dem Sprüche des großen Vorsitzenden gesammelt waren. Peking, damals relativ isoliert, handelte unter albanischer Flagge, etwas, das man sich heute, wo China die größte Handelsmacht der Welt ist, nicht mehr vorstellen kann. Als Dankeschön machte China Albanien allerhand Geschenke, neben Krediten in Milliardenhöhe und tonnenschweren Waffenlieferungen auch chinesische Enten, Seidenraupen und Agavengewächse. Tausende Traktoren sowie Millionen Tonnen Stahl und Getreide gelangten nach Albanien. Mao inspirierte Hoxha dazu, Morgengymnastik in Fabriken und Straflagern einzuführen, um das Gemeinschaftsgefühl zu stärken. *Radio Peking* strahlte zweimal täglich eine halbe Stunde Programm in albanischer Sprache aus. Auch die vielen Bunker hätte sich Hoxha ohne die chinesischen Kredite nicht leisten können. Zwar wurden sie nie benutzt, aber sie waren für das Regime von großer, psychologischer Bedeutung. »Viele Menschen haben wirklich daran geglaubt, dass eine Belagerung oder ein Krieg droht«, sagt der Historiker Idrit Idrizi, »sie dachten, Hoxha werde schon seine Gründe haben, all die Bunker zu bauen.«

Im Sozialismus hatte Albanien ständig wechselnde Alliierte, so viele, dass man leicht den Überblick verlieren kann. Eine Hilfestellung sind Hoxhas Kopfbedeckungen. In den Vierzigerjahren, als Jugoslawien der wichtigste Alliierte Albaniens war, imitierte Hoxha dessen Präsidenten Tito, indem er sich eine *Titovka* aufsetzte, eine Partisanenmütze mit rotem Stern. Die jugoslawischen Kommunisten hatten Albanien nicht nur geholfen, das Land von den Nazis zu befreien, sondern in den Nachkriegsjahren auch in die albanische Infrastruktur investiert. Im Jahr 1948 wurden aus Hoxha und Tito verfeindete Nachbarn. Ausschlaggebend dafür waren die Pläne Belgrads, Albanien zur siebten Republik Jugoslawiens zu machen sowie einen eigenen Weg des Sozialismus zu beschreiten. Daran entzündete sich ein Konflikt mit der Sowjetunion, der darin gipfelte, dass Jugoslawiens KP aus der Kominform ausgeschlossen wurde.

Hoxha blieb Moskau treu, der US-amerikanische Auslandsgeheimdienst CIA kommentierte das in seiner Akte mit den Worten: »Hoxha ist eine Puppe der UdSSR.« Passend zu diesem außenpolitischen Kurswechsel trug Hoxha dunkle Filzhüte mit Krempe, wie sie zu jener Zeit im Kreml Mode waren. Im November 1960, als in Moskau ein Weltkongress kommunistischer Parteien stattfand, endete die Beziehung mit den Sowjets. In einer Rede griff Hoxha Stalins Nachfolger Nikita Sergejewitsch Chruschtschow öffentlich an und reiste früher ab. Zu Hause ließ er prosowjetische Parteimitglieder festnehmen, darunter Liri Belishova, damals eine der wenigen Frauen im Zentralkomitee. Bis 1991 stand sie als politisch Verfolgte unter Hausarrest. Die parteiinternen Säuberungen hatten einen weiteren außenpolitischen Kurswechsel zur Folge: Moskau stoppte die Kredite, Hoxha wies sämtliche Sowjetbürger aus und holte Landsleute nach Hause, die im ehemaligen Ostblock studierten.

Die nächste Kopfbedeckung, die Hoxha ausprobierte, war eine chinesische Ballonmütze, Mao Zedongs Markenzeichen. Nachdem Albanien sowohl mit Jugoslawien als auch mit der Sowjetunion gebrochen hatte, fürchtete sich Hoxha vor einer Invasion aus Ost und West. Was er brauchte, war ein Beschützer – je mächtiger, desto besser. Dieser neue »Bruder« wurde das kommunistische China. Mit Stalin aß Hoxha noch gemeinsam zu Abend und führte Gespräche über Religion und Geschichte, Mao hat er bloß einmal die Hand geschüttelt, im Jahr 1956, auf einem Parteikongress der Kommunistischen Partei in Peking. Mao Zedong selbst kam nie nach Albanien, obwohl ein gewaltiges Foto von ihm auf einem Wasserkraftwerk in Shkodra prangte. Die Freundschaft der beiden Führer existierte nur in der Propaganda. Gemalte Bilder stellen Hoxha und Mao auf einem Berg sitzend und einander an den Händen haltend dar, unter ihnen rote Fahnen und chinesische Schriftbanner. Ein ähnliches Bild zeigt einen chinesischen und einen albanischen Arbeiter Schulter an Schulter, wie sie voller Tatendrang in die Zukunft blicken. In Albanien besangen Gedichte die wunderbare Freundschaft: »Zwei Löwen auf dieser Welt, einer in Asien und einer in Europa.«

Als sich Deng Xiaoping ab Mitte der Siebzigerjahre der Welt öffnete und Beziehungen mit Moskau, Belgrad und sogar Washington aufnahm, war es erneut Hoxha, der das Bündnis aufkündigte. Er warf der chinesischen Führung öffentlich »Kollaboration mit amerikanischen Imperialisten und der internationalen Bourgeoisie« vor. Mao starb 1976; was an der Adria von ihm geblieben ist, sind seine Geschenke an die Bevölkerung – Wasserkraftwerke, Fabriken und Panzer. Und auch der Namen des Textilkombinats in Berat blieb unverändert.

Vasilaq und Dallendyshe

Meine Übersetzerin Aida und ich suchen in Berat nach Dallendyshe, einer Stadtbewohnerin, die in *Mao Ce Dun* gearbeitet hat. Es ist Sommer und in Berat brütet die Hitze. Es ist so heiß, dass die Menschen erst am Abend aus ihren Häusern kommen und Restaurants Sprühventilatoren installiert haben. Von Aida weiß ich, dass Dallendyshe übersetzt »Rauchschwalbe« bedeutet und Gorica, das Viertel, in dem sie lebt, »kleiner Hügel«.

Auf der anderen Seite der Steinbrücke finden wir endlich einen Mann, der die Frau kennt. Er führt uns an eine zwei Meter hohe Steinmauer am Ufer des Flusses, in die ein rostbraunes Tor eingelassen und eine vierstellige Zahl eingraviert ist, die Adresse. Ein hagerer Mann in weißem Unterhemd und kurzen Hosen steckt den Kopf zum Tor heraus und fragt, was wir wollen. Normalerweise rufen wir unsere Gesprächspartner an, bevor wir vor ihrer Tür auftauchen. Zu meiner Erleichterung hellen sich seine Gesichtszüge auf, als wir ihm erklären, dass wir Journalistinnen sind und ein Buch schreiben, und er bittet uns herein.

Hinter der hohen Steinmauer steht ein kleines Häuschen, von Weinreben umgeben. Der Mann im Unterhemd stellt sich als Vasilaq vor und führt uns in das Wohnzimmer, in dem es angenehm kühl ist. »Ich finde es gut, dass ihr mit einfachen Leuten wie uns reden wollt, deswegen habe ich euch hereingelassen«, erklärt er. Plastikrosen stehen in einer Vase, dahinter ein Fernseher und drei gerahmte Fotos. Eines zeigt einen Mann in Strickpullover und Turnschuhen:

Vasilaqs Sohn; auf den beiden anderen, die pink gerahmt sind, lächeln zwei Teenager in die Kamera: die Enkelinnen.

Dallendyshe, Vasilaqs Frau, trägt ein schwarzes Kleid, hat weiße, kurze Haare und ein auffallend junges Gesicht. Sie ist 71 Jahre alt, nicht die einzige Gemeinsamkeit, die sie mit ihrem Mann teilt. Beide haben in *Mao Ce Dun* gearbeitet, mehr als 36 Jahre lang. »Wir haben unser ganzes Leben im Textilkombinat verbracht«, sagt Vasilaq und beginnt, sich eine Zigarette zu drehen, während Dallendyshe eine Zuckermelone, Rakia und Pfirsiche auf den Tisch stellt.

»Ich habe Dallendyshe zum ersten Mal bei der Textillehre in Tirana getroffen«, beginnt Vasilaq, »das war eine Ausbildungsstätte für *Mao Ce Dun.«* Dass er orthodox und sie muslimisch ist, habe keine Rolle gespielt. Seit 50 Jahren sind sie jetzt schon verheiratet. Im Jahr 1966 beginnen sie, in der neuen Textilfabrik zu arbeiten, wobei Vasilaq im Albanischen von einem *kombinati* spricht, also mehreren Industriebetrieben auf einem großen Areal. »Es war gewaltig«, sagt er. Allein seine Abteilung, in der er als Mechaniker die Maschinen instand hielt, sei »so groß wie ein Fußballfeld« gewesen. Dallendyshe arbeitete in der Abteilung für Normen. Sie stand mit einer Stoppuhr neben den Arbeiterinnen und kontrollierte, ob sie die Baumwolle schnell genug zu Stoffstücken verarbeiteten.

11.000 Menschen waren damals im Kombinat angestellt, der Großteil davon Frauen. Im Inneren der Fabriken war es laut, man musste schreien, um einander zu verstehen. Am Morgen machten die Arbeiterinnen gemeinsam Gymnastik. 30 Minuten waren für die Mittagspause reserviert. Es gab zwar eine Kantine, aber das Essen konnten sich nur wenige leisten. »Wir haben unsere eigenen gekochten Eier, Tomaten und Oliven mitgenommen und auf dem Gelände gepicknickt«, erzählt Vasilaq. Sie sparten ihr Geld lieber für den Urlaub. Auch den organisierte der Betrieb. Arbeiter und Arbeiterinnen konnten sich Holzbungalows am Strand mieten, den Waschraum mussten sie sich mit anderen Familien teilen. Das junge Paar, das später einen Sohn bekam, arbeitete sechs Tage in der Woche in einer von drei Schichten. Sie waren so über den Tag verteilt, dass das Kombinat niemals stillstand.

Ab und an schauten Premierminister Mehmet Shehu und Parteivorsitzender Enver Hoxha persönlich im Kombinat vorbei, um die

Belegschaft zu motivieren. »Wenn Hoxha in die Stadt kam, dann wurden die Straßen in Berat geputzt«, erzählt Vasilaq, »und wir Arbeiter standen am Rand, mit Fahnen und Transparenten.« Auch das war keine Freizeit, die man sich einteilen konnte, wie man wollte. Der Betrieb reservierte einen Platz und kontrollierte genau, wer hinging und wer nicht.

Positiv in Erinnerung hat sie, dass die Einkommensunterschiede in der Fabrik nicht so groß waren wie heute in der freien Marktwirtschaft: »Der Direktor verdiente nur 1500 Lek mehr als wir, und so etwas wie Korruption existierte damals nicht.« Ihr Mann betont, dass sich die Firma auch um die Gesundheitsversorgung gekümmert habe: »Das war anders als heute, wo die Angestellten Angst haben, dem Chef zu sagen, dass sie krank sind.« Im Inneren der Fabrik, da sind sich beide einig, habe vieles funktioniert, aber draußen, vor der Tür, hätten sie sich wie in einem Vakuum gefühlt, isoliert vom Rest der Welt.

Als Albanien seine Beziehungen zu China abbrach, lief das Kombinat weiter. »Nur die chinesischen Arbeiter waren plötzlich weg«, sagt Vasilaq. Stattdessen schauten 1985 Ingenieure aus der DDR vorbei. Sie brachten dem damals technologisch weit zurückgebliebenen Albanien eine neue Maschine für Nähte mit. Der *Sigurimi,* Albaniens gefürchteter Geheimdienst, kontrollierte genau, mit wem die Gäste aus Ostdeutschland sprachen. Vasilaq fragte, ob er einen der Männer zu sich nach Hause zum Essen einladen dürfe, in der Hoffnung, mit dem deutschen Kollegen ins Gespräch zu kommen. »Denk nicht einmal daran«, habe ein Geheimdienstmitarbeiter gesagt.

Das Kombinat *Mao Ce Dun* hat nicht nur Hoxha überlebt, sondern auch den Sozialismus. Die Produktion lief, wenn auch stark reduziert, bis 2003. Obwohl Vasilaq und Dallendyshe ihr ganzes Leben in den Fabrikhallen verbracht haben, bekamen sie in den ersten acht Jahren nach der Schließung weder Arbeitslosengeld noch eine verfrüht ausbezahlte Pension. Vasilaq begann, das Haus von Grund auf zu renovieren. Zehn Jahre brauchte er dafür. Dann bekamen er und seine Frau endlich die lange ersehnte Pension: 13.500 Lek im Monat, umgerechnet 110 Euro für jeden.

Vasilaq dreht sich eine letzte Zigarette. »Hier sind wir heute«, sagt er. »Das neue System hat uns zwar italienisches Fernsehen gebracht, aber auch soziale Klassen, Reichtum und Armut.« Manchmal, gibt er zu, sei er ein bisschen nostalgisch: »Denn heute sind die Grenzen zwar offen, aber das Geld reicht nicht zum Reisen.« Stattdessen kämen immer mehr Touristen in seine Stadt, die mittlerweile Teil des UNESCO-Weltkulturerbes ist. »Aber als Rentner«, sagt Vasilaq, »kannst du dir nicht einmal einen Tag am Strand leisten.«

KAPITEL 12

SHPETIM AUF DER FLUCHT

Die Geschichte eines Mannes, der versuchte, in einem Krankenwagen aus Albanien zu fliehen – und dafür 13 Jahre lang in einem Straflager eingesperrt war.

In einem Café an einer schnurgeraden Landstraße sitzt ein Mann, 73 Jahre alt, mit buschigen Augenbrauen und goldener Armbanduhr und spielt Schach. Wenn man nach rechts weiterfährt, ist man nach nur wenigen Kilometern in Griechenland, links geht es nach Gjirokastra, einer Stadt im Süden Albaniens. Der Schachspieler stellt sich als Jorgo Masho vor, Vorsitzender einer Organisation für ehemalige politische Häftlinge, von denen es in Albanien Zehntausende gibt. Er erzählt Aida und mir von einem Mann, der im Sozialismus versucht hat, in einem Krankenwagen über die Grenze nach Griechenland zu flüchten, und dafür in ein Straflager kam. Er nennt uns seinen Namen und schreibt uns seine Nummer auf.

Shpetim Mevlani, der Mann mit dem Rettungswagen, ist heute 70 Jahre alt. Er lebt mit seiner Frau Vitoria in einer Zweizimmerwohnung im ersten Stock eines braunen Ziegelsteinblocks am Stadtrand von Gjirokastra. Shpetim, erklärt mir meine Übersetzerin Aida, bedeute auf Albanisch »die Rettung« oder »das Heil«. Sie fügt hinzu: »Offenbar hat ihm sein Name kein Glück gebracht.«

Zehn Minuten später hastet ein kleiner Mann mit Schnauzbart, Hemd und dunkler Sonnenbrille auf uns zu. Er hat eine Ledermappe unter seinen Arm geklemmt, als wäre er auf dem Weg zur Arbeit. Als wir uns einen Tisch in einem der Lokale suchen, blickt sich Shpetim nervös um. Ob wir vielleicht woandershin gehen könnten, wo es ruhiger sei? Shpetim ist Teil einer Generation, die in einem Überwachungsstaat groß geworden ist. 30 Jahre später hat er noch immer Angst, obwohl Albanien mittlerweile keine Diktatur mehr ist und Enver Hoxha tot.

Eine halbe Stunde später sitzt Shpetim auf dem einzigen Stuhl in unserem Hotelzimmer. Er hat sich in der Bar unter uns einen Espresso zum Mitnehmen bestellt, eine Lesebrille aufgesetzt und aufgehört, gedämpft zu sprechen. Erst jetzt sehe ich den Panzer, den er sich auf den Arm tätowieren lassen hat. »Eine Erinnerung an meine Zeit als Soldat«, sagt er, als ich ihn danach frage. Viele hätten das damals in ihrer Jugend gemacht, auch wenn es nicht gerne gesehen wurde. Die Marinesoldaten ließen sich Anker stechen und die in der Panzer-Einheit Panzer. Das Tattoo ist über die Jahre verblichen, genau wie die Gerichtsakten und Fotos, die Shpetim jetzt aus der Ledermappe zieht. Sie zeigen ihn selbst mit schwarzen anstelle der grauen Haare, ein bisschen weniger Bauch und zusammengewachsenen Augenbrauen.

Die Klimaanlage surrt, während Shpetim erzählt. Als er geht, ist es dunkel, Aida kraftlos vom Übersetzen und ich müde vom Mittippen. Als ich den Laptop zuklappe, sehe ich, dass wir vier Stunden miteinander gesprochen haben. Weit sind wir nicht gekommen, wenn man bedenkt, dass es darum geht, ein ganzes Leben zu erfassen. Und so treffen wir uns am kommenden Tag wieder.

»Siehst du das letzte Dach in der Straße? Dort bei den Olivenbäumen? Das ist das Haus meines Vaters«, sagt Shpetim, als wir am nächsten Tag vor seiner alten Schule stehen. Sie liegt auf einer Anhöhe, von der man auf Manalat blickt, jene Siedlung, in der er aufgewachsen ist. Neue und alte Häuser schmiegen sich an den steilen Berghang, manche aus Stein und bis zu 300 Jahre alt, andere neu verputzt und renoviert, mit dem Geld, das die Bewohner nach dem Fall des Sozialismus in Griechenland verdient haben.

»Früher lag hier ein Friedhof«, erzählt Shpetim, »und unter den Bewohnern sprach sich die Geschichte herum, dass die Toten nachts die Ketten hinter sich herschleifen.« Im Sozialismus seien die Gräber abgerissen worden, um Platz für die Wohnungen von Fabrikarbeitern zu schaffen. Die Fabriken, in denen die Bewohner von Manalat früher arbeiteten, gibt es längst nicht mehr, die Legende von den ruhelosen Toten hingegen schon. Sie hat der Hauptstraße den Namen Rruga e Zinxhirave (Kettenstraße) gegeben. Von hier stieg Shpetim, der Älteste von insgesamt acht Kindern, früher hoch zur Schule. »Wir trugen rote Halstücher. Sie nannten uns Envers Pioniere«, erzählt er, während wir am Sportplatz vorbeifahren.

Shpetims Mutter schloss sich in jungem Alter den Partisanen an. Auch der Vater, der nach dem Krieg in einer Likörfabrik und später in einer Baufirma arbeitete, war überzeugter Kommunist. »Sie haben Hoxha geliebt«, sagt Shpetim. Warum, das habe er als junger Mann nicht verstehen können, denn er selbst habe das Leben in Albanien gehasst. Heute versteht Shpetim seine Eltern besser: Die Kommunisten, so erzählt er, hätten glühenden Partisanen und Partisaninnen wie seinen Eltern versprochen, dass nach dem Krieg alles besser sein und alle von goldenen Löffeln essen würden. Stattdessen habe sich Albanien in einen strikten Überwachungsstaat verwandelt. »Was hast du davon, Mitglied in der Partei zu sein?«, fragte Shpetim seinen Vater als Jugendlicher. Und der antwortete: »Sei still, die Wände haben Ohren.«

Thomas Lindenberger, Historiker am Hannah-Arendt-Institut für Totalitarismusforschung in Dresden, beschreibt das Leben in der DDR als ein »Leben mit der Grenze im doppelten Sinne«. Diese These lässt sich auch auf Albanien übertragen: Die Grenzen begannen im Kopf. Aus Angst, etwas Verbotenes zu sagen und ausspioniert zu werden, wagten es Familien oft nicht einmal, das Regime in den eigenen vier Wänden zu kritisieren. Die zweite Grenze, über die Lindenberger schreibt, sind Zäune oder Schutzwälle, die Menschen an der Flucht hindern. Das, was für Ostberlin die Mauer und für den Ostblock der Eiserne Vorhang war, das war für Albanien ein Elektrozaun.

In seinen Memoiren schreibt Hoxha: »Die Mauern unserer Festung sind aus felsenfestem Granit.« Das bringt auf den Punkt, wie hermetisch das Regime seine Bürger und Bürgerinnen vom Rest der Welt abgeriegelt hat. Studierende durften weder lange Haare, Miniröcke oder Koteletten tragen, noch Aristoteles, Sartre oder Kafka lesen. Ausländische Literatur galt als »dekadent« und gefährlich für die Moral der Bevölkerung. Jeglicher Kontakt mit dem Ausland wurde überwacht und nach Belieben des Regimes bestraft.

Parallelwelt Jugoslawien

Im benachbarten Jugoslawien sah der Alltag anders aus. Auch dort war eine kommunistische Einheitspartei an der Macht, die weder Opposition noch freie Wahlen zuließ. Auch dort entwickelte sich ein Personenkult um das langjährige Staatsoberhaupt Josip Broz Tito, der wie Hoxha bis zu seinem Tod regierte und während des Zweiten Weltkriegs aufseiten der Partisanen gekämpft hatte. Auch in Jugoslawien wurden Regimegegner eingesperrt, beispielsweise auf der Gefängnisinsel Goli otok. Doch anders als Albanien war Jugoslawien nie ein isoliertes Terrorregime, das Bürger systematisch überwachte und in Arbeitslagern internierte. Blickt man heute auf den Westbalkan, wird oft fälschlicherweise von »der kommunistischen / sozialistischen Vergangenheit« gesprochen. Doch der Alltag in Jugoslawien und Albanien unterschied sich wie Tag und Nacht.

Tito, der Nachbar, wurde, wie bereits erwähnt, zu Hoxhas größtem Feind. Hoxha hatte Angst, dass Albanien von Jugoslawien geschluckt werden könnte. Außerdem soll er eifersüchtig auf das Charisma und die Popularität Titos gewesen sein. Schon früh trennten sich die Wege der Ex-Partisanen. Tito wollte sich dem »großen Bruder« in Moskau nicht unterordnen. Während Albanien zumindest bis 1961 Teil des Ostblocks blieb, wurde Jugoslawien mit der Zeit ein sogenannter blockfreier Staat, der sich im Kalten Krieg neutral verhielt.

Jugoslawien gewährte seinen Bürgern Freiheiten, wie sie in keinem anderen sozialistischen Land möglich waren. Der Bevölkerung stand es frei, ins Ausland zu reisen, beispielsweise als Gastarbeiter nach Deutschland, Österreich oder in die Schweiz. All das war in Albanien undenkbar. Wer illegal über die Grenze flüchtete, beging »Vaterlandsverrat« und wurde mit bis zu zehn Jahren Haft oder sofortiger Erschießung bestraft. In Artikel 47 des Strafgesetzbuches hieß es: »Die Flucht ist das schwerste Verbrechen, das der Bürger der Sozialistischen Volksrepublik Albanien begehen kann.«

In so einem Land träumte Shpetim heimlich von einem Leben in den USA, dem »imperialistischen« Erzfeind des albanischen Regimes auf der anderen Seite des Atlantiks. Dort hatte er einen Onkel namens Ismail, der vor der Machtergreifung der Kommunisten ausgewandert war und eine Portugiesin geheiratet hatte. Doch vorerst tat

Shpetim, was das Regime von ihm verlangte: Er ging auf eine Schule für Mechaniker in der Küstenstadt Vlora, obwohl er eigentlich lieber in Tirana, der Hauptstadt, hätte leben wollen. Auszusuchen, welchen Beruf man ergriff, war damals ein Privileg. Der Staat entschied, welche Arbeitskraft gerade wo fehlte – ganz im Sinne der zentralistischen Planwirtschaft. Shpetim machte die Ausbildung zum einfachen Arbeiter und wurde einer Metallfabrik in Gjirokastra zugeteilt, die Gegenstände aus Leichtmetall, darunter Löffel und Regenschirme, produzierte.

»Es fühlte sich an, als würden wir fliegen«

Nach seinem Militärdienst kehrte Shpetim in die Metallfabrik zurück. Dort lernte er Lavdar und Agron kennen, zwei Cousins, die einen riskanten Plan ausheckten. Sie wollten über die 30 Kilometer entfernte griechische Grenze flüchten. Heute ist die Straße dorthin asphaltiert und das Meer von Gjirokastra nur ein paar Stunden entfernt. Im Sozialismus riskierte man auf dieser Strecke nicht nur sein eigenes Leben, sondern auch das seiner Eltern und Geschwister.

Shpetim war kurz davor, sich seinen Arbeitskollegen anzuschließen, da erlitt sein Vater einen Gehirnschlag. Er konnte nicht mehr sprechen und war einseitig gelähmt. »Wenn ich jetzt gehe, dann bricht das sein Herz«, ging es Shpetim durch den Kopf. Seine Freunde mussten die gefährliche Flucht allein antreten. Es gelang ihnen, den Elektrozaun zu erden, durchzubrechen und über die Grenze bis nach Athen zu fliehen. Mithilfe eines islamischen Geistlichen aus Detroit schafften sie es bis nach Michigan in die Vereinigten Staaten. Währenddessen blieb Shpetim zurück und träumte davon, es ihnen irgendwann gleichzutun.

Einer seiner Freunde aus der Stadt, er hieß Enver wie der Diktator, arbeitete als Krankenwagenfahrer. Enver besaß einen Führerschein, was in Albanien, wo private Autos verboten waren, ungewöhnlich war. Während der Arbeit saß er am Steuer eines weißen Rettungswagens aus chinesischer Produktion, schwer und robust genug, um einen Grenzzaun durchzubrechen. Südlich von Gjirokastra, in einem Ort namens Jorgucat, stehe ein Militärkrankenhaus, erzählte Enver.

Wer es bis dorthin schaffe, sei nicht mehr weit von der Grenze entfernt.

An den Tag der Flucht kann sich Shpetim noch genau erinnern. Das Datum hat sich in seinen Kopf gebrannt wie das Panzer-Tattoo in seine Haut: Montag, der 3. Mai 1976. Shpetim war 27 Jahre alt und bereit, alles zu riskieren. »Enver hielt mit dem Rettungswagen vor der Fabrik und rief: ›Steig ein!‹ Dann sind wir mit 130 Stundenkilometern die Straße in Richtung Grenze hinunter. Es fühlte sich an, als würden wir fliegen«, erzählt er. Zwei Autos kamen ihnen auf der Straße entgegen. Beide wichen aus, als sie die Leuchte auf dem Dach des Krankenwagens sahen. In Jorgucat wurden Enver und Shpetim an einem Checkpoint mit Schranke angehalten. »Wir müssen zum Krankenhaus, es gibt einen Notfall«, logen die beiden Freunde. Der Soldat blieb misstrauisch, glaubte ihnen nicht und ließ die Schranke geschlossen. Enver und Shpetim hatten keine Zeit zu verlieren, drückten aufs Gas, rammten die Schranke und den Soldaten und durchtrennten dabei die Telefonleitung. »Rückblickend war das praktisch, weil der Soldat keine Verstärkung rufen konnte«, erinnert sich Shpetim.

Das Nächste, was die jungen Männer sahen, war ein drei Meter hoher Zaun, versehen mit einem Metalltor. Enver stieg noch einmal aufs Gaspedal und fuhr so oft an, bis das Tor aufbrach. Der demolierte Wagen bog nach links. Die jungen Männer glaubten, bereits in Griechenland zu sein. »Als wir einen Soldaten sahen, waren wir überglücklich, weil wir dachten, er gehörte zur griechischen Grenzpolizei«, so Shpetim. Doch die Freude verflog schnell, als sie bemerkten, dass der Soldat einen roten Stern auf der Kappe trug. Das Tor, das sie gerammt hatten, stellte sich als Zugang zu einem Checkpoint der Kommunisten heraus. Als der Soldat den Chef der Grenzpolizei rief, wurde ihnen klar, dass sie in großen Schwierigkeiten steckten.

Enver und Shpetim wurden voneinander getrennt und in separate Militärfahrzeuge gesetzt. Die Polizei brachte sie zurück nach Gjirokastra. Shpetim kam in eine Zelle der örtlichen Polizeistation. Die Station existiert bis heute und ist, wie der Großteil der Gebäude in der Stadt, aus Stein gebaut. Früher war das Haus in der Hand der *Balli Kombëtar,* auch Ballisten genannt, einer nationalistischen, antikommunistischen Widerstandsbewegung, deren Anhänger im Zweiten Weltkrieg gegen die Besatzer kämpften. Weil die *Balli Kombëtar* kurzzeitig mit den Nationalsozialisten kollaborierte und eine politische Konkurrenz darstellte, ließ Hoxha schon vor 1944 zahlreiche ihrer Mitglieder töten und nach seiner Machtübernahme ihren Besitz konfiszieren. Aus dem ehemaligen Haus der Ballisten wurde eine Polizeizentrale. Heute ist dort ein »zu verkaufen«-Schild angebracht. Shpetim bleibt vor einem Loch in der Steinwand stehen, so klein, dass er heute nicht mehr durchpassen würde. Hier fing, vor 43 Jahren, die Schikane an.

»Warum hast du so lange Haare und Koteletten?«, brüllte ihn einer der Polizisten an, »willst du so aussehen, wie die im Westen?« – »Sag mir, was ihr vorhattet, und die Partei wird gnädig mit euch sein«, schmeichelte ein anderer. Am selben Tag, an dem Shpetim in die Zelle gesteckt wurde, durchsuchte der Geheimdienst das Haus seiner Eltern. »Ihr Sohn hat unser Land verraten«, sagte einer der Polizisten. Shpetims Vater konnte zu dem Zeitpunkt bereits nicht mehr sprechen. Er zog seinen Parteiausweis aus der Brusttasche, ein verzweifelter, letzter Versuch, der ohne Wirkung blieb.

Am 14. September 1976 fand Shpetims Gerichtsverhandlung im Zentrum von Gjirokastra statt. So etwas wie ein fairer Prozess existierte in Albanien damals nicht. Das Justizministerium war aufgelöst worden, die Angeklagten durften keinen unabhängigen Verteidiger wählen, Geständnisse wurden zum Teil unter Folter erpresst. Shpetim wurde zu 14 Jahren Gefängnis und Zwangsarbeit verurteilt. Im Gerichtssaal sah er seine Schwester sitzen: »Sie trug Schwarz, da wusste ich, dass mein Vater gestorben war.«

Die Hölle von Spaç

Shpetim kam nach Spaç, ein Arbeitslager im Norden Albaniens. Es war ein Ort des Terrors, der Zwangsarbeit und des Hungers. In ganz Albanien existierten rund 60 solcher Lager und Gefängnisse, in denen politische Häftlinge unter erbärmlichsten Umständen leben und arbeiten mussten. Shpetim war jetzt einer von ihnen, was seine

Familie zu einer »Familie mit schlechter Biografie« machte, obwohl der Vater Parteimitglied und die Mutter ehemalige Partisanin war.

Etwas, das den Terror in Albanien von dem in anderen sozialistischen Ländern unterschied, war, dass nicht nur der einzelne »Volksverräter«, sondern nicht selten die gesamte Familie bestraft wurde. Aus Angst, selbst interniert zu werden, kam die Mutter, die in der Wäscherei eines Krankenhauses arbeitete, Shpetim nie besuchen. Sie hatte auch kein Geld für die tagelange Anreise.

Spaç liegt auf der anderen Seite des Landes, tief in den Bergen, 300 Kilometer vom südlichen Gjirokastra entfernt. Die Häftlinge mussten in einer Kupfermine schuften, in überfüllten Schlafsälen schlafen und die Schriften von Hoxha, Stalin und Lenin lesen. Ehemalige Häftlinge, mit denen ich für dieses Buch gesprochen habe, erzählen vom Inneren des Bergwerks: »Jeder Arbeiter musste fünf Waggons am Tag füllen. Hielten wir dieses Tagespensum nicht ein, mussten wir unsere Hände in eine eiserne Kurbel stecken, die immer enger gezogen wurde. Sie grub sich tief in das Fleisch hinein. Manche Arbeiter fielen vor Schmerz in Ohnmacht.« Wer sich beschwert habe, so Shpetim, sei in Isolationshaft gekommen. Einmal habe er zwei Monate in der Zelle gesessen: »Es war so eiskalt, dass das Wasser in meiner Tasse gefror.« Die Wachen verprügelten die Häftlinge mit Knüppeln und Stiefeln.

Nach sechs Jahren wurde Shpetim 1982 nach Qafë Bari verlegt, ein Arbeitslager 18 Kilometer nördlich von Spaç. Er beschreibt den Ort als »noch verschneiter« und »noch schrecklicher«. Einmal, erzählt Shpetim, sei ein Stollen zusammengebrochen und habe zwei seiner Freunde unter sich begraben. Als sie drei Tage später tot geborgen wurden, habe er einen Polizisten lachen und sagen gehört: »Jetzt haben wir zwei Feinde weniger.«

Die Gegend um Qafë Bari ist reich an Mineralien, und so musste Shpetim wieder in der Mine arbeiten: »Das Wasser stand uns bis zu den Knien. Im Inneren war es unerträglich heiß. Wir arbeiteten ohne T-Shirt und atmeten immer wieder frische Luft aus einem Rohr, das in den Stollen führte«, erinnert sich Shpetim. Die Temperaturunterschiede waren extrem. Qafë Bari lag im verschneiten Gebirge, wo im Winter zum Teil Temperaturen von minus 18 Grad herrschten.

In den Achtzigerjahren waren in dem Lager zwischen 270 und 400 Häftlinge untergebracht. Die Hälfte von ihnen war von Grenzsoldaten bei der Flucht erwischt worden und unter 30 Jahre alt. In einer Zeit, als die Wirtschaft Albaniens am Boden lag, nutzte das Regime die Häftlinge als billige Arbeitskräfte: Bis zu 180.000 Tonnen Kupfer wurden pro Jahr gewonnen. Der albanische Historiker Kastriot Dervishi, der als Experte für die beiden Lager gilt, erzählt mir, dass ein Zwangsarbeiter im Monat umgerechnet zwischen 60 Cent und 1,50 Euro bekam.

Im September 1987 wurde Shpetim überraschend freigelassen, früher als erwartet. Er fragte nicht, warum, sondern packte seine wenigen Habseligkeiten und ging. In der nächsten Stadt traf er einen Lkw-Fahrer, der Kühltruhen geladen hatte und ihn mit nach Tirana nahm. »Ich erinnere mich, dass wir auf dem Weg Halt gemacht und ich das erste Mal seit elf Jahren Milch getrunken habe«, sagt Shpetim.

6000 Lek, nicht einmal 50 Euro, hatte er während seiner Gefangenschaft gespart. Die Hälfte schickte er seinem Bruder, der Hochzeit feierte, mit der anderen Hälfte nahm er sich ein Hotelzimmer in Tirana. Nach der Hölle im Lager kam es ihm wie der Himmel auf Erden vor: »Ich hatte ein Federkissen, warmes Wasser, eine Matratze. Der Kellner brachte mir eine Suppe aufs Zimmer. Ich wusste nicht, was ich zuerst tun soll – essen, schlafen oder ein Bad nehmen?«

Am nächsten Tag nahm Shpetim den Bus nach Hause. Er schloss seine Mutter in die Arme und begann wieder in der Metallfabrik zu arbeiten, diesmal an der Presse. Sein Leben schien von vorne zu beginnen. Zwar war Hoxha, der Diktator, mittlerweile tot, aber sein Nachfolger Ramiz Alia, ein loyaler Parteisoldat, machte so weiter wie gehabt. Shpetim, der gerade aus dem Gefängnis gekommen war, fühlte sich immer noch eingesperrt. Doch dann, im November 1989, fiel die Berliner Mauer.

Wendejahre

Nicht nur in der DDR, auch in Polen, Ungarn und der Tschechoslowakei setzten die Massen an Demonstranten die Regime unter Druck. In Bulgarien kam es nach dem Rücktritt des kommunistischen

Staatsoberhaupts zu Neuwahlen, in Rumänien wurde der Diktator Nicolae Ceaușescu gestürzt und exekutiert. Der Ostblock fiel in sich zusammen.

Nur im kleinen, von der Außenwelt isolierten Albanien regierte die Partei der Arbeit weiter, als wäre nichts gewesen. Noch im August 1988 wurde in der Stadt Kukës ein regimekritischer Dichter und Lehrer namens Havzi Nela vor den Augen versammelter Schüler und Schülerinnen gehängt. Weiterhin saßen politische Häftlinge in Gefängnissen. Im Dezember 1990 diskutierte die Partei immer noch über die Frage, ob der Schießbefehl an der Grenze berechtigt sei oder nicht. Aber es dauerte nicht mehr lange, bis der »Wind of Change«, besungen von der deutschen Rockband Scorpions, auch Tirana erreichte. Statuen von Stalin und Lenin verschwanden aus dem öffentlichen Raum. Menschen sprayten »Pink Floyd« auf die leeren Sockel. Illegale Konzerte zu Ehren von John Lennon wurden im Keller der Kunstakademie abgehalten.

In dieser Zeit des politischen Umbruchs schlug sich Shpetim mit seinem Freund Vilson nach Griechenland durch. Tausende weitere taten es ihm gleich. Auf der anderen Seite der Grenze traf er einen Hirten, der ihm, zu Shpetims Verwunderung, Kaffee auf einem Gaskocher zubereitete, einem Gerät, das er noch nie in seinem Leben gesehen hatte. »Wir fragten uns, woher der Hirte dieses bewegliche Feuer hat«, lacht Shpetim heute. In Griechenland aß er zum ersten Mal Bananen und Schokolade, allesamt Dinge, die es in Albanien gar nicht oder nur selten gab.

Shpetim hatte seinen Jugendtraum von den USA nicht aufgegeben. Doch als er auf der amerikanischen Botschaft erfuhr, dass sein Onkel Ismail gestorben war, blieb ihm nichts anderes übrig, als in Griechenland zu bleiben. Er ging als Gastarbeiter auf die Insel Kefalonia, arbeitete auf dem Bau und als Maler. Auf einer Postkarte an seine Frau schrieb er: »Halte durch, alles wird gut werden.«

Als Shpetim 1991 nach Albanien zurückkehrte, war die Schreckensära der Kommunisten Vergangenheit. Doch in Gjirokastra, Shpetims Heimatstadt, stand noch immer eine Marmorbüste des Diktators. »Ich ging nach Hause, holte einen Eimer mit Farbe und malte Hoxhas Hände rot an, um zu zeigen, was er uns allen angetan hat«, sagt er. Umgeben von johlenden Demonstranten kletterte er auf den Kopf des Diktators und hielt die zwei Finger zum Peace-Zeichen hoch.

Nicht nur in Gjirokastra, in ganz Albanien wurden Büsten des ehemaligen Diktators zertrümmert. Als Erinnerung an diesen Moment steckte sich Shpetim einen Steinsplitter, der von Hoxhas Büste in Gjirokastra abgebrochen war, in die Hosentasche. Sein Freund Vilson ließ sich einen Ring daraus machen und nahm ihn mit in die USA, das Land, das der Diktator so sehr gehasst hatte. Vilson begann, als Mitarbeiter bei einer Security-Firma in einer Villensiedlung in Hollywood zu arbeiten. Wenn er heute nach Gjirokastra zurückkommt, dann schwärmt Vilson von Donald Trump und imitiert den amerikanischen Akzent. Shpetim sitzt daneben und versteht kein Wort, weil er kein Englisch spricht.

In 46 Jahren Diktatur sollen 13.500 Menschen versucht haben, Albanien auf illegalem Weg zu verlassen. 988 überlebten den Fluchtversuch nicht. Die T-Shirts, Cordjacken und Unterhemden von einigen von ihnen sind bis heute im Historischen Nationalmuseum ausgestellt, dreckverkrustete Beweise dafür, dass das Regime noch Anfang der Neunzigerjahre Menschen an der Grenze erschossen hat. Bis heute müssen ehemalige Häftlinge wie Shpetim damit leben, dass jene, die ihnen das angetan haben, nie zur Verantwortung gezogen wurden. Nicht die Geheimdienstmitarbeiter, die sie ausspioniert, nicht die Richter, die sie verurteilt, und auch nicht die Polizisten im Lager, die sie geschlagen haben.

Shpetim lebt bis heute in der Zweizimmerwohnung in Gjirokastra. Er hat drei erwachsene Kinder und bekommt eine Pension von 270 Euro im Monat. Der Staat hat ihn für das, was er in der Diktatur durchmachen musste, finanziell entschädigt. Damit hat er Möbel und einen Kühlschrank gekauft, die Fenster repariert und den Kindern eine Schulausbildung finanziert. Er selbst ist nie weiter als bis nach Istanbul geflogen. Die USA sind ein Land, für das er alles riskiert und das er doch nie in seinem Leben betreten hat. Heute zeigt das Hintergrundbild seines Smartphones die Freiheitsstatue im Hafen von New York.

KAPITEL 13

DAS ENDE VON LAZARAT

Lazarat galt als die größte Freiluft-Hanfplantage Europas. Im Jahr 2014 ging sie in Flammen auf. Was ist aus dem Bergdorf geworden?

Ein Polizist mit Glatze trinkt seinen Morgenkaffee und bittet darum, seinen Namen nicht zu nennen. Nur so viel: Er ist Anfang 40 und heute ausnahmsweise nicht in Uniform, sondern in Zivil. Wir haben uns verabredet, um über Lazarat zu reden. Wer diese sieben Buchstaben auf Google eingibt, der sieht grüne Felder voller Marihuana. Über zehn Jahre lang wurden in dem albanischen Bergdorf Hunderte Tonnen Cannabis angebaut und nach Westeuropa geschmuggelt. Lazarat galt als die größte Freiluft-Hanfplantage Europas. Im Jahr 2014 fand all das ein jähes Ende: Die Polizei ließ das Dorf stürmen, und viele Bewohner, die jahrelang vom illegalen Anbau gelebt hatten, wurden inhaftiert. Eine Zeit lang gingen Videos aus Südalbanien um die Welt: Vermummte Polizisten posierten neben brennenden Cannabis-Pflanzen. Dann geriet der Ort in Vergessenheit. Ich bin fünf Jahre später nach Lazarat gefahren, um zu verstehen, was aus dem Dorf geworden ist.

Der größte Cannabis-Produzent Europas

»Wir konnten Lazarat jahrelang nicht betreten«, beginnt der Polizist, »und wenn, dann nur mithilfe von Spezialeinheiten.« Das Lazarat von früher erinnert an ein gallisches Dorf: Viele Jahre lang wehrten sich seine bewaffneten Bewohner gegen jede Eroberung von außen, ließen sogar eine Polizeistation niederbrennen. Es war eine rechtsfreie Zone, in der nicht der Staat, sondern bewaffnete Clans das Sagen hatten. Die Bauern bauten Gras an wie andere Kartoffeln. Und die Regierungen, erzählt uns der Polizist, ließen Lazarat gewähren – bis zum Juni 2014.

Gepanzerte Fahrzeuge rollten die steile Straße zum Dorf hinauf. 800 Polizisten zogen eine immer engere Schleife um das Dorf. Die Clans verteidigten sich mit Bazookas und Kalaschnikows. Der Kampf dauerte fast vier Tage, ein Polizist kam dabei ums Leben. Am Ende gewann der Staat die Kontrolle zurück. Die Polizisten durchsuchten 300 Häuser und stießen dabei auf eigenwillige Verstecke des Cannabis: Die Bewohner hatten die Ernte in Plastiktüten verpackt und in der Erde vergraben, sie hatten Lager angelegt auf dem Dachboden, im Keller oder im Inneren von Lastwagen. All das sollte jetzt öffentlichkeitswirksam vernichtet werden. Polizisten durchkämmten die Felder und setzten die teure Ernte in Brand. »Wir brauchten eine Woche, um alle Pflanzen zu vernichten«, erzählt der Polizist mit der Glatze.

Bis heute wird in Albanien Marihuana angebaut. Laut dem jüngsten Weltdrogenbericht der Vereinten Nationen (UN) war das Balkanland von 2015 bis 2019 der größte Cannabis-Produzent in Europa und der sechstgrößte in der Welt (hinter dem Iran, dem Libanon, Pakistan, Marokko und Afghanistan). Zahlen für die Jahre 2019–2021 hat die UN noch nicht vorgelegt. Daher ist davon auszugehen, dass Albanien weiterhin zu den Spitzenreitern zählt. Und das, obwohl die Regierung von Edi Rama dem illegalen Drogengeschäft den Krieg erklärt hat. Seitdem ist der Anbau zurückgegangen, aber er existiert nach wie vor. Die klimatischen, geografischen und politischen Voraussetzungen dafür sind ideal – ausreichend Sonnenschein, hügeliges Bergland, korrupte Polizisten und hohe Arbeitslosigkeit. Dazu kommt eine lange Küste, die seit dem Ende des Sozialismus als Drehscheibe für Schmuggelware genutzt wird. Das Geschäft mit Marihuana entwickelte sich bereits in den Neunzigerjahren, insbesondere nach den politischen Unruhen von 1997. Damals bedienten sich nicht nur aufgebrachte Bürger an den Waffendepots, sondern auch die Drogenmafia.

Warum ausgerechnet Lazarat zum Zentrum der Cannabis-Produktion wurde, weiß heute niemand. Es gibt verschiedene Theorien darüber. Die wahrscheinlichste ist, dass nicht die Dorfbewohner selbst, sondern jemand von außerhalb die Idee dafür hatte, angeblich Drogenbosse aus der Hafenstadt Vlora, die bis heute mit der italienischen Mafia zusammenarbeiten sollen. In den Neunzigerjahren stiegen immer mehr Bauern in das illegale Geschäft ein. Am Ende profitierte fast jedes Haus vom Hanfanbau.

Lazarat, so heißt es, habe ganze Metropolen mit Gras versorgt. Laut der italienischen Finanzpolizei wurden dort 800 Tonnen Cannabis im Jahr produziert, was einem Straßenwert von 4,5 Milliarden Euro entspricht. Aus dem kleinen Bergdorf wurden große Mengen außer Landes geschmuggelt. Wie kam es, dass ein so kleines Dorf unzählige Menschen mit Cannabis versorgen konnte?

»Es war wie eine Insel im Staat«

Lazarat ist ein Bergdorf im Süden Albaniens, einen Kilometer von Gjirokastra und 30 Kilometer von der griechischen Grenze entfernt. Rund 3500 Einwohner leben dort in 600 Häusern, der Großteil von ihnen Bauern und Hirten. Entlang der Straße stehen zweisprachige Ortstafeln: Viele Dörfer werden von einer griechischstämmigen Minderheit bewohnt. Durch das Dropull-Tal fließt der Drino, ein Fluss, der Lazarat von seinen Feldern trennt. Weil bis heute keine Brücke gebaut wurde, auf der man den Fluss mit Traktoren oder Tieren überqueren kann, liegen sie brach. Die Bewohner von Lazarat behaupten, dass das der Grund sei, warum sie irgendwann begonnen haben, Gras anzubauen. Die traditionelle Landwirtschaft war nicht ertragreich, das Marihuana hingegen wuchs hervorragend.

Es gibt nicht viele Menschen, die vom Lazarat dieser Zeit erzählen können. Clans errichteten Checkpoints am Eingang des Dorfes und kontrollierten jedes Auto, dessen Nummernschild sie nicht kannten. »Es war wie eine Insel im Staat«, sagt die 44-jährige Journalistin Kristina Fidhi, die jahrelang für die *BBC* und den albanischen Fernsehsender *Top Channel* gearbeitet hat. Fidhi – Adidas-Sportjacke, runde Brillengläser, kurze blonde Haare – kommt aus Gjirokastra.

Unweit der Altstadt sitzt sie in einem Café und seufzt: »Wer über Lazarat schreibt, der macht sich das Leben schwer.« 15 Jahre lang hat sie verfolgt, was im Dorf nebenan los war. »Vier Mal blickte ich in den Lauf einer Kalaschnikow«, sagt sie trocken. Von den Drohanrufen ganz zu schweigen. »Es ist trotzdem falsch zu behaupten, dass das ganze Dorf kriminell war«, meint Fidhi. Viele Bauern in Albanien hätten einfach keine andere Wahl.

Seit 2014 gibt es dieses Lazarat, von dem Fidhi spricht, nicht mehr. »Sie sind sozial ruiniert«, sagt die Journalistin. Früher, erzählt sie, habe man das Gras bis nach Gjirokastra riechen können. Aus der Luft sah das Dorf aus, als wäre es mit dunklem, üppigem Moos überzogen. Heute erinnern die Hänge und Gärten von Lazarat an eine karge Mondlandschaft. Von den Plantagen sind nur noch brachliegende Äcker mit Löchern übrig, Tausende davon. Es sieht aus, als hätte die Erde Akne.

Von der Hauptstraße aus ist Lazarat nicht leicht zu finden. Das Dorf hat nicht einmal eine Ortstafel. Man folgt einer holprigen Straße den steilen Hang hinauf, die links und rechts von zwei Meter hohen Betonmauern gesäumt ist. Früher dienten sie als Schutz vor neugierigen Blicken. Als die Polizei Lazarat stürmte, sollen sich Bewohner dahinter verschanzt und das Dorf verteidigt haben. An manchen Stellen sieht man noch die Einschusslöcher der Kugeln. Jugendliche haben Graffiti auf die Schutzwälle gesprüht: »ACAB« (All cops are bastards), »Fuck the Police«, »Rama Ik!« (Rama, geh!) und »Lazarat City«.

Auch die Häuser sind anders als in den restlichen Dörfern, die ich in Albanien besucht habe. Man merkt, dass die Bewohner Geld für die Renovierung hatten. In Lazarat sieht man keine Flach-, sondern Spitzdächer. Die Gärten haben Zäune, und die Hausfassaden sind nicht fleckig und bröckelig, sondern sauber verputzt. Anstatt sich blaue Plastikdepots aufs Dach zu stellen, haben die Bewohner Wasserleitungen verlegen lassen. Sonst ist wenig vom »grünen Gold« geblieben. Geschäfte mussten schließen, weil die Tausenden Saisonarbeiterinnen weggeblieben sind, die über Jahre nach Lazarat pendelten wie andere ins Büro, und die Zurückgebliebenen stecken ihr Erspartes in Anwälte und Gerichtskosten. Seit 2014 wurden 100 Dorfbewohner inhaftiert, 30 weitere sind auf der Flucht.

Feindbild Polizei

Die Zurückgebliebenen leben indes wieder von ihren Ziegen und Schafen. Sie sammeln Kräuter im nahegelegenen Gebirge, die sie trocknen und zu Tee verarbeiten. Die junge Generation, die ohne Matura und Studium reich geworden ist, muss sich jetzt im wahren Leben zurechtfinden. Sie sind mit dem Gefühl aufgewachsen, dass das schnelle Geld im Garten wächst.

Aida und ich parken am Dorfplatz, direkt vor der Gemeindeverwaltung, einem himmelblau gestrichenen Gebäude mit Wendeltreppe, über die man hinauf zur Dorfbar gehen kann. Im Erdgeschoss, dem zweiten Zimmer rechts, erhebt sich Rudina Gaba, die Bürgermeisterin von Lazarat, eine Frau Mitte 40, hinter ihrem Schreibtisch. Sie gehört, wie alle ihre Vorgänger, den oppositionellen Demokraten an. Trotz Boykott der Lokalwahlen gilt Lazarat als blaue Hochburg. Über die Sozialisten hört man hier Sätze wie: »Sie haben uns okkupiert wie die Serben die Albaner im Kosovokrieg.«

Rudina Gaba ist erst seit drei Monaten Bürgermeisterin, als wir sie treffen. Auch sie ist wütend auf Ramas Regierung, die ihrer Meinung nach unschuldige Bewohner abgestraft hat. Sie gibt zu, dass der Anbau von Cannabis illegal ist, stellt mir aber eine Gegenfrage: »Wenn man damit sein Haus und sein Leben aufbauen kann, würden wir es dann nicht alle machen?«

Die Bürgermeisterin sitzt in einem blau gestrichenen Raum mit vergitterten Fenstern, grellem Neonlicht und Holzregalen voller Aktenordner. Eines der dort stehenden Bücher trägt den Titel »Transform Your Business? Know-how«, wohl eine Art Ratgeber, neue Geschäftsmodelle zu erschließen. »Den Menschen werden keine wirtschaftlichen Alternativen geboten«, kritisiert Gaba. Dann erzählt sie von der guten alten Zeit, als im Dorf noch etwas los war. »Früher reisten Saisonarbeiter aus ganz Albanien an, um hier zu arbeiten«, beginnt sie. »Dort draußen, am Dorfplatz, stiegen sie aus Bussen und eine der einheimischen Familien holte sie ab.« Bis zu 2000 externe Arbeiter und Arbeiterinnen sollen täglich nach Lazarat gependelt sein.

Heute ist der Marktplatz wie ausgestorben. Mit der Razzia, so die Bürgermeisterin, habe sich die Stimmung im Dorf verändert. Viele Kinder, darunter auch ihr neun Jahre alter Sohn, seien traumatisiert von den maskierten Polizisten, die Haustüren eingetreten und Menschen festgenommen haben. »Während der Kämpfe schlief ich mit meinem Sohn auf einer Matratze auf dem Boden, weil draußen die Kugeln durch die Luft zischten«, erzählt sie. Heute, so Rudina Gaba, sei die Polizei für die jungen Menschen aus Lazarat ein Feindbild.

In der Bar über der Gemeindeverwaltung sitzen einige junge Männer mit kurz rasierten Haaren, Jogginghosen und Bomberjacken. Teilnahmslos und gelangweilt starren sie auf ihre Smartphones. Hinter ihnen, in der Ecke, steht eine Figur, die einen Adler mit ausgebreiteten Flügeln zeigt, das Wappentier der Republik. Auf Albanisch heißt Adler »Shqiponja«. Und so lautet auch der Name der Frau, die jetzt die Bar betritt und direkt auf uns zusteuert.

Eigentlich hat Shqiponja genug von Journalisten, so wie ganz Lazarat, ein Dorf, das von Kamerateams aus der ganzen Welt besucht wurde. Aber die Mutter will Gerechtigkeit für ihre Söhne Bajram und Elvis, die beide zu einer Haftstrafe verurteilt wurden. Die Staatsanwaltschaft wirft den Mittzwanzigern vor, einen Polizisten erschossen zu haben, den 31 Jahre alten Ibrahim Basha, zuvor in Afghanistan stationiert. Bis heute weiß niemand, wer die Kugel abgefeuert hat. Die Staatsanwaltschaft vermutet, dass eine Gruppe Jugendlicher dahintersteckt. Neben Shqiponjas Söhnen sind neun weitere Männer aus Lazarat wegen Mordes angeklagt, darunter auch der Neffe der Barbesitzerin, der damals 18 Jahre alt war. »Er ist unschuldig«, sagt seine Tante, »und jetzt sitzt er mit einem Schwerverbrecher in einer Zelle in Tirana.« Shqiponja fragt: »Wie können elf Männer gleichzeitig eine Waffe abfeuern?«

Wer profitiert vom Gras?

Die Geschichte von Lazarat ist nicht nur eine über Cannabis. Es ist die Geschichte eines Dorfes, das dem Rechtsstaat jahrelang auf der Nase herumgetanzt ist. Jetzt, so scheint es, versucht die Justiz mit Lazarat ein Exempel zu statuieren. »Wir sind voller Wut«, entschuldigt sich die Barbesitzerin, »deswegen explodieren wir, wenn wir anfangen zu sprechen.«

Ein Wort, das in Lazarat nie fällt, ist Marihuana. Fast so, als hätte die Pflanze, die so viel Unheil über das Dorf gebracht hat, nie existiert. Dasho Aliko, ein Mann, der zwölf Jahre lang Bürgermeister von Lazarat war, spricht stattdessen von »dem Phänomen«, fast so, als wären die Samen nicht importiert worden, sondern vom Himmel gefallen. Obwohl Aliko die Dorfbewohner jahrelang gewähren ließ, musste er sich nie einem Gerichtsprozess stellen. Stattdessen wurde er zum Chef der Demokratischen Partei in Gjirokastra befördert. Angesprochen auf die Vergangenheit, gibt er sich völlig ahnungslos. In Lazarat sei nicht viel mehr angebaut worden als an anderen Orten in Albanien, meint er. Mehr als 40.000 Pflanzen, rechnet er vor, habe es in Lazarat nie gegeben. Die Journalistin Kristina Fidhi bezweifelt das. »Der Bürgermeister hat selbst eine Plantage betrieben«, sagt sie. Er sei nur deswegen nicht belangt worden, weil die Regierung befürchte, er könnte auspacken: darüber, dass beide Parteien – Demokraten wie Sozialisten – dem Treiben jahrelang zugeschaut haben.

Von den Milliarden, die in Lazarat laut italienischer Finanzpolizei erwirtschaftet wurden, floss nur ein Bruchteil an lokale Bauern und Saisonarbeiter, also jene Menschen, die Löcher gruben, Samen aussäten, Pflanzen bewässerten und die Blüten schließlich zurechtschnitten und trockneten. Unter den Saisonarbeitern waren Männer, die sonst schwarz auf dem Bau arbeiteten, auffallend viele Frauen und auch Kinder. »Diese Menschen schätzten sich glücklich«, erzählt Fidhi, »sie bekamen 30 Euro am Tag, der Transport war gratis und die Familien aus Lazarat kochten für sie.« Dennoch: Monatelang Hanf zu ernten, ist eine beschwerliche und gesundheitsschädliche Arbeit. Es sei immer wieder vorgekommen, erzählt Fidhi, dass Menschen wegen Atemwegsbeschwerden oder Kopfschmerzen ins Krankenhaus eingeliefert werden mussten. »Am Ende ist die Arbeit auf den Feldern so, als würde man jeden Tag kiffen«, sagt die Journalistin.

Nicht nur die Saisonarbeiterinnen, auch die Bewohner von Lazarat nahmen das in Kauf. Mit dem Cannabis-Anbau ließ sich mehr verdienen als auf legalen Wegen. 300 Euro bekam ein Bauer für ein Kilogramm Marihuana: ein guter Deal, wenn man bedenkt, wie wenig sich mit derselben Menge Kartoffeln oder Paprika verdienen lässt. Ein schlechter Deal, wenn man weiß, dass dasselbe Kilogramm in Deutschland das 13-Fache wert ist, also etwa 4000 Euro. Drogen gewinnen an Wert, je näher man sie, unter hohem Risiko, von den Produzenten zu den Konsumenten bringt. So erklärt es mir Tim Surmont, ein Experte der Europäischen Beobachtungsstelle für Drogen und Drogensucht (EBDD). »Den Großteil des Geldes bekommen Schmuggler, korrupte Polizisten und Fahrer. Die Bauern sehen nur einen Bruchteil des Wertes, den sie erwirtschaften«, so Surmont.

Die wahren Profiteure von Lazarat sind also nicht die Bauern, sondern die Drogenbosse und Logistiker. In Lazarat nennt man sie »Wölfe«. Einige wenige hätten so viel Geld zu Hause gehortet, dass sie es nicht mehr gezählt, sondern stattdessen auf die Waage gelegt hätten, behauptet Fidhi. Auch Beamte und hochrangige Politiker hätten gut daran verdient: »Das Vermögen der Polizisten in der Gegend ist in nur wenigen Jahren stark angestiegen.« Ohne diese Schmiergelder hätte ein Ort wie Lazarat nie existieren können.

Politik und Drogenhandel in Albanien

Drogenhandel und politische Macht sollen in Albanien eng miteinander verstrickt sein. Dafür gibt es mittlerweile mehrere Indizien. Ausländische Ermittlungsbehörden haben in der Vergangenheit mehrmals bedauert, dass Informationen, die sie mit albanischen Behörden teilten, schlafende Hunde geweckt hatten. Immer wieder wird der Vorwurf laut, dass die Milliarden aus der Unterwelt die Wahlkampfbudgets von Parteien füllen oder als Schmiergelder an Staatsanwältinnen und Polizisten ausbezahlt werden. Nicht nur dem ehemaligen Bürgermeister von Lazarat sagt man heute nach, dass er mit dem Drogenhandel Geld verdient hat, sondern auch hochrangigen Ministern aus Edi Ramas Regierungsteam.

Ein Beispiel ist ausgerechnet jener Mann, der Lazarat mit Polizeieinheiten hat stürmen lassen: Saimir Tahiri, zwischen 2013 und 2017 Albaniens Innenminister. Um die Ecke meiner Wohnung in Tirana prangte Tahiris Kopf als Graffiti auf einer Hausmauer, darunter das Wort »Narcos« und ein Cannabis-Blatt. Ein ehemaliger Drogenermittler namens Dritan Zagani belastete Tahiri schwer. Zagani arbeitete früher eng mit den italienischen Behörden zusammen und stieß dabei auf die sogenannte Habilaj-Bande, zwei Brüder, die große Mengen Cannabis von Albanien nach Italien schmuggelten und damit Millionen verdienten – die Habilajs sind Cousins des damaligen Innenministers Tahiri. Als Zagani seine Ermittlungsergebnisse an eine höhere Stelle weiterleitete, wurde er unter Hausarrest gestellt. Er floh in die Schweiz und beantragte politisches Asyl. Aus seinem Exil gab er albanischen Journalisten Interviews und behauptete, Tahiri habe seine Cousins jahrelang protegiert und ihnen sogar seinen privaten Audi A8 geliehen, um das Rauschgift über die Grenze nach Griechenland zu schmuggeln. Tahiris Name fiel darüber hinaus in einem von der italienischen Polizei abgehörten Telefonat. Darin hört man einen Drogenhändler sagen, dass »30.000 für Saimir zur Seite gelegt werden müssen«.

Tahiri beteuert bis heute seine Unschuld: Sein Auto sei in die falschen Hände geraten, nachdem er es verkauft habe, und die Habilajs seien Cousins »zehnten Grades«, die er nicht kenne. Dennoch legte der Minister sein Amt nieder und musste sich der Anklage stellen. Der Vorwurf: Mitgliedschaft in einer kriminellen Organisation und Teilnahme am internationalen Drogenhandel. Im September 2019 wurde Tahiri verurteilt, allerdings nicht wegen Drogenhandels, sondern wegen Amtsmissbrauchs. Das Urteil lautete konkret: drei Jahre und vier Monate auf Bewährung. Ins Gefängnis musste er nie. Das könnte sich jetzt, wo sein Fall noch einmal neu verhandelt wird, ändern. Im Sommer 2021 kamen neue Hinweise hinzu. Zwei von Tahiris ehemaligen Bodyguards wurden in Frankreich und Deutschland verhaftet, weil sie während seiner Zeit als Innenminister große Mengen Cannabis nach Italien gebracht haben sollen.

Saimir Tahiri ist nicht der einzige Politiker in Albanien, dem Verbindungen mit dem Drogengeschäft vorgeworden wurden. Sein Nachfolger Fatmir Xhafaj trat nach 19 Monaten als Innenminister Albaniens zurück, weil sein Bruder in Italien wegen Drogenhandels zu einer Gefängnisstrafe verurteilt worden war. Am Ende konnte man dem Minister nichts nachweisen, aber der internationale Druck wurde so hoch, dass Rama ihn kurzerhand absetzen ließ.

Kein Fall verdeutlicht die Nähe zwischen Drogenhandel und Politik so klar wie der von Klement Balili, auch bekannt als der »Pablo Escobar des Balkans« und laut dem *Spiegel* einer der »meistgesuchten Clanchefs der Welt«. Griechische Fahnder versuchten den Albaner jahrelang zu fassen, nachdem sie ihn als Kopf eines milliardenschweren Drogenimperiums enttarnt hatten, das zahlreiche Länder in Westeuropa mit Kokain versorgt hat. Doch Balili war in der albanischen Politik bestens vernetzt. Im Jahr 2014 wurde er zum Verkehrsdirektor der Hafenstadt Saranda ernannt, ein beliebter Touristenort im äußersten Süden. In dieser Zeit, so schreibt der deutsche *Stern*, soll der Beamte »im großen Stil« in den internationalen Kokainhandel eingestiegen sein. Obwohl er per internationalem Haftbefehl gesucht wurde, tauchte sein Gesicht immer wieder auf Fotos in der albanischen Klatschpresse auf. In den VIP-Logen von Fußballstadien, auf Hochzeitspartys mit hochrangigen Politikern oder auf einer Yacht mit lokalen Polizeibeamten. Albanien lieferte ihn nie nach Griechenland aus, obwohl die Behörden in Athen einen 10.000-Seiten-Akt angelegt hatten.

Donald Lu, der ehemalige US-Botschafter in Tirana, zeigte sich 2016 offen frustriert darüber: »Sieben Monate lang habe ich die Polizei, den Innenminister und den Generalstaatsanwalt ermutigt, Klement Balili zu verhaften. Aber er kann frei auf den Straßen von Tirana herumlaufen.« Die Gründe dafür benannte Lu klar: »Politiker von links und rechts haben sich den Interessen von korrupten Geschäftsleuten, Verbrechern und Drogenhändlern gebeugt.« Der US-Diplomat war für seine äußerst undiplomatischen Ansagen bekannt und wurde gerade deswegen von vielen geschätzt. So sagte er einmal in einer Festrede vor albanischen Richterinnen und Staatsanwälten: »Wenn Sie eine Uhr tragen, die teurer ist als meine Dienstlimousine, dann sind Sie korrupt.« Immer rief Lu dazu auf, die »großen Fische« zu fangen.

Im Januar – Donald Lu war da bereits versetzt worden – stellte sich Klement Balili, der »Pablo Escobar des Balkans«, der Polizei. Ausgeliefert nach Griechenland wurde er allerdings nicht, sondern in Albanien vor Gericht gestellt.

»Rama brauchte eine Show«

Der Fall Balili zeigt: Cannabis ist nicht mehr aktuell. »Albanische Gruppen haben angefangen, mit Kartellen aus Südamerika Kontakt aufzunehmen. Sie dealen Kokain, eine Droge, für die man in Europa

20.000 Euro pro Kilogramm bekommt«, sagt Tim Surmont von der EBDD. Das weiße Pulver wird, versteckt auf Frachtern, von Lateinamerika an die albanische oder montenegrinische Küste geschmuggelt. Im Februar 2018 beschlagnahmte die albanische Polizei Hunderte Kilogramm Kokain, versteckt zwischen einer Lieferung kolumbianischer Bananen.

Lazarat, früher bekannt für Cannabis, ist heute eine Art Feigenblatt. Ministerpräsident Edi Rama hat die Stürmung des Dorfes gekonnt in Szene gesetzt, sozusagen als Auftakt seiner ersten Regierungsperiode. Die Journalistin Kristina Fidhi glaubt, dass die Stürmung nicht zufällig wenige Tage vor dem Termin stattfand, an dem die EU über Albaniens Status als Beitrittskandidat entschied: »Rama brauchte eine Show.« Eine Woche später bekam Albanien tatsächlich den Status zuerkannt.

Wie effektiv die Aktion war, ist eine andere Frage. Nach dem Ende Lazarats sollen sich die Cannabisplantagen auf das ganze Land verteilt haben, deutlich kleiner und versteckter als früher. Während sich das Anbaugebiet früher in einem Dorf konzentrierte, liegen Felder heute angeblich auch im schwer zugänglichen gebirgigen Norden.

Im Alltag sind Drogen in Albanien kaum sichtbar. Nicht die Arbeiterinnen aus Lazarat haben das geerntete Cannabis geraucht, sondern Menschen in Westeuropa, die es an der Straßenecke in Plastiktüten kaufen. Offiziell ist der Konsum von Marihuana in Albanien verboten. Ein junger Student, den ich in Tirana kennengelernt habe, findet das zynisch. Eines Abends, es ist gerade dunkel geworden, dreht er sich einen Joint und erzählt, wie einer seiner Freunde mit ein paar Gramm in Tirana erwischt wurde und für eine Nacht auf die Polizeistation musste. »Der Staat baut das Gras doch selbst an«, sagt er, »aber die Konsumenten werden kriminalisiert.«

KAPITEL 14

DUNKLES GESETZ

Am 12. Juni 2012 starb Marija als Opfer einer Blutrachefehde. Über den Kanun, ein jahrhundertealtes Gewohnheitsrecht, und einen scheinbar machtlosen Rechtsstaat.

Marijas Grab liegt am Ende des Friedhofs, dort, wo das freie Feld beginnt. Es sieht aus wie jede andere katholische Grabstätte auch – weißer Marmor, bunte Plastikblumen, Marienstatuen, Kreuze. Zwei ovale Fotografien sind in den Stein eingelassen. Eine zeigt Marija, eine junge Frau mit weißer Bluse und offenen Haaren, auf der anderen Hälfte des Grabsteins prangt das Bild eines älteren Mannes im Anzug, es ist ihr Großvater Kolë, der ernst in die Kamera blickt. Der in den Stein gravierte Sterbetag lautet 14. Juni 2012. Der Ort fehlt.

Fragt man Bewohner aus der Gegend, dann erzählen sie davon. Marija und ihr Großvater starben in einem kleinen Dorf in den nordalbanischen Bergen, so abgelegen, dass man es nur mit Geländewagen erreichen kann. Sie starben als Opfer von Blutrache, einer bis heute vor allem im Norden Albaniens verbreiteten Praxis, die auf einem jahrhundertealten Gesetz beruht, dem *Kanun*. Bei der Blutrache regeln Menschen Konflikte untereinander ohne den Rechtsstaat. Man könnte auch Selbstjustiz dazu sagen, oder Krieg der Sippen.

»Unser Haus ist im Blut«

Von der Blutrache hatte ich schon gehört, bevor ich nach Albanien kam. Ich wusste, dass es bis heute Familien geben soll, die ihr Haus nicht verlassen, aus Angst, von einer verfeindeten Familie erschossen zu werden. Ich dachte, dass es nicht mehr als eine Handvoll sein können.

Im Zuge meiner Recherche lernte ich die 60-jährige Liljana Luani kennen, eine Lehrerin, die seit 15 Jahren Kindern aus Blutrache-Familien Hausunterricht gibt, weil sie ihre Häuser nicht verlassen können. Insgesamt vier Mal trafen wir uns in Shkodra, einer Stadt im Norden Albaniens, wobei Luani mir bei jedem Treffen ein bisschen mehr erzählte: von Schülern, die mit Polizeieskorte zur Abschlussprüfung begleitet werden müssen, weil die Gefahr besteht, dass sie erschossen werden, und von den Ausflügen, die Luani ein paarmal im Jahr für diese Jugendlichen und Kinder organisiert, damit sie das Meer und den Strand sehen, anstatt immer nur die eigenen vier Wände. »Diese Kinder hören die ganze Zeit nur, wer aus ihrer Familie wen rächt«, sagt Luani, »ich möchte, dass sie einmal an etwas anderes denken.«

Ich sprach auch mit einer bayerischen Nonne namens Schwester Christina, einer Frau, die 1999 wegen des Kosovokrieges in die Region gekommen und seitdem geblieben ist. Sie spricht fließend Albanisch und lebt seit 20 Jahren in Dobrac, einem Vorort von Shkodra, wo sie ein Kloster, eine Ambulanz und einen Kindergarten leitet. Dobrac ist bekannt für Bandenkriege, Drogenhandel und Prostitution, eine Siedlung am Stadtrand, in der es immer wieder zu Festnahmen und Razzien kommt. Mehrere Familien leben in Blutrache miteinander.

Schwester Christina erzählt, dass sie mehrmals in den Lauf einer »Knarre« geblickt habe, weil sie versucht hat, zwischen den Familien zu vermitteln. Ihre Angst hat sie mittlerweile abgelegt. »Sonst müsste ich gleich meine Koffer packen und gehen«, sagt sie achselzuckend. Schwester Christina, eine Frau mit violettem Schleier und grauem Habit, sitzt auf der Kante ihres Bettes, ein Kruzifix an der Wand und eine Bibel auf dem Nachtkästchen. Blutrache, so die Nonne, sei für sie nichts anderes als eine »dunkle Religion«, mit der sie täglich konfrontiert sei. Einmal, erzählt Christina, kam eine Frau in die

Ambulanz, die mit ihrer Familie seit drei Jahren in Isolation lebte. Wie viele Betroffene habe sie das Thema Blutrache nicht direkt angesprochen, sondern stattdessen Codes verwendet. Familien sagen: »Unser Haus ist im Blut«, »Wir haben Probleme miteinander« oder »Wir können nicht raus«.

Warum der Fall Marija eine Zäsur war

Es ist unmöglich, die genaue Zahl der Menschen, die in Albanien von Blutrache betroffen sind, anzugeben. Im Laufe der Recherche bin ich auf unterschiedliche Angaben gestoßen, die stark voneinander abweichen. NGOs und Versöhnungsassoziationen sprechen von bis zu tausend betroffenen Familien und von Hunderten isoliert lebenden Kindern. Albanische Behörden wiederum gehen von einer deutlich niedrigeren Statistik aus. Eine Sprecherin der Polizei in Shkodra etwa gab mir gegenüber an, dass es seit 1990 nur 158 Fälle in der Region gegeben habe. Laut *Kanun* sind Frauen und Minderjährige von der Blutrache ausgeschlossen, doch es gibt Fälle, in denen es auch sie trifft.

Marija war 17 Jahre alt, als sie am helllichten Tag bei der Feldarbeit erschossen wurde. Wenige Blutrache-Fälle haben Albanien derart erschüttert wie der Mord an der Schülerin. Ihr Tod gilt heute als Zäsur, denn eigentlich sind Frauen eben von der Blutrache ausgenommen. Ihr Gesicht war in den Abendnachrichten zu sehen, auf den Titelseiten von Zeitungen und auf den Plakaten von Demonstranten, die nach ihrem Tod vor dem Regierungsgebäude in Tirana protestierten. Auf ihren T-Shirts und Bannern stand: »Im Namen von Marija« und »Gegen Blutrache«.

Der Mord an Marija sorgte für so viel Betroffenheit, dass knapp tausend Menschen das Begräbnis besuchten. Sie kondolierten vor dem Sarg, in dem die junge Frau in einem weißen Hochzeitskleid aufgebahrt war, eine alte Tradition für unverheiratete Frauen. Auch die mutmaßlichen Mörder, die an jenem 14. Juni die Kugeln abgefeuert haben sollen, wurden eingeladen. So verlangt es die Tradition – und das seit Jahrhunderten. Aber die drei Männer blieben dem Begräbnis fern.

»Sie schämen sich, dass sie eine Frau getötet haben«, sagt Marijas Mutter, eine in Schwarz gekleidete Frau. Sie lebt unweit des Friedhofs in einem einstöckigen, weiß verputzten Flachbau, vor dem Kohl wächst. Anstatt einer Tür ist am Eingang nur ein Vorhang angebracht. Ihre älteste Tochter, die eine Lehre als Friseurin abgeschlossen hat, bringt türkischen Kaffee und Rakia. Der Sohn, noch keine 18 Jahre alt, mit Flaum statt Barthaaren auf der Oberlippe, schließt einen roten Plastikheizstrahler an die Steckdose an. Die Vorhänge im Wohnzimmer sind zugezogen, zwei nackte Glühbirnen hängen von der Decke. Im Fernsehen läuft der Kinderkanal, die jüngste Tochter, schmal und still, geht noch in die Grundschule. Der älteste Sohn ist nicht zu Hause, er ist ins Ausland geflüchtet, aus Angst, das nächste Opfer zu sein, wie die Familie erzählt. Marija hatte im Alter von zehn Jahren die Schule abgebrochen, so groß war die Angst ihrer Eltern, dass ihr etwas angetan wird. Allein in die Stadt gehen und Freunde treffen – all das war dem Mädchen verwehrt geblieben. Stattdessen nahm sie Hausunterricht bei Luani, der Lehrerin aus Shkodra. Gemeinsam bereiteten sie sich auf die Abschlussprüfung vor, zu der Marija nie angetreten ist. Luani beschreibt Marija als ein großgewachsenes, ruhiges Mädchen, das früh Arbeiten verrichten musste, die in Albanien reine »Männersache« sind. Im Garten der Familie steht bis heute ein Steinbrunnen, den sie gemeinsam mit dem Vater gegraben hat.

Ihre Mutter lässt sich auf einem der fünf Sessel nieder, hinter sich an der Wand das gerahmte Foto ihrer Tochter, behangen mit Perlenketten und Kreuzen. Es ist dieselbe Fotografie, die auch auf dem Grabstein angebracht ist und nach Marijas Tod durch die Medien ging. Die sieben Jahre seit dem Mord, erzählt die Mutter, kämen ihr vor wie sieben Monate: »Niemand hat je Verantwortung für den Tod meiner Tochter übernommen.«

Was ist Blutrache?

Um zu verstehen, warum Marija starb, muss man sich mit dem uralten Phänomen der Blutrache beschäftigen. Der bekannte Albanologe Robert Elsie umschrieb die Blutrache 2012 in einem Vortrag an der niederländischen Universität Leiden so: »Sie ist ein großes soziales Problem in der nordalbanischen Gesellschaft und bringt das ganze Land in Verlegenheit.«

Im Albanischen sagt man zu Blutrache *Gjakmarrje*, *gjak* bedeutet »Blut« und *marrje* »nehmen«. Wird der Sohn einer Familie im Streit mit einem Nachbarn getötet, spricht man dann von Blutrache, wenn die Familie des Sohnes jemanden aus der Familie des Nachbarn tötet – sei es der Bruder, Onkel oder Vater.

Zwei Unterschiede gibt es zum klassischen Rachemord: Erstens – Blutrache wird begangen, um die Familienehre wiederherzustellen; zweitens – anders als bei gewöhnlicher Rache kommen mehrere Opfer infrage, nämlich sämtliche männliche Familienmitglieder der Gegenseite. Blutrache entsteht nicht zwingend im Affekt, etwa wenn der Täter seine Wut und Trauer nicht kontrollieren kann. Sie wird als Verpflichtung angesehen und mündet oft in einen blutigen Kreislauf, der sich mitunter über Generationen zieht. Familienmitglieder leben in permanenter Angst, erschossen zu werden. Nur in ihrem Haus, wo die Blutrache nicht gilt, können sie sich sicher fühlen.

Um all dies zu verhindern, kann die Fehde mithilfe eines Vermittlers geschlichtet werden, häufig ist das ein angesehener Dorfbewohner, Priester oder Imam. Aber auch Frauen wie Luani und Schwester Christina versuchen sich als Brückenbauer. Frieden ist möglich, wenn beide Familien bereit sind, das »genommene Blut« zu vergeben. Kurzfristig kann eine Familie auch um eine Art Waffenstillstand, *Besa* genannt, bitten. *Besa* kann ins Deutsche auch mit »Ehrenwort« übersetzt werden. Es ist ein Versprechen, das nicht gebrochen werden darf und den Albanern heilig ist (siehe Kapitel *Muslim rettet Jude*, S. 219). Gewährt eine Familie der Gegenseite *Besa*, dürfen sie sich in einem vereinbarten Zeitraum frei bewegen, ohne fürchten zu müssen, erschossen zu werden.

Bis zur Machtübernahme der Kommunisten war die Blutrache ein weit verbreitetes Mittel, um Konflikte zu lösen. Heute ist sie illegal. Weil aber das Justizsystem in Albanien schwach ist, insbesondere fernab der Ballungsräume, wird sie im Schatten des Rechtsstaates trotzdem bis heute ausgeübt. Statt des Strafgesetzbuches befolgen die Familien ein jahrhundertealtes Recht, den *Kanun*, auch »Gesetz der

Berge« genannt. »Für manche Albaner ist der *Kanun* wichtiger als die Bibel oder der Koran«, sagt Schwester Christina.

Die Geschichte des *Kanun*

Der *Kanun* ist das mündlich überlieferte Gewohnheitsrecht der Albaner. Je nach Region gibt es verschiedene Varianten davon, wobei die berühmteste der *Kanun des Lekë Dukagjini* ist, der seine Wurzeln im Mittelalter hat. Lekë Dukagjini (1410–1481) war ein mächtiger albanischer Fürst, über dessen Leben wenig bekannt ist, außer dass er ein Weggefährte des Nationalhelden Skanderbeg gewesen sein soll. Im 15. Jahrhundert herrschte die Dukagjini-Familie über weite Teile der albanischen Alpen, einem Gebirgsmassiv, das sich von Nordalbanien über Montenegro und den Westkosovo erstreckt. Bis heute ist eine Landschaft in Albanien nach der mächtigen Familie benannt (siehe Kapitel *Mit dem Boot in die Berge,* S. 84).

Dukagjin ist ein naturbelassenes Stückchen Erde, das Forscher, Schriftstellerinnen und Abenteurer schon immer fasziniert hat. Im 19. und 20. Jahrhundert verschlug es eine Reihe von Reisenden in die »Verfluchten Berge«. Einer davon war der ungarische Baron Franz Nopcsa von Felső-Szilvás (1877–1933), ein Geologe und Dinosaurierforscher aus Siebenbürgen mit Zweitwohnsitz in Wien. Er rieb sich sein Gesicht mit den reifen Hüllen von Walnüssen ein, um unter den Nordalbanern mit ihren wettergegerbten Gesichtern nicht aufzufallen. Als Hirte getarnt, erforschte er über Jahre das Leben der Stämme in Nordalbanien. Nopcsa reiste auch nach Kasnec, wo er akribisch eine Tabelle über Blutrache-Morde führte.

Ins Deutsche übersetzt hat den *Kanun* eine Frau, die aus München stammende Marie Amelie Freiin von Godin, eine streng erzogene Katholikin, die um 1930 mit einem Franziskanerpatern aus Shkodra an einer deutschen Übersetzung arbeitete, bis heute ein Standardwerk. Der *Kanun* wurde erst im 20. Jahrhundert zu Papier gebracht. Über Jahrhunderte war er mündlich weitergegeben worden – vom Großvater an den Vater und von diesem an den Sohn. Verschriftlicht hatte ihn erstmals ein Mann namens Shtjefën Gjeçovi, ein im Kosovo geborener katholischer Priester und Ethnologe, der unter anderem in Innsbruck studiert und über Jahre im Norden Albaniens geforscht hatte. Von Gjeçovi, der 1929 von serbischen Freischärlern ermordet wurde, hängt bis heute eine Schwarz-Weiß-Aufnahme im Fotografiemuseum von Shkodra. Sie zeigt einen Mann mit buschigem Schnurrbart, dunkler Kutte und eindringlichem Blick. Sein Geburtshaus steht in Janjevo, einer katholisch geprägten Enklave südlich von Pristina.

Der *Kanun* legte in über 1200 Bestimmungen fest, wie das Leben der Menschen auszusehen hatte. Von der Art und Weise, wie Hochzeiten und Begräbnisse abgehalten wurden, über Familienhierarchien bis zur Bewirtung von Gästen und dem Ziehen von Grundstücksgrenzen. Der Großteil des *Kanun* dreht sich nicht ums Blutvergießen, sondern um Alltägliches – Erbschaften, Handel, Fischerei, Jagd und Landwirtschaft. Banalitäten wie das Haareschneiden oder das Zubereiten des Hochzeitsmahls werden penibel beschrieben und vorgegeben. Darüber hinaus legte der *Kanun* Preise fest: »Eine gute Pfanne« sollte 50 Groschen kosten, ein Esel 300 Groschen, eine silberbeschlagene Pistole 1000 Groschen. Frauen hatten laut *Kanun* keinerlei Rechte. War die Frau untreu oder behauptete ihr Mann nach der Hochzeitsnacht, sie sei keine Jungfrau mehr gewesen, durfte er sie erschießen. Zu diesem Zweck schenkte ihm sein Schwiegervater zur Hochzeit eine Pistolenkugel.

Die Ehre ist ein zentraler Begriff, auf dem weite Teile des *Kanun* aufbauen, wobei die Definition breiter gefasst ist als das mitteleuropäische Verständnis davon. Im *Kanun* heißt es: »Zwei Finger breit Ehre gab uns Gott auf die Mitte der Stirne.« Wird die *ndera* (Ehre) geraubt, etwa wenn ein Mann bedroht, bespuckt oder Lügner genannt wird, kann sie nur durch Blutvergießen oder Vergebung wiederhergestellt werden, nicht durch Geld oder Gegenstände. Im Falle des Blutvergießens wäscht das Abfeuern einer Kugel gewissermaßen die eigene Stirn rein. In seinem Roman »Der zerrissene April« beschreibt der albanische Schriftsteller Ismail Kadare einen Rächer, der stundenlang auf der Lauer liegt, weil ihm sein Vater eingebläut hat, mit der Kugel exakt auf die Mitte der Stirn seines Opfers zu zielen.

Aus der Ehre ergeben sich laut *Kanun* eine Reihe von Pflichten, von denen die Blutrache nur eine ist. Auch positive Aspekte wie etwa die Gastfreundschaft bauen darauf auf. So heißt es im *Kanun:* »Das Haus des Albaners gehört Gott und dem Freunde.« Das Gastrecht im *Kanun* schreibt vor: Klopft ein Fremder an die Tür und bittet um Einlass, so muss er vom Herrn des Hauses in die Stube geführt werden, wo ihn ein entfachtes Feuer, Speis und Trank erwarten. Er darf den Ehrenplatz am Tisch einnehmen, an dem sonst nur der Älteste sitzt. Während der Freund zu Gast ist, wird der Hausherr zu seinem Hüter: »Verspottet dir jemand den Freund oder beschimpft ihn, so wirst du die Ehre des Freundes wiederherstellen mit Gefahr deines Lebens.« So sprechen in Albanien heute nur noch die wenigsten. Aber den Satz, dass das Haus dem Gast gehört, hört man auf Reisen immer wieder. Wildfremde öffnen ihre Häuser, kochen Kaffee, servieren Rakia und decken den Tisch. Der Umgang mit Fremden ist, egal, ob im Norden oder Süden, ungemein herzlich.

Die Gastfreundschaft ist die Sonnenseite des *Kanun,* die Blutrache sein dunkler Schatten. Sie hat bis in die Moderne überlebt, obwohl nichts mehr so ist wie zur Zeit Lekë Dukagjinis. Heute kann man den *Kanun* als gebundenes Buch bei Straßenhändlern in Tirana kaufen oder gratis im Internet herunterladen. Obwohl die Menschen reisen, in die Städte ziehen und Zugang zu Internet haben, spielt die Blutrache nach wie vor eine Rolle. Warum ist dem so?

Ein Skype-Anruf bei der deutschen Anthropologin Stephanie Schwandner-Sievers. Sie hat in den Neunzigerjahren in Albanien zum *Kanun* geforscht und wird seitdem oft von Gerichten und Polizisten um Rat gefragt. Schwandner-Sievers kritisiert, dass der *Kanun* oft romantisiert werde. Die Wissenschaftlerin sitzt vor einem Bücherregal in ihrem Büro in einer Universität im Süden Englands und sagt: »Für Kriminelle ist der *Kanun* eine perfekte Ausrede.« Letztendlich, so Schwandner-Sievers, ginge es bei der Blutrache auch um Machtpolitik und um Statusfragen, sei es auf dem Dorf oder in der organisierten Kriminalität. Es reiche nicht aus, Blutrache-Morde nur auf die Ehre zu reduzieren: »Frage dich immer, wer wo welche Interessen haben könnte.«

Um diese Frage zu beantworten, habe ich mich mit einem Mann verabredet, der einen eigenwilligen Beruf hat. Er ist Blutfehden-Schlichter. Seit fast zehn Jahren versucht er, die Blutfehde, der Marija zum Opfer gefallen ist, zu schlichten.

Kapitel 14

Der Schlichter

»Kommt in mein Büro«, sagt der Schlichter kurz angebunden am Telefon und legt auf, ohne uns zu erklären, wo dieses Büro liegt. Nachdem Aida, meine Übersetzerin, und ich im Zentrum von Shkodra herumgefragt haben, stellt sich heraus, dass Nikoll Shullani gar kein Büro hat, sondern an einem wackeligen Tisch in einer Bar namens »Fiesta« arbeitet, die mit lauter Popmusik beschallt ist.

Es ist November und eine Kältewelle ist hereingebrochen. Es ist nur eine Frage der Zeit, bis in den Bergen nordöstlich von Shkodra Schnee fällt. Nikoll Shullani ist ein Mann Mitte 60, dessen dicker Hals in einem bis oben zugeknöpften, schwarzen Mantel verschwindet. Am Finger trägt er einen goldenen Ring, der das Haupt der Medusa zeigt, die Frau mit den Schlangenhaaren aus der griechischen Mythologie. Passend dazu trägt er eine goldene Uhr und ein goldenes Armbändchen. So gar nicht zu seiner Erscheinung passt seine Stimme, die ungewöhnlich schrill und hoch ist. Beim Reden hebt er seinen dicken Zeigefinger, richtet ihn über den Tisch auf mich und spricht langsam, mit bedächtiger Stimme. »Der *Kanun* wird bis heute angewandt, weil der Rechtsstaat rückständig ist und die Menschen deswegen zur Selbstjustiz greifen«, ist einer dieser Sätze, die Shullani oft sagt.

Weihnachten, erzählt Shullani, sei für seinen Beruf ein wichtiges Datum. »Es gibt drei Feiertage, an denen Blutrache-Fehden traditionell geschlichtet werden – Weihnachten, Ostern und Bajram.« Ob ich wisse, was Bajram ist, fragt Shullani. Ich nicke. Im Sommer war ich bei Aidas Familie im Westkosovo eingeladen gewesen, um dieses muslimische Fest zu feiern, bei dem nach dem Fastenmonat Ramadan ein Schaf geschlachtet wird. Shullani nickt zufrieden und zündet Aida eine Zigarette an, während er seine linke Hand auf die Brust legt, ein Zeichen, dass er mit uns warm geworden ist. Bei den Versöhnungen, erzählt Shullani, lege er eine Bibel oder einen Koran auf den Tisch, je nachdem, welches Bekenntnis die Familien hätten: »Dann müssen sie das Buch umdrehen und das Blut vergeben.«

Shullani kommt aus Lotaj, einem kleinen Bergdorf am Shales-Fluss, der im Nationalpark Theth entspringt, und vermittelt zwischen den verfeindeten Sippen – wie schon sein Vater und sein Großvater vor ihm. Er ist der Vorsitzende einer Versöhnungsorganisation, die ihren Sitz in Shkodra hat. Unter Hoxha, erzählt Shullani, sei Blutrache erfolgreich bekämpft worden. Der sozialistische Staat habe hart gegen all jene durchgegriffen, die den *Kanun* befolgten. Nach der Öffnung des Landes jedoch sei die Zahl der Fälle stark angestiegen: einerseits, weil die Menschen den von den Kommunisten verstaatlichten Grundbesitz zurückforderten und sich Nachbarn dabei über die Grundstücksgrenzen zu streiten begannen, andererseits, weil der albanische Staat im Jahr 1997 de facto zusammenbrach und Menschen Waffendepots im ganzen Land plünderten. Heute, erzählt Shullani, gäbe es nach wie vor Familien, die nicht registrierte Waffen bei sich versteckten. »Ich selbst habe keine«, sagt er, »aber wenn ich eine wollte, wüsste ich, wo ich sie herbekomme.«

Shullanis Organisation finanziert sich nicht aus staatlichen Mitteln, sondern aus ausländischen Förderungen. Versöhnungen sind mittlerweile zum Geschäftszweig geworden, und mehrere NGOs setzen sich dafür ein, das Problem zu bekämpfen. Unter den Akteuren herrschen gegenseitiges Misstrauen und Argwohn. Über Menschen wie Shullani hört man Sätze wie: »Die bekommen so viel Geld, dass ihre Häuser mittlerweile aussehen wie in der Schweiz.« Andere behaupten, Shullani würde 300 Euro für ein Blutrache-Zertifikat verlangen, mit dem betroffene Familien im Ausland Asyl beantragen können. Shullani sagt über sich selbst, dass er kein Interesse an Geld habe, sondern daran, eine Mission zu erfüllen.

Bisher ist es ihm nicht gelungen, die Blutfehde, der Marija zum Opfer gefallen ist, zu schlichten. Shullani klingt, als hätte er bereits aufgegeben: »Das Glas ist zerbrochen, und man kann es nicht mehr reparieren.«

Streit um die Mühle

Dass Marija tot ist, hat mit einer Mühle in einem abgelegenen Dörfchen namens Kasnec zu tun. Es liegt 20 Kilometer westlich von Shullanis Dorf Lotaj, am Ende einer unbefestigten, schwer zu befahrenden Straße, umgeben von Bergen, Wiesen und einem Fluss. Gut zwei Stunden braucht man von Shkodra dorthin. In Kasnec ist der

Kanun nicht Theorie, sondern Praxis. Dort zerstört er bis heute das Leben von zwei Familien, die einmal Nachbarn waren. In der Gegend gibt es weder Krankenhaus noch Schule. Ruft jemand die Polizei, dann dauert es Stunden, bis ein Beamter da ist. Die Bewohner lösen Konflikte oft auf eigene Faust. Früher soll es in Kasnec über 200 Familien gegeben haben. Heute sind es nicht mehr als 30, verteilt auf einige wenige *Kullas,* die typisch albanischen Steinhäuser.

Familie Qukaj sagt über sich selbst, dass sie seit mehr als 500 Jahren in Kasnec lebe, also fast so lange, wie der *Kanun* existiert. Unweit ihres Grundstücks liegt das Haus der Familie Prroj. Die Familien kamen stets gut miteinander aus, arbeiteten gemeinsam auf dem Feld und mit dem Vieh. Bis zum Sommer 2009, als der Vorfall mit der Mühle passierte.

Die Qukajs hatten eine Getreidemühle, angetrieben von einem Wasserkanal. Die Familie Prroj beschwerte sich, dass die Qukajs damit dem Dorf das Wasser abzweigten. Im Januar 2009 versammelte sich das Dorf, um über den Nachbarschaftskonflikt zu beraten, so, wie es der *Kanun* vorsieht. Dabei kam es zum Streit zwischen dem 60-jährigen N. Prroj und M. Qukaj, etwa im selben Alter. Laut einem Bericht der Polizei von Shkodra begann einer der Söhne von M. Qukaj, das Haus der Prrojs zu beschießen. Das Dorf konnte den Streit schlichten, bevor Schlimmeres passierte. Doch der Konflikt schwelte weiter. Kurz darauf, im Juni 2010, sollte Qukajs Tochter heiraten. Das geplante Fest wurde allerdings davon überschattet, dass die Polizei in Kasnec auftauchte. Einer der Nachbarn hatte Anzeige wegen illegalen Waffenbesitzes erstattet. Das brachte das Fass offenbar zum Überlaufen. Am 7. Juli 2010 ging G. Qukaj, damals 23 Jahre alt, zum Haus der Prrojs und erschoss N., einen der ältesten und höchst angesehenen Männer in der Familie. Der junge G. Qukaj stellte sich der Polizei und wurde zu einer Haftstrafe von 14 Jahren verurteilt. Sein Schuss trat eine Lawine los, die bis heute weiterrollt und auch Marija mitgerissen hat.

Nach dem Mord an N. Prroj beschlossen die Prrojs, sich an den Qukajs zu rächen. Sämtliche Versöhnungsversuche liefen ins Leere. Die Prrojs verwehrten den Qukajs sogar die *Besa,* das Ehrenwort. Dadurch schwebten sämtliche männlichen Mitglieder der Qukaj-Sippe in Lebensgefahr, zumindest sobald sie sich aus den eigenen vier Wänden wagten. Marija hingegen hatte nichts zu befürchten. Warum auch? »Laut *Kanun* sind Frauen und Kinder von Blutrache ausgeschlossen, außerdem junge Männer unter 15 und Kleriker«, sagt Giulia Zurlini Panza, eine italienische Sozialarbeiterin, die für eine katholische Friedensmission namens *Operazione Colomba* in Shkodra arbeitet. In den letzten Jahren, so Panza, seien diese traditionellen Regeln jedoch immer häufiger gebrochen worden. »Blutrache ist komplexer geworden und hat neue Formen angenommen«, sagt die Italienerin. Ähnlich wie Nikoll Shullani vermittelt *Operazione Colomba* in Albaniens Blutrache-Fehden. Zusätzlich sensibilisieren ihre Mitarbeiter die albanische Öffentlichkeit, etwa, indem sie Petitionen und Demonstrationen organisieren. In Shkodra sprühten ihre Aktivisten Graffiti an Hausmauern: »Ein wahrer Held vergibt.«

Giulia erzählt von dem starken sozialen Druck, der ihr bei ihrer Arbeit begegnet. »In den Dörfern weiß jeder über den anderen Bescheid«, sagt sie. Nachbarinnen oder Kollegen kämen die Familien nach einem Blutrache-Mord besuchen und erkundigten sich darüber, warum sie sich noch nicht gewehrt hätten. Mütter fragten einander, warum ihr Sohn den Mord am Vater noch immer nicht gesühnt habe. Ein 16-Jähriger werde in der Schule als »schwaches Mädchen« bezeichnet, weil er nicht den Mut habe, zur Waffe zu greifen. Auch Schwester Christina erzählt mir von diesem kollektiven Druck. »Wenn ein Cousin Scheiße baut«, so Christina, »dann müssen alle Männer der Familie den Kopf hinhalten.« Sie erzählt von Müttern, die ihre Söhne zur Rache drängen, indem sie vorwurfsvoll fragen: »Hast du deinen Bruder denn nicht geliebt?« Sie erzählt von einem Vater, der an Krebs starb und noch am Totenbett zu ihr gesagt habe: »Ich habe einen letzten Wunsch, Schwester. Mein Sohn soll rächen!« Zwei Jahre lang gelang es Schwester Christina, den Jungen, damals 17 Jahre alt, daran zu hindern. »Am Ende hat er doch geschossen«, sagt sie bitter.

Auch Marijas Mörder entschieden sich für den Tod. Und Marija selbst war zur falschen Zeit am falschen Ort. Ihre Eltern waren bereits Jahre zuvor mit ihr und den vier Geschwistern ins Tal geflüchtet, an den Stadtrand von Shkodra. Doch im Sommer kehrte Marija ins Bergdorf Kasnec zurück, um ihren Großvater zu besuchen und bei der Feldarbeit mitzuhelfen. An jenem Nachmittag des 14. Juni 2012, einem Donnerstag, trug Marija Arbeitskleidung – Hosen, eine weite Jacke und einen Hut, der ihre langen Haare verbarg. Die Mörder, die sich 100 Meter entfernt im Gebüsch versteckten, dachten, Marija wäre ein Mann. Dann fielen Schüsse in Kasnec. Als die Täter bemerkten, dass sie abgesehen vom Großvaters auch seine Enkelin, also ein Mädchen, getroffen hatten, zogen sie sich zurück und leugnen den Mord seitdem.

»Öffentlich haben sich die Prrojs nie zum Mord an Marija bekannt – mir gegenüber aber schon«, behauptet Shullani, der Vermittler. Alle im Dorf halten sie für schuldig, aber die Untersuchung wurde wegen mangelnder Beweise eingestellt. Shullani sagt, sie hätten sich dank korrupter Beamter freigekauft – ein Vorwurf, der schwer zu überprüfen ist. »Das ist einer dieser Fälle, in dem die Justiz versagt hat«, sagt Giulia, die Aktivistin der katholischen Friedensorganisation. Off the record erzählt mir ein Beamter in Shkodra, dass sich keiner der Polizisten traue, den Fall wieder auszugraben.

Wie kann es sein, dass in den Bergen eine junge Frau erschossen wird und niemand im Gefängnis sitzt? Einer der mutmaßlichen Täter, A. Prroj, 40 Jahre alt, wurde acht Monate nach dem Mord an Marija im Hafen von Durrës festgenommen. Das Gericht sprach ihn aus Mangel an Beweisen frei: Zum einen wurde keine Tatwaffe gefunden, zum anderen hatte Prroj ein Alibi. Er sei zum Zeitpunkt des Mordes nicht in Albanien gewesen, so das Gericht.

»Was habe ich schon zu verlieren?«

»Er ist vor dem Mord illegal nach Albanien eingereist. Es gibt Zeugen, die ihn gesehen haben«, behauptet Lekë Qukaj, 43 Jahre alt und Marijas Onkel. Er verlässt sein Haus seit zehn Jahren nur in Notfällen und nur, wenn er sicher weiß, dass die Prrojs nicht in der Stadt sind. Heute ist so ein Tag. Lekë Qukaj hat sich von einer Vertrauensperson nach Shkodra fahren lassen, direkt vor die Fiesta-Bar, in der ich mit Shullani und Aida sitze. Die beiden haben einen Termin.

Schweigend rührt Lekë Qukaj Zucker in die kleine Espressotasse. Seine Augen wandern unruhig hin und her – durch die Bar, auf die Straße und zurück an den Tisch. Dann fängt er an zu erzählen.

Vielleicht, frage ich mich, hat Shullani ihn angerufen, damit ich Partei für die Qukajs ergreife? Skeptisch mustere ich den Mann mir gegenüber, der ein schwarzes Sakko über einem blauen Hemd trägt und frisch rasiert ist. Nur seine rauen, kräftigen Hände verraten, dass er sein Leben lang Arbeit auf dem Feld verrichtet hat. Irgendwann unterbreche ich ihn: »Warum redest du überhaupt mit einer Journalistin? Bringt dich das nicht in Gefahr?« Qukaj zuckt mit den Schultern: »Was habe ich schon zu verlieren?«

Es trifft sich gut, dass Aida und ich einen Tag vor unserem Treffen das Familiennetz der Prrojs und Qukajs aus Polizeiberichten und Zeitungsartikeln rekonstruiert haben, eine Arbeit, die mehrere Stunden in Anspruch genommen hat. Am Ende hatten wir die Verbindungen zwischen allen Akteuren auf die Rückseite einer Kekspackung gezeichnet, versehen mit der Information, ob sie tot, frei oder im Gefängnis sind.

»Wer ist gerade am Zug?«, fragte ich Aida – »die Prrojs, es steht noch immer null zu eins, weil das Blut von Marija nicht gilt und somit auch der Tod des Großvaters nicht«, antwortete sie. In diesem Moment empfand ich mich selbst als ungemein gefühlskalt. Wir sprachen über den Tod einer 17-Jährigen, als ginge es um den Stand in einem Fußballspiel. Will man Blutrache verstehen, schaltet man irgendwann sein Mitgefühl aus. Die Fehde wird zu einer mathematischen Formel. Anstatt über Morde zu reden, spricht man von Punkten. Man vergisst, dass es um Menschen geht, die irgendjemandem einmal alles bedeutet haben – Töchter, Ehemänner, Brüder.

Auf der Rückseite unserer Keksschachtel im Hotelzimmer stand auch der Name von G. Qukaj, jenem jungen Mann, der die Fehde mit dem Mord an N. Prroj losgetreten hatte. Im Jahr 2025 wird er seine Strafe abgesessen haben. Lekë Qukaj, der Mann in der Bar, ist sein älterer Bruder.

»Hätte ich gewusst, dass mein Bruder an jenem Tag eine Waffe trug, hätte ich ihn aufgehalten«, sagt Lekë. Er vergräbt dabei nicht sein Gesicht in den Händen oder zeigt Wut, sondern spricht genauso emotionslos wie zuvor, sein Gesicht bleibt völlig ausdruckslos. Seit der Fehde kann er, ein Bauer, seine Felder nicht mehr so bewirtschaften wie früher. Mit Marijas Mutter telefoniere er gelegentlich, komme aber nie zu Besuch. Zweimal die Woche, so Lekë, fährt die

Polizei nach Kasnec, um zu kontrollieren, ob seine Familie Waffen zu Hause hätte. Bis zum heutigen Tag geben die Prrojs den Mord an Marija nicht zu. Sie wollen das Blut von N. Prroj weiterhin rächen. Die Qukajs wiederum wollen Marija und ihren Großvater rächen. Am 9. April 2014 eskalierte der Konflikt erneut. L., ein Mittzwanziger aus der Qukaj-Familie, schoss auf einen Mann aus dem Prroj-Clan. Er wurde in die Schulter getroffen, überlebte den Angriff aber. Seitdem sitzt L. im Gefängnis. Marijas mutmaßlicher Mörder ist bis heute auf freiem Fuß – angeblich in Italien.

KAPITEL 15

MUSINE

Musine Kokalari gilt als Albaniens erste weibliche Schriftstellerin. Die Bücher der Sozialdemokratin waren lange verboten, sie selbst bis an ihr Lebensende interniert. Die Geschichte einer Frau, die stärker war als das Regime.

Ein gelbes Taxi hält unweit des Fußballstadions von Tirana. Es fährt los und bahnt sich seinen Weg durch den Vormittagsverkehr, vorbei an Gemüsemärkten und Autowerkstätten, bis sich die Straße die Hügel in Richtung des Dajti hinaufwindet, dem Hausberg der Hauptstadt. Links und rechts verkaufen Anwohner Plastikblumen und Marmorplatten. Hier, im Nordosten von Tirana, liegen Tausende Gräber, verteilt auf mehrere Parzellen. Es ist ein wolkenverhangener Tag mit 14 Grad. Ich sitze auf der Rückbank, neben mir ein Blumenstrauß, im vorderen Teil des Taxis blickt Linda Kokalari aus dem Fenster, die Lippen im selben Rot wie der Rahmen ihrer Ray-Ban-Brille.

»Ich bringe ihr jedes Jahr weiße Rosen«, sagt Linda, »ich glaube, das hätte ihr gefallen.« Das Taxi hält vor der Parzelle Nummer 29. Linda steigt aus, zieht sich zwei Plastikhandschuhe an und beginnt, den Grabstein zu putzen. Dann befeuchtet sie ein Tuch mit Wasser aus einer Plastikflasche und poliert das goldgefasste Bild, das eine junge Frau mit Bluse und schwarzen Haaren zeigt. Linda breitet ihre Hände aus und spricht, die Augen geschlossen, ein Gebet, ohne die Plastikhandschuhe auszuziehen.

Die Frau auf dem Bild ist Musine Kokalari, Albaniens erste Schriftstellerin und Kritikerin des Hoxha-Regimes. Eigentlich müsste diese

Frau heute auf dem Heldenfriedhof von Tirana beigesetzt sein. Dass dem nicht so ist, stört Linda nicht, denn am Heldenfriedhof lägen ja noch immer jene, die Kokalari damals bestraft hätten. »Das hier ist der beste Platz, an dem sie ruhen kann«, sagt Linda und steigt zurück ins Taxi. Die weißen Rosen, die sie zurückgelassen hat, sind um diese Mittagszeit die einzigen Blumen, die auf Musine Kokalaris Grab liegen. Heute, am 10. Februar, ist ihr Geburtstag.

Musine Kokalari hat eine lange tragische Geschichte. Es gibt verschiedene Arten, diese Geschichte zu lesen. Am Ende ist es stets eine Geschichte, die von starken Frauen erzählt – sowohl in der Gegenwart als auch in der Vergangenheit. Heute, einhundert Jahre, nachdem sie geschrieben wurden, entdecken auch Feministinnen in Albanien und Kosovo die einst verbotenen Bücher von Kokalari für sich. Unterschiedliche Generationen von Nachfahren – Nichten, Großnichten, Enkeltöchter –, die mit Kokalari verwandt sind, erzählen die Geschichte dieser beeindruckenden Frau neu. Da ist Linda, die Frau mit den weißen Rosen im Taxi. Oder Arba Kokalari, Musines Enkeltochter, die für die schwedischen Christdemokraten im Europäischen Parlament sitzt. Eine dritte Lesart, um Kokalaris Leben zu begreifen, ist eine Akte mit knapp 100 Seiten – außen grauer Pappkarton, innen die blaue Schreibmaschinenschrift des Regimes. Auf der ersten Seite kleben zwei Fotos von Kokalari. Eines zeigt sie im Profil in jungen Jahren, eines vor einer Bücherwand. Auf Seite fünf sind ihre Fingerabdrücke festgehalten. Auf den Aktendeckel links oben hat jemand einen blauen Stempel gedrückt, auf dem »Deklasifikuar« steht. Jahrzehntelang wurde Kokalaris Akte unter Verschluss gehalten. Im Jahr 2017 wurde sie der Öffentlichkeit zugänglich gemacht, ausgerechnet am 10. Februar, ihrem 100. Geburtstag.

Wieso geriet sie ins Visier des Staates?

Kokalari, aufgewachsen in Gjirokastra, ist Albaniens erste Schriftstellerin, eine junge Frau, die in Rom Literatur studiert und mit gerade einmal 24 Jahren ihr erstes Buch veröffentlicht hat, eine Prosa-Sammlung mit dem Titel *»Siç më thotë nënua plakë«* (Wie mir meine Großmutter erzählte). Es sind Kurzgeschichten aus dem

Alltagsleben in Gjirokastra, wo Kokalari als einzige Tochter einer wohlhabenden Intellektuellenfamilie aufwuchs, wenige Häuser vom späteren Diktator Enver Hoxha entfernt. Der ließ Kokalari im Alter von 29 Jahren inhaftieren. Warum, das sorgt in Albanien bis heute für Diskussionen und Gerüchte. Manche glauben, der Diktator sei in die schöne Musine – eine elegante Frau mit dunklen Haaren und braunen Augen – verliebt gewesen. In Wahrheit hatten sich die Wege von Hoxha, der in Frankreich, und Kokalari, die in Italien studierte, damals nicht gekreuzt.

Der Grund, warum Kokalari ins Visier des Staates geriet, war ein anderer: Im Jahr 1943 gründete sie eine sozialdemokratische Partei – ein Novum in Albanien. Zum Missfallen der Kommunisten, die eine Diktatur nach sowjetischem Vorbild anstrebten, forderte Kokalari freie Wahlen und eine Opposition. Daraufhin wurde sie vor Gericht gestellt, zur »Feindin des Volkes« erklärt und zu 18 Jahren Haft verurteilt. Als sie Anfang der Sechzigerjahre ihre Gefängnisstrafe verbüßt hatte, wurde sie in Rrëshen, einer abgelegenen Kleinstadt im Norden Albaniens, interniert, wo sie, eine Intellektuelle, im Straßenbau arbeiten musste. Kokalari, eine der talentiertesten Schriftstellerinnen ihrer Generation, durfte nie wieder publizieren. Sie verbrachte die letzten Jahre ihres Lebens damit, Zement und Mörtel zu rühren, und führte ein einsames Leben, weit weg von Tirana, wo ihre Familie lebte und wo sie einst im Buchverlag ihrer Brüder gearbeitet hatte. Im Jahr 1983 starb Kokalari an Brustkrebs. Ihrer Familie wurde verboten, ihr Begräbnis zu besuchen.

Kokalaris Schicksal zeigt, wie das Hoxha-Regime die klügsten Stimmen einer Generation zum Verstummen gebracht hat. Sei es, weil sie aus einflussreichen Familien kamen, kritische Texte veröffentlichten oder, im Falle Kokalaris, eine Verfechterin der Demokratie waren.

Kokalari war aber weit mehr als das, nämlich eine »Ikone der Emanzipation«, wie es ein albanischer Diplomat im Gespräch mit mir einmal ausdrückte. In einer Zeit, in der Politik noch reine Männersache war, verfasste Kokalari, eigenständig und unter ihrem Namen, ein Parteiprogramm. Das war nicht nur für das Albanien jener Zeit progressiv, sondern auch für den Rest Europas.

Heute sind in Tirana eine Bibliothek und eine Schule nach Musine Kokalari benannt, Akademiker aus Italien, Albanien und dem Kosovo halten Konferenzen über das Erbe der Schriftstellerin ab, und Grundschüler studieren Theaterstücke über Kokalari, die »Märtyrerin der Demokratie«, ein. Doch gibt es keinen Verlag, der ihre Bücher neu verlegt und ins Englische, Französische oder Deutsche übersetzt – jenseits von Albaniens Grenzen bleibt Kokalari eine Unbekannte.

Auch ich fragte mich, wer diese fast vergessene Schriftstellerin war und warum sie vom Regime so hart bestraft wurde. Ihre Geschichte führt vom türkischen Adana, wo Kokalari 1917 geboren wurde, nach Gjirokastra, seit mehr als sieben Generationen die Heimatstadt ihrer Familie. Sie führt weiter nach Rom, wo Kokalari studierte, über Tirana, wo sie sich politisierte, und schließlich nach Rrëshen, eine triste Provinzstadt, in der sie ihre letzten Jahre verbrachte. Ich machte mich auf die Suche nach Kokalaris Verwandten, stand an ihrem Grab, las in ihren Tagebüchern und blätterte durch alte Fotos. Am Ende hatte ich genügend Puzzleteile, um ein Bild zusammenzusetzen. Es ist das Porträt einer faszinierenden Frau, die viel zu früh zum Verstummen gebracht wurde. Arjeta Kokalari, eine entfernte Verwandte von Musine, hat das im Gespräch mit mir auf den Punkt gebracht: »Manchmal frage ich mich, was Musine in ihrem Leben noch alles hätte leisten können.«

Verbotene Bücher

Arjeta Kokalari, 49 Jahre alt, arbeitet im Postamt von Gjirokastra, gleich gegenüber der großen Moschee. Sie sitzt auf der Terrasse eines Cafés und blickt auf eine Steintafel, in der die Namen berühmter Stadtbewohner eingraviert sind, auch der von Kokalari. »Als man sie dort drüben verewigte, wusste niemand, wer sie war«, bedauert Arjeta, eine kleine Frau mit kurzen Haaren, die schnell und aufgeregt spricht. In ihrer Stimme schwingt ein gewisser Trotz mit, fast so, als hätte sie es nie überwunden, dass nicht Musine Kokalari, sondern Ismail Kadare Gjirokastras bekanntester Schriftsteller geworden ist.

Kadare ist der mit Abstand berühmteste Autor Albaniens und Anwärter auf einen Literaturnobelpreis. Seine Bücher wurden in mehr als 40 Sprachen übersetzt. »Der Schriftsteller ist der natürliche Feind der Diktatur«, ist ein Zitat von ihm. Doch im Vergleich zu Kokalari, die man bereits in jungen Jahren wegsperrte, wurde Kadare vom Regime mit Samthandschuhen angefasst und durfte sogar im Ausland studieren. Der mittlerweile 86-Jährige lebt in Paris und Tirana. Sein Haus in Gjirokastra ist ein bei Touristen berühmtes Museum. Für dieses Buch habe ich Kadares Verleger in Tirana getroffen. Seit 25 Jahren veröffentlicht er seine Werke auf Albanisch. Er sagt das, was ein guter Verleger eben sagt: »Kadare ist der beste Autor der Welt und er war eine starke Stimme gegen das Regime.« Schriftsteller in einer Diktatur zu sein, sei nicht einfach gewesen, so der Verleger. Es gab eine klare rote Linie und das war der Staat. Als ich ihn auf Musine Kokalari anspreche, die andere Schriftstellerin aus Gjirokastra, reagiert der Mann äußerst gereizt: »Es ist nicht die Schuld von Kadare, dass die Menschen nicht wissen, wer Musine Kokalari ist.« Daraufhin bricht unser Gespräch ab. Der Verleger wirkt plötzlich unnahbar.

Wer also war Musine Kokalari? Ihre Familie hat in der Stadt nur wenig Spuren hinterlassen. »Musines Familie verließ Gjirokastra bereits 1934 und kehrte nie wieder zurück«, erzählt Arjeta. Sie selbst habe Musine nie kennengelernt. Erst mit 14 Jahren – Musine war da bereits tot – erfuhr Arjeta, dass sie eine berühmte, bei den Kommunisten in Ungnade gefallene Verwandte hatte. Zuvor hatte ihre Familie nie über sie gesprochen, sondern ihre Bücher, die unter Hoxha verboten waren, zu Hause versteckt. Arjeta erinnert sich noch daran, wie sie zum ersten Mal den Namen Musine Kokalari hörte: »Wir hatten Geschichtsunterricht und auf der Tafel standen Namen von berühmten albanischen Persönlichkeiten. Um einige von ihnen war ein schwarzes Rechteck gezogen, fast so, als müsse man sie vom Rest abgrenzen.« Das waren die Namen von Dissidenten, die das Regime als »Volksverräter« schmähte.

Arjeta traute sich nicht zu fragen, warum ihr Name auf der Tafel stand, und ging stattdessen nach Hause zu ihrem Vater, der gerade in der Zeitung las. »Papa, wer ist Musine Kokalari?« – Arjetas Vater tat so, als würde er sie nicht hören. – »Papa, wer ist Musine?« – Der Vater las stumm weiter. – »Wer ist sie?«, fragte Arjeta, diesmal mit lauterer

Stimme. Ihr Vater habe ihr nie geantwortet, sondern stattdessen nur stumm geweint. Erst Monate später erfuhr Arjeta von einem Onkel, wer Kokalari war und dass sie nicht mehr lebte.

»Ich fragte mich, warum sie sterben musste, und begann, ihre in der Familienbibliothek versteckten Bücher zu lesen«, erzählt mir Arjeta. Sie verstand nicht, was an den Schriften so skandalös gewesen sein soll. Musine beschrieb darin einfach nur das Leben um sich herum – den Dialekt im Süden Albaniens, die Trachten, die traditionellen Steinhäuser von Gjirokastra, Legenden und Märchen. Ihre Kurzgeschichten sind eher Alltagsbeobachtungen und ethnografische Studien als politische Essays. Gleichzeitig war Musine, die in eine gut situierte Familie geboren wurde, keine, die blind durch die Welt lief: Sie schrieb über soziale Themen wie Armut und Abwanderung, vor allem aber über die Diskriminierung von Frauen. Sie hinterfragte, warum junge Mädchen zwangsverheiratet wurden und warum sich ihr Leben im Inneren der Steinhäuser abspielte. Wenn man bedenkt, dass das die Welt war, in die Kokalari hineingeboren wurde, dann ist es umso herausragender, dass sie später studierte und bereits als junge Frau Artikel in Zeitungen veröffentlichte.

Enver Hoxha kannte die Kokalaris. Mit Musines jüngstem Bruder Hamit war er sogar auf dieselbe Schule gegangen und später zum Studium nach Frankreich. Dieser persönliche Bezug hielt Hoxha jedoch nicht davon ab, die Familie verfolgen zu lassen. Im Winter 1944 wurden Kokalaris Brüder Vejsim und Mumtaz exekutiert, sie selbst ein Jahr später festgenommen. Nur Hamit, der jüngste Bruder, überlebte, angeblich, weil er in der Nacht der Festnahme schwer krank im Bett lag. Später wurde er der Übersetzer von Enver Hoxhas Büchern ins Französische, ein schmerzhafter Schlag ins Gesicht, wenn man bedenkt, dass er wegen ihm seine Geschwister verloren hatte. Hamit Kokalari war wohl auch keine andere Wahl geblieben: Wie sonst hätte er einer Verfolgung entkommen können? Seine Schwester hingegen nahm bis zum Schluss kein Blatt vor dem Mund: »Die Kommunisten haben mich lebendig begraben«, schrieb sie in ihr Tagebuch.

Als Studentin in Rom

An Musine Kokalari wird heute vor allem als Dissidentin erinnert. Das war sie ohne Zweifel auch, allerdings kam ihr politisches Erwachen erst später. Als Studentin, so heißt es in einem ihrer Briefe, interessierte sie sich nur für Literatur, nicht für Politik. Ihre Texte aus jener Zeit klagen nicht an, sondern sind nachdenklich, poetisch, ja fast romantisch. Nichts deutet darauf hin, dass dieselbe Musine acht Jahre später von einem Militärgericht in Tirana angeklagt werden wird.

Weil es in Albanien keine Universität gab, ging Musine Kokalari ins Ausland, um als erste Frau in ihrer Familie zu studieren. In Rom, damals Zentrum von Benito Mussolinis faschistischem Italien, das 1939 in Albanien, Kokalaris Heimat, einmarschierte.

Es war eine Zeit der großen politischen Umbrüche in Europa. »Musine ist von Rom enttäuscht, weil sie dort erstmals mit der Gewalt des Faschismus, mit Rassismus, Kolonialismus, Konsum und Modernisierung konfrontiert ist«, sagt Mauro Geraci, ein italienischer Kulturanthropologe, der Kokalaris Leben erforscht hat und dabei auf ihr Tagebuch gestoßen ist. In diesen auf Italienisch verfassten Texten erzählt eine Frau, die vor allem mit sich selbst beschäftigt ist. Kokalari schreibt mit einer fast kindlichen, geschwungenen Handschrift auf kariertem Papier. Sie grübelt über die Vergänglichkeit des Lebens, geht bei Regen spazieren und beschreibt, wie das Laub von den Bäumen fällt. Später tippt sie die Notizen ab und nimmt sie mit nach Tirana. Das Tagebuch wurde von den Kommunisten konfisziert und ist erst posthum, 70 Jahre später, erschienen, nachdem es von Professor Mauro Geraci und der Familie Kokalari im Staatsarchiv gefunden worden war.

»Liebe ist schön, aber …«

In dem Tagebuch steht, dass Musine am Morgen des 15. Januar 1938 früh aufwachte. Draußen im Flur hörte sie die Schritte ihrer Mutter. Die ganze Familie war auf den Beinen, schleppte die Koffer zur Tür und umarmte die jüngste Tochter, die kurz darauf in ein Auto stieg, das sie an die Küste brachte, wo sie mit dem Boot nach Brindisi übersetzte. Ihr erster Tag in Rom war kalt und bewölkt. Kurz stieg Angst in Musine auf; es war die Angst vor dem Ungewissen. In Rom, der Metropole, war alles anders als in Tirana, der jungen Hauptstadt, in der es nicht einmal eine Universität gab, geschweige denn Verkehrslärm, breite Straßen und prächtige Häuser. »In den ersten Tagen habe ich mich in der Menge sehr klein gefühlt«, schrieb Musine Kokalari in ihr Tagebuch.

Auf einem Passfoto, das sie in jener Zeit für die Universität anfertigen lässt, sieht man Kokalari mit Hemd und Krawatte, zusammengebundenen Haaren, breit lächelnd. Andere Fotos zeigen sie im eleganten Outfit, mit Hut, Rock und Strumpfhose, auf einem Bürgersteig in Rom, begleitet von ihrem kleinen Neffen, der trotz seines jungen Alters Hut und Gehstock trägt. Man sieht, dass Kokalari aus keiner Arbeiterfamilie kommt, sondern aus einem bürgerlichen Haushalt – das hielt sie nicht davon ab, eine glühende Sozialdemokratin zu werden.

In Rom zog Musine zu einer Familie an der Piazza Bologna. Das Haus hatte eine moderne Zentralheizung, etwas, das es in Albanien nicht gab. Wenn sie aus dem Fenster blickte, sah sie Straßen ohne Bäume und Häuser mit verzierten Fassaden anstatt der nackten, rohen Steine, die Musine aus Gjirokastra kannte. »Der moderne Stadtmensch vermisst den Geist der Natur«, notierte Musine in ihr Tagebuch. Sie las Friedrich Nietzsche und ging im Sommer unter den Zypressen des Campo Verano spazieren.

Musine lernte einen Studenten der Politikwissenschaften kennen, von dem heute nur die Initialen (P. T.) bekannt sind und der später an die Front in Afrika geschickt wurde. »Liebst du mich?«, fragte der junge Mann Musine. Und die schrieb in ihr Tagebuch, dass sich diese Frage für sie angefühlt hatte, als würde sie ein Stück ihrer Freiheit verlieren. Kokalari legte schon damals viel Wert auf ihre Eigenständigkeit. Sie schrieb: »Liebe ist schön, aber noch schöner ist die Freiheit des Geistes. Wenn die Seele nicht der Gefangene eines einzigen Gedankens ist, der alles auffrisst, sondern herumwandert wie eine wilde Kreatur. Die Menschen wurden geboren, um allein zu sein.«

Dass sie tatsächlich nie heiraten und Kinder bekommen würde, ahnte Kokalari nicht, als sie 1941 ihr Studium abschloss, mit einer

Arbeit über Naim Frashëri, jenen berühmten Nationaldichter, der bis heute auf albanischen Geldscheinen abgedruckt ist. Kokalari freute sich darauf, nach Tirana zurückzukehren und ihre Familie wiederzusehen.

Die Festnahme

Während Kokalari in Italien studierte, schrieben ihre Eltern und Geschwister ihr sehnsüchtige Briefe. »Karoline geht es gut, und sie freut sich schon auf dich«, hieß es darin. »Ich liebte sie so sehr«, sagt ebenjene Karoline, eine heute 86-Jährige mit heller Spitzenbluse, Goldringen und einer hellbraunen Perücke. Auf ihrem Schoß liegt eine gerahmte Schwarz-Weiß-Fotografie; sie zeigt Musine, ihre Tante, in einem dunklen Kostüm, den Arm liebevoll um Karoline geschlungen, die stolz in die Kamera lächelt. »Das war 1939«, so Karoline, »und ich erinnere mich noch, dass wir für die Aufnahme extra in ein Fotostudio gingen.«

Karoline sitzt in einer Bar in Tirana unweit vom Fußballstadion, die mit ihren vielen Fauteuils und Lampenschirmen an ein gemütliches Wohnzimmer erinnert. Sie ist eine elegante Dame, die sich beim Gehen bei Linda Kokalari unterhängt, ihrer Nichte, einer kleinen Frau Ende 50, die wieder ihre rote Ray-Ban-Brille trägt. Karoline und Linda haben Musine beide persönlich kennengelernt, und das in ganz unterschiedlichen Phasen ihres Lebens. Als Karoline ein kleines Mädchen war, lebte sie mit Musine, ihrer Tante, im selben Haus. Linda, damals noch nicht auf der Welt, hat Musine erst kurz vor deren Tod kennengelernt. Stundenlang sitze ich mit den Kokalaris in der Bar. Die beiden Frauen malen ein Bild von Musine, das so viel farbenfroher ist als das in den Akten, die der Geheimdienst über sie angelegt hat.

Gleich hinter der Bar liegt ein zweistöckiges Haus, das mittlerweile zu einem Geschäftsgebäude umgebaut wurde. In diesem Haus wuchs Musine Kokalari auf und lebte auch später noch hier – gemeinsam mit ihren Eltern, ihren Brüdern und deren Ehefrauen und Kindern. Karoline ist die Tochter von einem der Brüder, die später von den Kommunisten hingerichtet wurden. Vor diesem Schicksalsschlag lebte die Familie glücklich zusammen. »Im Erdgeschoss war die Küche, und im zweiten Stock war Musines Studio, mit einem Holztisch, an dem sie geschrieben hat«, erinnert sich Karoline. »In der Früh, wenn ich aufwachte, hörte ich ihre Schritte. Sie brachte ihrem Vater das Frühstück ans Bett – auf einem roten Tablett mit aufgemalten Vögeln.«

An den Tag im Januar 1946, an dem ihre Tante festgenommen wurde, kann sich Karoline, damals elf Jahre alt, noch genau erinnern: »Ich kam gerade von der Schule nach Hause«, erzählt sie, »und da sah ich, wie die Geheimdienstmitarbeiter um ihren Schreibtisch herumstanden und in ihren Schriften blätterten.« Als kleines Kind verstand Karoline nicht, was passierte. »Komm, geh und umarme deine Tante«, hörte sie ihre Mutter sagen. Dann wurde Musine Kokalari abgeführt. Karoline würde nie wieder mit ihr spazieren oder in ein Fotostudio gehen, und in der Nachbarschaft werden die Menschen sich nicht mehr nach ihrer Tante, der »schönen Musine«, umdrehen. Ein halbes Jahr später sah Karoline ihre Tante das letzte Mal: im Innenhof eines Gefängnisses von Tirana, wo Musine Kokalari auf ihren Prozess wartete. »Damals hatten wir alle Angst, dass sie ebenfalls exekutiert wird, wie ihre Brüder«, so Karoline. Wie war es so weit gekommen? Wie war aus der verträumten Literaturstudentin eine Staatsfeindin geworden?

Eine sozialdemokratische Partei

Politisiert hatte sich die junge Frau im Zweiten Weltkrieg. Sie war gegen die faschistischen Besatzer, die in Albanien einmarschiert waren, sie war aber auch gegen die Kommunisten, die später erfolgreich gegen die Besatzer kämpften – nicht nur, weil diese ihre Brüder ermordeten und deren Leichen im Keller eines Hotels in Tirana verscharrten, sondern auch, weil sie in keiner Diktatur, sondern in Freiheit leben wollte. »Musine wusste, was Faschismus und was Kommunismus war«, sagt Linda, »und sie war gegen beides.« Mitten im Weltkrieg gründete Kokalari eine sozialdemokratische Partei, die sich weder dem linken noch dem rechten Flügel zugeordnet fühlte. Wichtiger als Ideologie waren ihr ein lebhaftes Parlament, freie Wahlen und eine pluralistische Parteienlandschaft. Die junge Frau forderte etwas, das es in Albanien in dieser Form noch nie gegeben hatte und das erst ab 1990 langsam entstehen sollte: eine echte Demokratie.

Auf der Rückseite einer hübschen Postkarte, die Musine Kokalari vor ihrer Festnahme verschickte, ist in schlanken Lettern das Wort »VENUS« abgedruckt. Es ist der Name des Verlagshauses und der Buchhandlung ihrer Brüder, ein Ort, an dem sich im Zweiten Weltkrieg Gegner der Kommunisten versammelten. »Die Buchhandlung wurde zum Treffpunkt für all jene, die sich für ein neues, demokratisches Albanien einsetzten«, sagt Marco Geraci. Als Kokalari begann, dort zu arbeiten, wurde sie von einer Schriftstellerin zur Politikerin.

Die Menschen, mit denen sie sich während des Zweiten Weltkrieges umgab, hatten wie sie im Ausland studiert und pflegten gute Kontakte zu westlichen Verbindungsoffizieren, vor allem zu den britischen. Kokalari gründete eine Zeitung namens *Zëri i Lirisë* (Stimme der Freiheit), in deren erster Ausgabe sie das Programm ihrer Partei abdruckte. Die Sozialdemokraten forderten keine radikale Kollektivierung von Land, wie es die Kommunisten später taten, sondern eine faire Verteilung der Güter ohne Gewalt, einen Sozialstaat, freie Meinungsäußerung, ein lebhaftes Parlament und Wahlen. Kurzum – sie störten die Alleinherrschaft, die die Kommunisten zu errichten versuchten.

Die Kokalaris wussten, dass sie in das Visier des neuen Regimes geraten waren. »Hoxha hat die roten Teufel auf uns gehetzt«, schrieb Mumtaz, einer von Musines Brüdern, drei Tage vor seiner Hinrichtung in einem Brief. Auch Musine Kokalari wurde zu diesem Zeitpunkt rund um die Uhr vom Geheimdienst beschattet. Agenten sammelten allerhand »Beweise«, um später behaupten zu können, sie sei an einem Putschversuch beteiligt gewesen.

Dabei hatte die Schriftstellerin andere Pläne: Nach dem Krieg wurde sie Teil eines Sammelbeckens oppositioneller Parteien, die Hoxha von der bevorstehenden Wahl am 2. Dezember 1945 ausgeschlossen hatte. Kokalari schlug zunächst vor, die Wahlen zu verschieben, damit die Parteien doch noch antreten könnten. Als das keine Wirkung zeigte, unterzeichnete sie einen Brief an die westlichen Alliierten, darunter auch die Briten, und bat sie, die Wahlen genau zu beobachten. London stand zwar grundsätzlich aufseiten der Opposition, war aber nicht bereit, sich stärker in Tirana zu engagieren. Hoxha hatte freie Hand, die Gegner zu beseitigen. Im Januar 1946 ließ er sämtliche Oppositionelle, die den Brief an die Alliierten unterzeichnet hatten, festnehmen – darunter auch Musine Kokalari.

Es gibt ein Foto von ihr, das mittlerweile ikonenhaft ist. Es zeigt sie, ein schwarzes Tuch über dem gelockten Haar, den Blick trotzig hoch zum Staatsanwalt gerichtet, vor dem Mikrofon im Gerichtssaal. Aufgenommen wurde es am 2. Juni 1946, dem Tag ihrer Verurteilung. »Sie trug Schwarz, weil sie um ihre Brüder trauerte«, erklärt Karoline, die Nichte, »und vor dem Gerichtsgebäude riefen die Menschen: ›Musine an den Strick!‹« Kokalari, so erzählen ihre Verwandten, soll die Rufe ignoriert haben.

Im Gericht sagte sie jene berühmten Worte, für die sie in Albanien heute bekannt ist:

> *»Unë s'jam fajtore. Unë s'jam fashiste. S'jam komuniste dhe ky nuk mund të quhet faj. Kam kulturë demokratike.«*
>
> (Ich bin unschuldig. Ich bin keine Faschistin. Ich bin keine Kommunistin, und das kann man nicht als Schuld bezeichnen. Ich habe eine demokratische Kultur.)

Der Staatsanwalt Nevzat Haznedari, ein militanter Kommunist, der in der Sowjetunion ausgebildet worden war, ließ sich von der Rede nicht beeindrucken. Er galt als Parteisoldat und Hardliner und ließ etwa seinen eigenen Schwager zu zehn Jahren Gefängnis verurteilen. Kokalari wurde zu 20 Jahren verurteilt.

Beschattet – auf Schritt und Tritt

Die letzten Jahre ihres Lebens verbrachte Musine Kokalari in Rrëshen, einer Kleinstadt in Nordalbanien, umgeben von Bergen. Unter den Kommunisten wandelte sich Rrëshen vom Dorf zum Zentrum der Region, inklusive Fabriken, Straßen, Bergwerken und Wohnhäusern. Kokalari musste beim Aufbau mithelfen. In ihr Tagebuch schrieb sie:

»Rrëshen, du bist in meinen Armen herangewachsen.« Wenn sie von der Baustelle nach Hause kam, zog sie sich um und ging in die Bibliothek, ihren Lieblingsort in diesem tristen, einsamen Leben mitten in der Einöde.

Sie saß nicht mehr im Gefängnis, frei war sie aber auch nicht. Selbst nach ihrer Verurteilung war die Furcht des Regimes groß, sie könne sich an einem künftigen Putsch beteiligen. Zwei Mal am Tag musste sich Kokalari beim örtlichen Geheimdienst melden, Agenten erstellten Bewegungsprofile ihrer täglichen Spaziergänge. Ihre Nichte Karoline und ihre Großnichte Linda wissen bis heute nicht, wer diese Männer waren, die Musine Kokalari bis an ihr Lebensende verfolgten – in der Geheimdienstakte wurden nur Pseudonyme genannt.

Das Archiv, in dem Kokalaris Akte lagert, liegt nur zwei Minuten von meiner Wohnung entfernt. Eines Tages scrolle ich dort durch die Seiten mit den eingescannten, vergilbten Blättern. Über 27 Agenten haben Musine Kokalari im Laufe ihres Lebens beschattet, sie tragen Decknamen wie *Besniku* (der Loyale), *Kalaja* (Burg) oder *Piktori* (Maler). Manche gaben sich selbst als Dissidenten aus, um ihr Vertrauen zu gewinnen. Da war zum Beispiel der Agent mit dem Decknamen *Shkëndija* (Funke): Ende der Siebzigerjahre traf er Musine in Rrëshen und fragte sie, was sie vom Regime halte. Kokalari antwortete ohne Umschweife, dass Schriftsteller in Albanien nicht frei seien und unter dem Einfluss der Partei stünden. Mit wem auch immer Kokalari sprach – stets musste sie damit rechnen, abgehört zu werden. »Viele wären in so einer Situation verrückt geworden«, sagt Linda Kokalari.

In Rrëshen arbeitete Musine Kokalari heimlich an ihrem letzten Essay, der den Titel *»Si lindi Partia Social Demokrate«* (Über die Geburt der Sozialdemokratischen Partei) trägt. Darin schreibt sie über die Partei, mit der sie nie an Wahlen teilnehmen und das Land aufbauen durfte. Das Manuskript schickte sie heimlich an einen ihrer Neffen, der es im Jahr 2000 der Öffentlichkeit zugänglich machte.

Am Ende ihres Lebens war Kokalari schwer krank und einsam. Linda war 18 Jahre alt, als sie Musine zum ersten und letzten Mal sah. Weil diese an Brustkrebs erkrankt war, kam sie für einige Tage in das Krankenhaus von Tirana. Als Linda am Krankenbett zu weinen begann, tröstete Musine sie. »Ich dachte mir damals, dass sie diejenige ist, die eigentlich weinen müsste«, sagt Linda.

Mir scheint es, als wäre es dem Regime nie ganz gelungen, Musine Kokalari zu brechen.

KAPITEL 16

MUSLIM RETTET JUDE

14 Monate – so lange war Albanien von den Nazis besetzt. Wie kann es sein, dass ausgerechnet dort Hunderte Juden und Jüdinnen den Holocaust überlebten?

Diese Geschichte beginnt in einem abgelegenen Bauerndorf namens Qarrishtë. Es liegt in einem Nationalpark an der Grenze zu Nordmazedonien, umgeben von Gebirgszügen, Seen und Wäldern. In den 1930er-Jahren, als Jugoslawien und Albanien noch Königreiche waren, verkauften die Bewohner und Bewohnerinnen Käse, Milch und Eier am nahegelegenen Ohridsee. So kam es, dass ein albanischer Händler namens Mefail Biçaku einen serbischen Priester kennenlernte. Als der ihn bat, 26 Juden und Jüdinnen in seiner Scheune zu verstecken, willigte Biçaku ein, obwohl sein Land unter Besatzung der Achsenmächte stand: zuerst von Benito Mussolini, dann, ab 1943, von Adolf Hitler. Bis heute steht in dem Dorf ein Denkmal, das an die mutige Entscheidung des Bauern erinnert, mit der er sein Leben aufs Spiel gesetzt hat.

Nach der Wende kamen viele solcher Geschichten ans Licht. Irene Grunbaum, eine überlebende Jüdin, schrieb in ihrer 1996 erschienenen Autobiografie: »Lebe wohl, Albanien. Eines Tages werde ich der Welt sagen, wie mutig, furchtlos, stark und treu deine Söhne sind. Wie Tod und Teufel sie nicht erschrecken können.« Dieses kleine Land, so schreibt Grunbaum, habe ihr geholfen, den »schlimmsten aller Kriege« zu überleben. Während Juden und Jüdinnen im Rest Europas systematisch in Konzentrationslager deportiert und ermordet wurden, haben in Albanien fast alle überlebt. Und das, obwohl sich dort bis zu 18.000 Wehrmachtssoldaten aufhielten.

»In Albanien ist die Endlösung fehlgeschlagen. Die meisten albanischen Politiker hatten kein Interesse daran, antisemitische Maßnahmen mitzutragen«, sagt die Schweizer Historikerin Franziska Zaugg, Dozentin für Zeitgeschichte an der Universität Freiburg. Zaugg beschäftigt sich seit zwölf Jahren mit dem Zweiten Weltkrieg in Südosteuropa. Die Frage, wieso Jüdinnen und Juden in Albanien überleben konnten, sei noch lange nicht ausreichend erforscht, erzählt sie. Heute geht man davon aus, dass vor dem Krieg 200 Juden in Albanien lebten, danach waren es zehnmal so viele, konkret 2265. »Das ist einzigartig und ein Umstand, der in keinem anderen von den Faschisten besetzten Land in Europa zu finden ist«, schreibt dazu die israelische Holocaust-Gedenkstätte Yad Vashem. Mehr als 70 albanische Familien sind dort als Retter geehrt.

Warum das eigene Leben in Gefahr bringen, um ein fremdes zu retten? Das albanische Volk begründet diesen Akt der Zivilcourage heute mit der *Besa*, dem Ehrenkodex aus dem Gewohnheitsrecht *Kanun*. Demnach ist die Hilfestellung eine Frage der Ehre, ganz egal, ob man sich selbst in Gefahr bringt. Laut Zaugg ist die *Besa* aber nur eine Erklärung. In dem kleinen Land lebten vor dem Krieg drei Religionen friedlich zusammen. Eine vierte, so schien es, machte da keinen Unterschied. Dazu kommt die Topografie. Schlecht ausgebaute Straßen erschwerten es der Wehrmacht, Razzien durchzuführen, insbesondere in den Bergen.

Die Bevölkerung mit antisemitischer Propaganda zu mobilisieren, gestaltete sich als Herausforderung, weil ein Großteil nicht lesen oder schreiben konnte. Albanien wurde, anders als Serbien, nie unter deutsche Militärverwaltung gestellt. »In Serbien verfolgten die Nazis seit 1941 einen Sühnebefehl, wonach für jeden getöteten deutschen Soldaten 100 serbische Zivilisten und Zivilistinnen zu exekutieren seien. In Albanien waren sie 1943/1944 auf jeden und jede, die mit ihnen zusammenarbeitete, angewiesen«, so Zaugg. Das Dritte Reich war militärisch bereits geschwächt, als es in Albanien einmarschierte, und musste seine Ressourcen für andere Fronten sparen. Der entscheidende Faktor war aber, dass sich albanische Minister der deutschlandfreundlichen Regierung weigerten, bei antisemitischen Maßnahmen mit den Besatzern zu kooperieren.

Von Tätern und Opfern

Ein Beispiel ist der Regentschaftsrat, ein von den Nazis besetztes, kollektives Staatsoberhaupt, das aus einem Katholiken, einem Orthodoxen, einem muslimischen Sunniten sowie einem Bektaschi bestand. Die Nazis forderten die vier Politiker auf, 2,6 Tonnen Gold sowie eine Namensliste mit den im Land befindlichen Juden und Jüdinnen auszuhändigen. Letzteres verweigerte der Regentschaftsrat. Es war nicht der einzige Akt der Zivilcourage. Polizisten und Bürgermeister stellten jüdischen Familien Pässe mit gefälschten Namen aus, Familien versteckten Menschen in ihren Kellern, in unterirdischen Bunkern oder in Höhlen. Auch Fälle von katholischen Priestern, die Juden tauften, um sie vor der Gestapo zu retten, sind dokumentiert. Häufig nahmen Flüchtlinge muslimische Namen an, beteten in der Moschee oder kleideten sich wie lokale Bauern, um nicht weiter aufzufallen. Viele Juden aus Jugoslawien schlossen sich außerdem den Partisanen an. Bekannt ist auch der Fall des albanischen Arztes Spiro Lito. Er behauptete, dass eine Gruppe von 60 jüdischen Männern, die kurz vor der Deportation nach Polen stand, an Typhus erkrankt sei – eine lebensrettende Lüge.

Dieser Widerstand dürfte die Besatzer geärgert haben. »Die Nazis hätten in Albanien gerne ideologische Kollaborateure gehabt. Doch die lokale Elite hatte kein Interesse daran, einen Staat nach faschistischem Vorbild aufzubauen«, so Franziska Zaugg. Wen sandte das NS-Regime nach Albanien, um Kollaborateure anzuwerben? Berlins wichtigste Personalbesetzung war Hermann Neubacher, ein Oberösterreicher, der Forstwirtschaft an der Universität für Bodenkultur in Wien studiert hatte und 1940 Hitlers wichtigster Diplomat auf dem Balkan wurde. Zwischen 1943 und 1944 stellte Neubacher den Schattenkanzler in Albanien. Ohne sein Wohlwollen konnte in Tirana niemand Minister werden. Gleichzeitig war der Diplomat mit der Situation heillos überfordert, insbesondere, als die Partisanen in Richtung Tirana vorrückten und Mitarbeiter evakuiert werden mussten. Dabei geriet ein Konvoi mit deutschen Sekretärinnen unter Beschuss, darunter auch die Frau des Botschafters, die nur knapp überlebte.

Neubacher, dessen Biografie ich im Laufe meines Geschichtsstudiums erforscht habe, ist bis heute ein unbeschriebenes Blatt. Als die

Alliierten anrückten, ließ er tonnenweise Telegramme verbrennen: in Belgrad, wo sich vier Jahre lang sein Büro befand, und in den Bergen von Kitzbühel, wo er sich zu Kriegsende vor den Amerikanern versteckte. Die ließen ihn schließlich festnehmen und an Jugoslawien ausliefern. Zum Glück gingen nicht alle seine Berichte in Flammen auf. Ein halber Laufmeter an Telegrammen lagert bis heute in einem Archiv in Berlin. Sie geben Einblick in jene Zeit, als der Balkan von Faschisten besetzt war.

Mussolini bekommt Albanien, Hitler Serbien

Am 7. April 1939 segelten Hunderttausende Flugblätter auf Albanien hinunter. Das Land war von den Italienern besetzt worden und die Albaner sollten keinen »unnötigen Widerstand« leisten, so die Besatzer siegessicher. Einen Tag später erreichte Mussolinis Armee Tirana. Der albanische König Ahmet Zogu floh in einem Mercedes-Benz nach Griechenland. Rom erklärte Albanien zur Kolonie in Übersee.

»Die italienische Besatzung war, anders als später die deutsche, von langer Hand geplant gewesen«, so Zaugg. Was die Operation aus Sicht der Italiener begünstigte? Der Schuldenberg, auf dem Albanien saß. In den Jahren zuvor hatte Rom Millionenkredite gewährt und im Gegenzug Lizenzen im Öl- und Bergbausektor erhalten. Im Jahr 1938 gingen zwei Drittel der albanischen Exportgüter nach Italien, ein Jahr später bereits über 90 Prozent. Wenn es ums Geld ging, schien Zogu keine Berührungsängste mit Faschisten zu kennen. Abseits davon verfolgte er eine sehr liberale Einwanderungspolitik. Mitte der 1930er-Jahre – Hitler war da bereits an der Macht – wies Zogu seine Diplomaten in Europa an, Pässe an Juden auszustellen. Der berühmte Physiker Albert Einstein hat auf diese Weise den Holocaust überlebt. Der jüdischstämmige US-Diplomat Hermann Bernstein, in den 1930er-Jahren Botschafter in Tirana, bezeichnete Albanien damals als eines der »am wenigsten antisemitischen Länder der Welt«. Tirana stellte selbst dann noch Pässe aus, als in Berlin Synagogen brannten und in Wien jüdische Geschäfte geplündert wurden. Im Februar 1939 retteten sich über einhundert österreichische Juden nach Albanien, dem Jahr, in dem die Deportationen in Konzentrationslager einsetzten.

Die Faschisten schaffen ein »Großalbanien«

Mussolini machte Zogus projüdischer Politik einen Strich durch die Rechnung. Der Duce wollte nicht nur Albaniens Rohstoffe ausbeuten, sondern das Land in sein Imperium integrieren. Rom errichtete Großprojekte im faschistischen Stil, rekrutierte Bauern in die Reihen der Schwarzhemden und entwarf eine neue Staatsflagge. Nur Mussolinis Plan, Albanien als »Sprungbrett« für weitere Expansionen zu nutzen, scheiterte. Im Oktober 1940 musste Italien nach einer Niederlage gegen die griechische Armee deutsche Hilfe erbeten. Damit wurde Hitler in eine Art Krieg wider Willen auf dem Balkan gezogen, der äußerst brutal geführt wurde. Nachdem die Wehrmacht Jugoslawien angegriffen und die Luftwaffe Belgrad bombardiert hatte, teilten sich die Achsenmächte den Balkan untereinander auf. Deutschland annektierte Serbien, die östliche Vojvodina und den nördlichen Teil Sloweniens. Italien bekam Teile Dalmatiens und Montenegros sowie Albanien inklusive Teile des Kosovo.

Der Feldzug veränderte die Grenzen in der Region – zu Gunsten des albanischen Volkes. So wuchs die Fläche Albaniens um das Doppelte an, sein Staatsvolk erweiterte sich um 750.000 Menschen. Damit wurde ein nationalistischer Traum über Nacht Wirklichkeit: ein albanischer Staat, in dem nicht wie bisher die Hälfte, sondern der Großteil der Albaner auf dem Balkan lebte. Mittel- und Südkosovo, Gebiete um das heute in Nordmazedonien liegende Dibra, Struga und Gostivar, darüber hinaus Ulcinj im heutigen Montenegro sowie die nordwestgriechische Region Çamëria waren Teil dieses »Großalbanien«. Der Norden rund um Mitrovica blieb, verwaltet vom deutschen Militär, bei Serbien.

Diese Grenzverschiebungen spielten in der Propaganda der Nazis eine Schlüsselrolle. Man versuchte gezielt, politisches Kapital aus dem Nationalgefühl des albanischen Volkes zu schlagen und ethnische Konflikte für strategische Kriegsziele zu nutzen. Viele Kosovo-Albaner nahmen die Besatzer nicht als Aggressoren wahr, sondern als Bollwerk gegen eine serbische Machtherrschaft. Waren es zuvor vor allem Serben gewesen, die Massaker an Albanern verübten, so schlug das Pendel nun in die andere Richtung aus. Im Zweiten Weltkrieg wurden unter Billigung der Nazis bis zu 40.000 Serben aus dem Kosovo vertrieben. Die Ethnopolitik war ein Grund, mit den Besatzern zu paktieren. Der zweite war die Angst vor sozialen Umwälzungen. Albanische Feudalherren und Großgrundbesitzer fürchteten, enteignet zu werden, sollten die Kommunisten die Macht im Staat übernehmen. Sie stellten sich den Nazis bereitwillig als Minister zur Verfügung, weniger aus ideologischen als aus opportunistischen Gründen. Um Personal anzuwerben, sandte Berlin Hermann Neubacher nach Albanien, ein Land, das der Österreicher davor noch nie betreten hatte.

Ein Wiener Nazi in Tirana

Der Blick der Nationalsozialisten auf die Albaner schwankte zwischen Bewunderung und rassistischen Vorurteilen. Einerseits wurden Albaner und Albanerinnen zu Ariern erklärt und als geborene Kämpfer gefeiert, inspiriert von Karl Mays Abenteuerromanen. Andererseits eilte ihnen bei der Waffen-SS der Ruf voraus, diebisch und unzuverlässig zu sein. Auch Hermann Neubacher schwankte zwischen Frustration und Faszination. In seinen Memoiren beschreibt er, wie sich ein albanischer Clan-Chef aus den Bergen von den Nazis mit Waffen und Goldmünzen ausrüsten ließ, daraufhin aber in einer »Staubwolke« verschwand und nie wieder gesehen wurde. Unter der Aufsicht des Österreichers formierte sich in Tirana eine »Regierung der Vernunft«. Die Hälfte der Minister sprach Deutsch und hatte zuvor in Österreich studiert, viele davon am Theresianum, einem Elitegymnasium aus der Habsburgerzeit. Unter den angeworbenen Politikern fanden sich Adelige ebenso wie Waisenkinder, ehemalige osmanische Verwaltungsbeamte, Lehrer und Offiziere. Manche von ihnen weigerten sich, in faschistischen Organisationen Mitglied zu werden, und nahmen heimlich Kontakt mit den Briten auf. Andere, so etwa der Innenminister Xhafer Deva, konnten dem Faschismus durchaus etwas abgewinnen. Der Kosovo-Albaner war als »Schlächter von Tirana« bekannt und sogar der Wehrmacht zu brutal. Gleichzeitig verweigerte auch er den Nazis die Liste mit den im Land befindlichen Juden. Nach dem Krieg tauchte Deva unter falschem Namen in Vorarlberg unter, wo er in einer Sägemühle arbeitete. Im Kalten Krieg warb ihn der US-Geheimdienst CIA als Informant an. Deva starb in Florida. Seine Geschichte zeigt, wie geschickt ehemalige Kollaborateure die Seiten wechselten.

Bis heute wird der Zweite Weltkrieg in Albanien stark romantisiert. Es scheint, als habe es nur Familien gegeben, die Juden gerettet oder die Nazis bekämpft hätten. Die Realität ist komplexer. Im Kosovo existierte zwischen März und September 1944 eine Gebirgs-Division der Waffen-SS namens »Skanderbeg«, in der Xhafer Deva eine unrühmliche Schlüsselrolle spielte.

Franziska Zaugg hat ihre Dissertation über die Division geschrieben. Damals, erzählt sie, wurde ein Konzentrationslager in Pristina errichtet. Albanische Freiwillige machten Jagd auf Serben und Juden, die in weiterer Folge nach Deutschland verschleppt wurden. Warum schlossen sich junge Männer dieser Miliz an? »Viele haben aus einer Notlage heraus mitgemacht. Im Land herrschte Hunger, die Nahrungsmittel waren knapp. Die Nazis boten den Familien Sold. Manche Soldaten waren 1941 in Kriegsgefangenschaft geraten und standen vor der Wahl, in einem deutschen Lager interniert zu bleiben oder sich der Skanderbeg anzuschließen«, so Zaugg. Über die Tatsache, dass Albaner Juden ausgeliefert haben, spricht man heute in Tirana und Pristina nicht so gerne. Über die heldenhaften Retter-Familien dafür umso häufiger.

»Ihr solltet sie endlich loswerden!«

Im Jahr 2019 fuhr ich nach Elbasan, um die Nachfahrin einer solchen Familie zu treffen. Elida Hazbiu, 65, eine pensionierte Zahnärztin, führt mich in ihre Wohnung, zieht ein schwarz-weißes Passfoto aus einer Plastikhülle und beginnt sofort zu erzählen.

Elidas Großvater ist Mefail Biçaku, jener Mann, der 26 Juden und Jüdinnen bei sich aufgenommen hat. »Ihr solltet sie endlich loswerden!«, soll einer der Nachbarn über die Gäste gesagt haben.

Er hatte Angst, dass das ganze Dorf bestraft würde, sollten sie von den Nazis gefunden werden. Aber Mefail Biçaku war ein ehrlicher Mann und ein gläubiger Muslim. So zumindest beschreibt ihn seine Enkelin heute. Ihr Großvater habe die Fremden auf den Rücken seiner Pferde eskortiert, in einer Holzhütte im Wald versteckt und mit Käse, Maisbrot und Milch versorgt. Sein zwöf Jahre alter Sohn, Elidas Vater, musste die Scheune mit einer Waffe bewachen.

Als er erwachsen ist und selbst Kinder hat, trudelt plötzlich ein Brief aus Argentinien ein. Der Absender, ein gewisser Simon Aurest, hat sich als Kind in der Scheune versteckt. »Ich kann euer Maisbrot noch schmecken«, schreibt Simon. Und: »Was können wir euch zurückgeben?« Elida ist damals 15 Jahre alt und spielt Volleyball im Sportverein. »Können wir den Mann nicht fragen, ob er uns Kleider schicken kann?«, fragt sie hoffnungsvoll. Aber ihr Vater schüttelt den Kopf: »Wir haben das nicht getan, weil wir etwas von ihnen zurückwollten.« Dann mahnt er, nicht mehr über den Brief zu sprechen. Im Sozialismus war es verboten, mit dem »feindlichen Ausland« zu kommunizieren. Albanien unterhielt damals keine diplomatischen Verbindungen zu Israel und stand auf der Seite Palästinas. Dazu kommt: Der Name Biçaku ist beim Regime ein rotes Tuch. Der letzte Regierungschef unter NS-Besatzung war Ibrahim Bey Biçaku, ein Großgrundbesitzer aus Elbasan, jener Region, aus der die Familie stammt. Biçaku traf sich regelmäßig mit dem deutschen Botschafter zum Tischtennisspielen und bekam von den Nazis einen Adlerorden verliehen. Dafür saß er 17 Jahre lang im Gefängnis und kam erst in den Sechzigerjahren frei. Ich konnte nicht in Erfahrung bringen, ob er mit der Bauernfamilie in Qarrishtë verwandt ist. Aber wenn dem so ist, dann zeigt der Fall, dass die Trennlinie zwischen Widerstand und Kollaboration damals nicht so leicht zu ziehen war.

In der israelischen Gedenkstätte Yad Vashem ist heute ein Foto von Mefail Biçaku ausgestellt und im Wohnzimmer seiner Enkelin hängt ein Kruzifix neben einem Koran. Hat ihr Großvater die 26 Juden und Jüdinnen aufgrund seiner Religion versteckt? Elida schüttelt den Kopf: »Mein Großvater war bekannt dafür, sein Wort zu halten.«

WEITERFÜHRENDE LITERATUR

Folgende Bücher habe ich zur Hintergrundrecherche benutzt oder empfehle ich zur weiterführenden Lektüre:

Fred C. Abrahams: Modern Albania. From Dictatorship to Democracy in Europe, New York 2015.

Florian Bieber: The Rise of Authoritarianism in the Western Balkans, London 2019.

Ralph-Raymond Braun: Albanien. Reiseführer Michael Müller Verlag. Individuell reisen mit vielen praktischen Tipps, Erlangen 2019.

Edith Durham: High Albania. A Victorian Traveller's Odyssey [1909], London 2001.

Vedran Džihić, Phantom-Demokratie. Balkan und Europa im Spiegelbild, Wien 2022.

Robert Elsie: Historical Dictionary of Albania, 2. Auflage, Lanham 2010.

Robert Elsie (Hg.): Reisen in den Balkan. Die Lebenserinnerungen des Franz Baron Nopcsa, London 2015.

Robert Elsie: Albanian Folktales and Legends, 3. Auflage, Charleston 2015.

Robert Elsie: The Albanian Bektashi. History and Culture of a Dervish Order in the Balkans, London 2019.

Blendi Fevziu: Enver Hoxha. The Iron Fist of Albania, London 2017.

Nicola Guy: The Birth of Albania. Ethnic Nationalism, the Great Powers of World War I and the Emergence of Albanian Independence, London 2012.

Susanne Heim u. a. (Hg.): Besetztes Südosteuropa und Italien (Die Verfolgung und Ermordung der europäischen Juden durch das nationalsozialistische Deutschland 1933–1945, Band 14), Berlin/Boston 2017.

Weiterführende Literatur

Idrit Idrizi: Herrschaft und Alltag im albanischen Spätsozialismus 1976–1985, Berlin 2018.

Christiane Jaenicke: Albanien. Ein Länderporträt, Berlin 2019.

Tim Judah: The Serbs. History, Myth and the Destruction of Yugoslavia, New Haven u. a. 1997.

Tim Judah: Kosovo. What Everyone Needs to Know, Oxford 2008.

Ismail Kadare: Chronik in Stein, Wien 1988.

Ismail Kadare: Der zerrissene April, Salzburg 1989.

Kapka Kassabova: To the Lake. A Balkan Journey of War and Peace, London 2020.

Christina von Kohl: Albanien, Berlin 1998.

Musine Kokalari: La mia vita universitaria. Memorie di una scrittrice Albanese nella Roma fascista (1937–1941), hg. v. Simonetta Ceglie und Mauro Geraci, Rom 2016.

Fatos Kongoli: The Loser, Bridgend 2008.

Guy Lawson: War Dogs. The True Story of How Three Stoners from Miami Beach Became the Most Unlikely Gunrunners in History, New York 2015.

Fatos Lubonja: Second Sentence. Inside the Albanian Gulag, London 2009.

Mark Mazower: The Balkans. A Short History, New York 2002.

Elidor Mëhilli: From Stalin to Mao. Albania and the Socialist World, New York 2017.

James Pettifer und Miranda Vickers: The Albanian Question. Reshaping the Balkans, London 2009.

Joze Pirjevec: Tito. Die Biografie, München 2016.

Erich Rathfelder: Kosovo. Geschichte eines Konflikts, Frankfurt 2010.

Oliver Jens Schmitt: Skanderbeg. Der neue Alexander auf dem Balkan, Wien 2009.

Oliver Jens Schmitt: Die Albaner. Eine Geschichte zwischen Orient und Okzident, München 2012.

Oliver Jens Schmitt: Der Balkan im 20. Jahrhundert. Eine post-imperiale Geschichte, Stuttgart 2019.

Julie Vullnetari and Russell King: Remittances, Gender and Development. Albania's Society and Economy in Transition, London 2011.

Shannon Woodcock: Life is War. Surviving Dictatorship in Communist Albania, Bristol 2016.

Lea Ypi: Coming out of Age at the End of History, London 2021.

Podcast-HörerInnen empfehle ich außerdem den Podcast »Neues vom BallaBalla-Balkan« von Danijel Majić und Krsto Lazarević, der mich auf langen Autofahrten begleitet.

DANKSAGUNG

Ein Buch schreibt man nicht allein. Deswegen gibt es eine Reihe von Menschen, denen ich Danke sagen möchte: vorneweg Aida Kolenović, mit der ich 2019 begann, dieses Buch zu recherchieren. Gemeinsam haben wir über einhundert Interviews geführt, ein Erdbeben der Magnitude 6,4 überlebt und einen alten VW Golf schrottreif gefahren. Danke, Aida, dass du all das mit mir durchgemacht hast. Danke an Anja Troelenberg, die mir in Tirana eine gute Freundin und Recherchepartnerin geworden ist. Danke an Blerta Kraja und Suzana Hondro, die mir mit viel Geduld die albanische Grammatik beibringen. Danke an Nebih Bushaj, der mir viele Wahlkampfreden übersetzt hat, und an den Fotografen Ilir Tsouko, mit dem ich hoffentlich noch oft losziehen werde.

Eine Reihe von Wissenschaftlern haben mich inhaltlich beraten: Ich bedanke mich bei meinem Universitätsprofessor Oliver Jens Schmitt, der mir immer wieder für Hintergrundgespräche zur Verfügung stand. Außerdem bei Idrit Idrizi für seine Expertise zum Sozialismus in Albanien. Danke an Konrad Clewing vom Leibniz-Institut für Ost- und Südosteuropaforschung (IOS), der mein gesamtes Manuskript sehr gründlich gelesen und vielseitig kommentiert hat. Darüber hinaus danke ich Franziska Zaugg, Tobias Spöri, Daniel Göler, Stephanie Schwandner-Sievers, Gentiana Kera, Faruk Ajeti, Vedran Džihić, Robert Pichler, Mauro Geraci, Ylber Marku, Thomas Wolkinger, Ulrich Eichelmann und Stine Klapper. Danke an jene, die einzelne Kapitel kritisch Korrektur gelesen haben: Anja Troelenberg, Norbert Mappes-Niediek, Marguerite Meyer, Anna Goldenberg, Fabian Bonertz und vielen mehr. Danke an Mathilde, die den Satz, dass ich mein Skript noch »ein letztes Mal« lesen muss, sehr oft gehört hat. Zum Schluss: Danke an den Verleger Benedikt Föger, der diesem Buch eine zweite Auflage ermöglicht hat, und an die Lektorin Hannah Wustinger.

AUF NACH WIEN
KULTURHISTORISCHE STREIFZÜGE

PETER PAYER

ISBN: 978-3-7076-0742-0
264 Seiten
23,00 Euro
Auch als E-Book erhältlich

Von Trinkbrunnen und Leuchttürmen über die ersten Elektrobusse bis hin zu Leuchtreklamen: In »Auf nach Wien« stellt Peter Payer Alltagsfacetten genauso in den Mittelpunkt wie große Events, Warenhäuser und die ersten Feuilletonistinnen Wiens. Er entdeckt bisher Unbekanntes, geht dem »typisch Wienerischen« auf den Grund und erkundet, wie die Weltstadt zu dem geworden ist, was sie heute ist.

»Ein Stadtspaziergang mit Peter Payer ist eine Erlebnisreise durch Raum und Zeit«
Peter Blau, Ö1

ATENCIÓN
DIE BESTEN REPORTAGEN AUS LATEINAMERIKA

ERHARD STACKL (HG.)

ISBN: 978-3-7076-0504-4
208 Seiten
19,90 Euro
Auch als E-Book erhältlich

Lateinamerika ist nach wie vor ein weißer Fleck auf der Landkarte, wenn es um neue Autorinnen und Autoren jenseits von Gabriel García Márquez und Mario Vargas Llosa geht. Die ungeheuren Veränderungen, die Kolumbien, Brasilien oder Chile in den letzten Jahren und Jahrzehnten geprägt haben, gehen an uns weitgehend unbemerkt vorbei.

Der Lateinamerika-Experte Erhard Stackl versammelt die besten Reportagen des hervorragenden investigativen Journalismus, den diese Länder zu bieten haben. Die jungen Stimmen, die in »Atención« zu Wort kommen, sind allesamt hochinteressante Neuentdeckungen.

UNGLEICHHEIT

PHOENIX – ESSAYS, DISKURSE, REPORTAGEN

GERFRIED SPERL (HG.)

ISBN: 978-3-7076-0596-9
104 Seiten
14,00 Euro
Auch als E-Book erhältlich

»Ungleichheit« ist zu einem Schlagwort unserer Zeit geworden. Die Schere zwischen Arm und Reich wird unübersehbar und vor allem immer schneller größer. Ungleichheit lässt sich aber nicht nur in Geld, Einkommen und Vermögen messen. Die Bildungsangebote, die Qualität der Arbeitsplätze und leistbares Wohnen sind weitere Kriterien dafür, ob sich die Diskrepanzen verringern. Wie kommt es dazu, dass wenige reiche Menschen so viel besitzen wie die halbe Bevölkerung? Was machen diese Fakten mit uns und unserer Gesellschaft? Und wie können die Ursachen der Ungleichheit bekämpft werden?